D1995620

LIMES
UNESCO-WELTERBE

DEUTSCHE LIMESKOMMISSION · BAYERISCHES LANDESAMT
FÜR DENKMALPFLEGE
BEITRÄGE ZUM WELTERBE LIMES

Sonderband 3

Am Rande des Römischen Reiches

Ausflüge zum Limes in Süddeutschland

BEITRÄGE ZUM WELTERBE LIMES

Herausgeber:

Suzana Matešić
Deutsche Limeskommission · Römerkastell Saalburg
Am Römerkastell 1 · 61350 Bad Homburg v. d. H.
www.deutsche-limeskommission.de

C. Sebastian Sommer
Bayerisches Landesamt für Denkmalpflege
Hofgraben 4 · 80539 München
www.blfd.bayern.de

Bibliografische Information der Deutschen Nationalbibliothek
Die Deutsche Nationalbibliothek verzeichnet diese Publikation in der Deutschen Nationalbibliografie; detaillierte bibliografische Daten sind im Internet über http://dnb.dnb.de abrufbar.

Redaktion: Veronika Fischer, Sophie Hüdepohl, Danica Tautenhahn
Gestaltung: HUND B. communication, München,
Christian Hölzl, Andreas Linke, Claudia Löwenkamp
Druck: Bosch-Druck, Landshut

Umschlagabbildungen
Titelseite: Geographische Karte mit Verlauf des Obergermanisch-Raetischen Limes. BLfD, J. Valenta. – Konservierte Grundmauern des Kastellbads von Theilenhofen. BLfD, C. S. Sommer. – Blick von Süden zu dem nachgebauten Wachtturm WP 9/83 Mehlhaus bei Großerlach-Grab. A. Thiel. – Wall und Graben bei Zweiflingen. E. Ayen.
Rückseite: Steindamm der Raetischen Mauer bei Altmannstein zwischen WP 15/30 und WP15/31. E. Ayen.

Printed in Germany
ISBN 978-3-945751-19-0

DLK

BAYERISCHES LANDESAMT
FÜR DENKMALPFLEGE

J.W.

Edith-Haberland-Wagner
Stiftung

Erstellt mit Unterstützung der Edith-Haberland-Wagner Stiftung

Vorwort

Zum 10. Mal jährt sich 2015 die Eintragung des Obergermanisch-Raetischen Limes in die UNESCO-Welterbeliste als Teil der „Grenzen des Römischen Reiches“. Dazu gehören neben unserem Limes heute schon der Hadrian's Wall im Norden Englands und der Antonine Wall in Schottland, Erweiterungen sind in Vorbereitung.

2015 sind Ingolstadt und Bayern auch Gastgeber des XXIII. Internationalen Limeskongresses. Dazu gehören Exkursionen an den Donaulimes, den Raetischen Limes in Bayern und in Baden-Württemberg wie auch an den dortigen Obergermanischen Limes. Beeindruckend und spannend ist die damit zum Ausdruck kommende internationale Dimension dieses längsten archäologischen Bodendenkmals Europas.

Jedes dieser Ereignisse wäre Anlass genug, einen Denkmalführer zu den wichtigsten Orten am Limes in Süddeutschland in Englisch und Deutsch herauszugeben. Er führt als Begleitbuch hin zu bedeutenden Stätten und den Sehenswürdigkeiten und ergänzt das Vermittlungsangebot vor Ort aus Beschilderung, Apps, den Museen und vielem mehr. Ganz herzlich heißen wir damit die ausgewiesenen Limesfachleute aus fünf Kontinenten wie auch alle anderen Besucher aus nah und fern bei uns am Limes willkommen.

Denkmäler gibt es in Bayern und Baden-Württemberg viele. Jedes hat seine Besonderheiten und seine Bedeutung in der Geschichte und an seinem Ort. Der Obergermanisch-Raetische Limes mit seinen Elementen – Kastelle, zugehörige Zivilsiedlungen, Bäder, Wachttürme, Palisade, Wall und Graben, Mauer, Steinbrüche – ragt insofern aus unserer intakten Denkmallandschaft heraus, als er mit 550 km Länge eine gewaltige Ausdehnung hat. Durch die UNESCO wurde ihm ein außergewöhnlicher universeller Wert zugesprochen. Damit ist der Limes endgültig zu einer besonderen Destination geworden und findet Beachtung bei den Bürgern in seinem Umfeld und bei Besuchern aus aller Welt. In Abstimmung mit unseren internationalen Partnern üben wir hier „best practice“ als Beispiel für „good practice“ bei den anderen Denkmälern.

Den zahlreichen Autoren aus verschiedenen Institutionen am Limes in Süddeutschland, die zu dem Band mit ihren Texten und Informationen beigetragen haben, danken wir ganz herzlich. Zusammengestellt und bearbeitet wurde er durch die Mitarbeiterinnen am Bayerischen Landesamt für Denkmalpflege Veronika Fischer und Sophie Hüdepohl sowie die Geschäftsführerin der Deutschen Limeskommission Suzana Matešić. Ihnen danken wir genauso wie Christian Hölzl, Andreas Linke und Claudia Löwenkamp vom gestaltenden Büro HUND B. communication, den Redakteuren Danica Tautenhahn und Clive Bridger und den Übersetzern der englischen Version, Clive Bridger, Carola Murray-Seegert und Mary Wong-Sommer. Wir schätzen uns sehr glücklich, dass die Edith-Haberland-Wagner Stiftung, München, mit einer namhaften Förderung diesen Band der Beiträge zum Welterbe Limes möglich gemacht hat. Vielen Dank auch dafür.

Ob Sie Archäologe, historisch Interessierter, Wanderer zu Fuß oder auf dem Rad oder Bewohner einer der Orte am Limes sind, Sie werden mit diesem Band viel Neues erfahren und die fast 2000 Jahre alten Hinterlassenschaften der Römer besser verstehen. Lassen Sie sich am Limes ein auf unsere schönen Städte, die großartige Landschaft und eine antike Grenze, die uns heute nicht mehr trennt, sondern über die Regionen und Länder hinweg verbindet. Wir wünschen Ihnen, die Sie sich damit auf unser Welterbe vorbereiten und es besuchen, viel Vergnügen und gute Anregungen.

Dipl.-Ing. Architekt Mathias Pfeil
Generalkonservator
Bayerisches Landesamt für Denkmalpflege

Prof. Dr. C. Sebastian Sommer
Vorsitzender der Deutschen Limeskommission

Inhalt

Vorwort 6
M. Pfeil/C. S. Sommer

Einleitung 11
S. Matešić

I **Der Limes in Süddeutschland – Geschichte einer römischen Grenze** 14
C. S. Sommer

II **Fragen, Fragen, Fragen – Was beschäftigt die Wissenschaft am Raetischen Limes** 26
C. S. Sommer

III **Die Idealstruktur des römischen Heeres in der Kaiserzeit** 34
V. Fischer

IV **Römische Kastelle** 36
C. S. Sommer

V **Wachttürme am Obergermanisch-Raetischen Limes** 38
E. Krieger

VI **Geomagnetik** 40
P. Henrich/C. Mischka

VII **Airborne Laserscanning und archäologische Denkmalpflege** ... 42
H. Kerscher

VIII **Fundstätten am Limes**

1 **Osterburken** 46
J. Scheuerbrandt

2 **Limes bei Zweiflingen – Der Pfahldöbel** 52
A. Thiel

3 **Mainhardt** 54
L. Stoffel

4 **Limes bei Großerlach-Grab** 58
A. Thiel

5 **Welzheim** 62
M. G. Meyer

6 **Provinzgrenze bei Schwäbisch Gmünd** 68
S. Sulk

7 **Limes bei Mögglingen/ Heuchlingen** 74
St. Bender

8 **Aalen** 76
M. Kemkes

9 **Limes bei Rainau** 82
St. Bender

10 **Halheim (Ellwangen)** 88
S. Sulk

11 **Ruffenhofen** 90
M. Pausch

12 **Dambach (Ehingen/ Unterschwaningen)** 96
S. Sulk

13 **Gnotzheim** 100
K. Ramstetter

14 **Gunzenhausen** 104
K. Ramstetter

15 **Theilenhofen** 108
S. Sulk

16 **Ellingen** ... 112
K. Ramstetter

17 **Weißenburg** ... 116
C. S. Sommer

18 **Weißenburg – Auf der Breitung** ... 122
C.-M. Hüssen

19 **Oberhochstatt** ... 124
K. Ramstetter

20 **Burgsalach** ... 128
K. Ramstetter

21 **Limes bei Biebig (Titting)** ... 132
K. Ramstetter

22 **Pfünz (Walting)** ... 136
K. Ramstetter

23 **Böhming (Kipfenberg)** ... 142
K. Ramstetter

24 **Limes bei Kipfenberg – Auf dem Pfahlbuck** ... 146
K. Ramstetter

25 **Limes bei Zandt (Denkendorf)** ... 150
S. Hüdepohl

26 **Wachtposten bei Zandt (Denkendorf)** ... 152
C. S. Sommer

27 **Oppidum Manching** ... 154
W. David

28 **Oberstimm** ... 158
D. Burger

29 **Pförring** ... 162
C. S. Sommer

30 **Heilbad Bad Gögging** ... 166
C. S. Sommer

31 **Eining** ... 170
K. Ramstetter

32 **Eining-Unterfeld** ... 176
S. Sulk

33 **Heiligtum Eining-Weinberg** ... 178
S. Sulk

34 **Limes bei Hienheim** ... 180
S. Hüdepohl

35 **Regensburg-Großprüfening** ... 184
S. Sulk

36 **Regensburg** ... 186
V. Fischer/S. Sulk

37 **Pfatter** ... 194
V. Fischer

38 **Straubing** ... 196
V. Fischer

39 **Steinkirchen (Stephansposching)** ... 202
V. Fischer

40 **Künzing** ... 204
V. Fischer

41 **Passau** ... 210
J.-P. Niemeier

Anhang

IX **Verzeichnis der Museen** ... 218

X **Abkürzungen, Quellen, Glossar** ... 220

XI **Literaturverzeichnis** ... 222

XII **Autorenverzeichnis** ... 236

XIII **Abbildungsverzeichnis** ... 238

Überblickskarte im Klappcover

Konservierte Grundmauern des Kleinkastells Hönehaus.

Einleitung

Im vorliegenden Limesführer werden die Orte am Limes in Süddeutschland beschrieben, die aufgrund von besonders guter Erhaltung der Originalsubstanz, eindrücklicher Vermittlung in Museen, Nachbauten und Rekonstruktionen vor Ort oder außergewöhnlicher landschaftlicher Lage besonders sehenswert sind. Ergänzt werden diese durch Plätze, die sich zwar nicht mehr durch noch sichtbare materielle Hinterlassenschaften auszeichnen, jedoch wesentliche wissenschaftliche Erkenntnisse zum Verständnis des Limes und seiner Funktion beitragen. Diese Auswahl soll dem Leser und Besucher ein möglichst umfassendes und lebendiges Bild vom Limes in Süddeutschland vermitteln.

Nach einer Einführung in die Thematik (Kapitel I und II) erläutern kurze Texte die Idealstruktur des kaiserzeitlichen römischen Heeres (Kapitel III), den Aufbau römischer Kastelle (Kapitel IV) sowie der Wachttürme am Obergermanisch-Raetischen Limes (ORL) (Kapitel V). Danach folgen Erläuterungen der naturwissenschaftlichen Methoden Geomagnetik (Kapitel VI) und Airborne Laserscanning (Kapitel VII), deren Ergebnisse als geophysikalische Messbilder und ALS-Bilder die Bildauswahl ergänzen und neueste Forschungsergebnisse präsentieren.

Den größten Teil dieses Buches nehmen die Beschreibungen der Fundstätten am Limes in Süddeutschland ein (Kapitel VIII). Hier enthält jeder Eintrag einen Kartenausschnitt zur Lokalisierung des Ortes und eine die wichtigsten Informationen enthaltende Infobox für einen schnellen Vergleich z. B. verschiedener Kastellplätze.

Ein Verzeichnis der Museen am Limes (Kapitel IX), ein Abkürzungsverzeichnis sowie Glossar, das die lateinischen Fachbegriffe erklärt (Kapitel X), und eine umfassende Literaturliste ergänzen das Informationsangebot.

In allen Textteilen verdeutlicht ein Sternchen an einem Ortsnamen*, dass es hierzu einen ausführlichen Eintrag im Kapitel VIII „Fundstätten am Limes“ gibt. Im Klappcover hinten ist schließlich eine geographische Karte mit dem Gesamtverlauf des ORL abgebildet, die alle genannten Orte mit numerischem Verweis auf die Katalognummer aufführt und einen schnellen Überblick ermöglicht. *S. Matešić*

Bauinschrift in Pförring: *Imp(eratori) Caesari divi Hadriani fil(io) divi Tr(aiani) nepo(ti) Tito Ael(io) Hadriano Antonino Aug(usto) Pio pontif(ici) maximo p(atri) p(atriae) consul(i) III tribun(icia) pot(estate) IIII ala I singular(ium) p(ia) f(idelis) c(ivium) R(omanorum).*

Der Limes in Süddeutschland

I Der Limes in Süddeutschland – Geschichte einer römischen Grenze

Auf dem Auerberg bei Bernbeuren wurde ab 13 n. Chr. die erste Hauptstadt der Provinz Raetien errichtet.

Jenseits der Alpen

„Die Provinzen Galliens und Spaniens, ebenso Germanien habe ich befriedet, ... Die Alpen ließ ich ... befrieden, ..." So beschrieb Augustus (31 v. Chr.–14 n. Chr.) im 26. Kapitel seines Tatenberichts (*res gestae*) das unter ihm Erreichte im Norden. Mit dem Alpenfeldzug 16/15 v. Chr., kommandiert in den entscheidenden Phasen von seinen Stiefsöhnen Drusus und Tiberius (dem späteren Kaiser), kam auch das Voralpenland unter römische Kontrolle. Noch zu Lebzeiten des Augustus zeigte sich aber, dass es mit der „Befriedung" nicht so weit her war. Die Niederlage des Varus 9 n. Chr. gegen die Germanen und der Verlust dreier Legionen, etwa ein Zehntel des gesamten Heeres, machte deutlich, dass es rechts des Rheins eines anderen Vorgehens bedurfte.

Jenseits der Alpen kennen wir kaum Plätze, die mit der ersten Okkupationsphase zusammenhängen: den Döttenbichl bei Oberammergau als einheimischen Kultplatz, an dem erbeutete römische Waffen geopfert wurden und vielleicht auch eine Auseinandersetzung mit den Römern stattgefunden hat, ein kleines Kastell bei Epfach an einem Lechübergang und ein Lager in Friedberg-Rederzhausen bei Augsburg. Weitere frühe Militärstandorte sind vor allem Augsburg-Oberhausen mit einer Menge durch Hochwasser aus einem sonst unbekannten Truppenstandort verlagerter Funde und das Legionslager Dangstetten zwischen Bodensee und dem Rheinknie. Beide jeweils mit einigen tausend Soldaten besetzte Orte sollten weiträumig Vormarschrouten bzw. die Pässe über die Alpen sichern – einer weiteren militärischen Besetzung bedurfte es nicht, da damals das von den Römern als Vindelikien bezeichnete Gebiet bis zur Donau und auch noch jenseits davon ein nach dem archäologischen Befund weitestgehend bevölkerungsleeres Gebiet war. Dessen Erschließung dienten neue Siedlungen, z. B. Bregenz und Kempten, nachweisbar bald nach Christi Geburt, und, bald darauf in topografisch gesicherter Lage in mehr als 1.000 m Höhe gegründet, der Auerberg westlich von Schongau. Vielleicht können wir in ihm mit seinem mehr als 3 km langen Befestigungssystem, der dichten Bebauung und der vielfältigen Industrie die erste Hauptstadt der schon bald nach dem Alpenfeldzug oder während der Anwesenheit des Tiberius nördlich der Alpen 10–12 n. Chr. gegründeten Provinz Raetien und Vindelikien (bald nur noch Raetien) sehen. In einem Dreieck zwischen dem Alpenrand, Bregenz, Augsburg und dem Austritt des Inn aus den Alpen kam es frühestens in den 20er-Jahren des 1. Jhs. n. Chr. zur Gründung kleiner, römisch anmutender Dörfer im Westen entlang der neu angelegten Fernstraßen und einheimisch erscheinender Siedlungen im Osten der Provinz.

Eine erste „Grenz"-Linie errichtete man um 40 n. Chr. am Südufer der Donau. Kastelle in einer Kette zwischen Hüfingen bei Donaueschingen und Oberstimm* bei Ingolstadt, vielleicht mit Kleinkastellen auch noch weiter die Donau hinab, lagen meist entweder dort, wo der Fluss dem Südufer nahe kam, oder am Anfang bzw. am Ende von größeren Niederungen. Dadurch

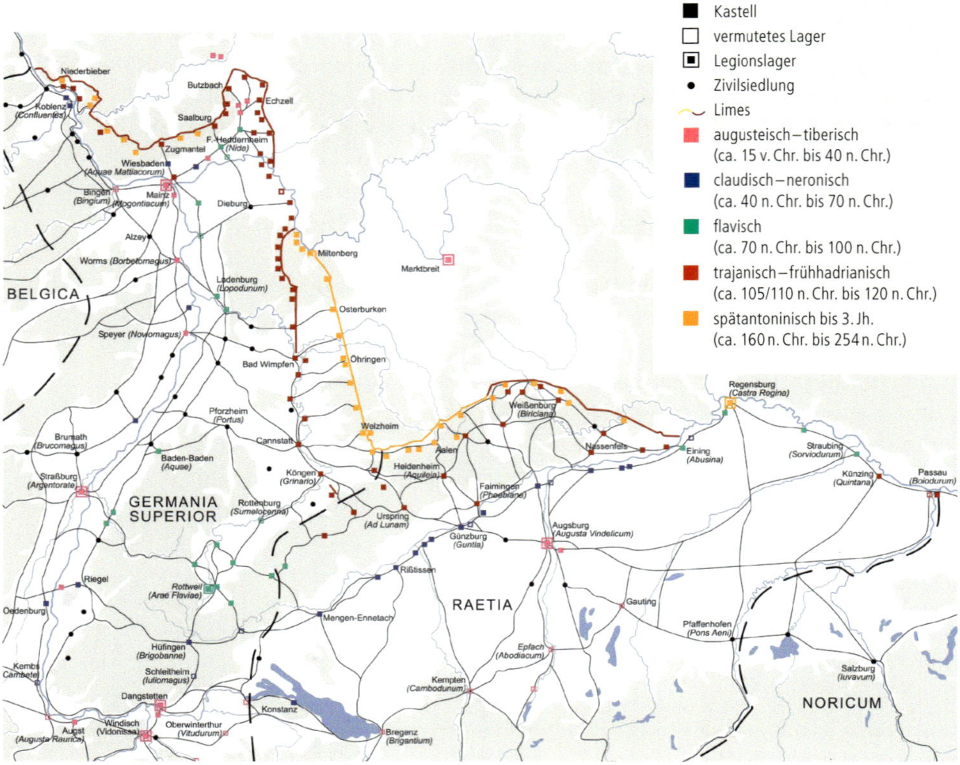

Abfolge der römischen Besetzung von Süddeutschland.

ließ sich einerseits der Fluss überwachen und andererseits der Verkehr auf einer neu errichteten Ost-West-Fernstraße unterstützen. Diese Donausüdstraße stellte erstmalig eine direkte Verbindung zu den Kastellen links des Rheins über den Schwarzwald hinweg her. Kempten baute man in dieser Zeit monumental aus – wahrscheinlich übernahm es vom jetzt aufgegebenen Auerberg dessen zentrale Aufgaben. Diskutiert wird, ob der strategische Wechsel von einer vagen Raumsicherung hin zur linearen Überwachung dessen Randes noch unter Kaiser Tiberius (14–37 n. Chr.) oder eher unter Caligula (37–41 n. Chr.) erfolgte. Auf jeden Fall kamen die Maßnahmen bald unter Claudius (41–54 n. Chr.) zum Abschluss.

Unklar ist, wie viele der Donaukastelle im sog. Vierkaiserjahr 69 n. Chr. zerstört wurden, als nach Neros Selbstmord Galba, Vitellius, Otho und Vespasian die Kaiserwürde anstrebten und die Bataver wegen Truppenabzügen zur Durchsetzung ihrer Ansprüche am Niederrhein mit einem Aufstand weitere Unruhe brachten. Brandschichten in manchen der Kastelle deuten darauf hin, dass die abziehenden Truppen sie entweder selbst anzündeten oder gegnerische Einheiten sie brandschatzten. Unter Vespasian (69–79 n. Chr.) als alleinigem Herrscher gab man in der folgenden Reorganisation einige Kastelle auf, andere wurden – meist von neuen Einheiten – wieder aufgebaut. Südwestdeutschland erlebte am oberen Neckar eine Truppenkonzentration – zeitweise war in Rottweil sogar eine Legion stationiert – verbunden mit einer neu von Straßburg durch das Kinzigtal über den Schwarzwald an die Donau gebauten, durch Meilensteine belegten Straße. Dadurch verkürzte sich die Reisezeit zwischen den Donau- und den Rheinprovinzen erheblich. Aus Inschriften und Militärdiplomen (Bürgerschaftsurkunden für entlassene Soldaten aus den Hilfstruppen) kennen wir nun die Zusammensetzung des in Süddeutschland stationierten Heeres aus Infanterie, Kavallerie und gemischten Einheiten relativ gut. Zwischen Alpenrand und Donau baute man die zivilen Siedlungen aus. Trotzdem war der Raum nie einheitlich und dicht besiedelt.

Unter Titus (79–81 n. Chr.) wurde das Südufer der Donau weiter befestigt. Zwischen Günzburg und Passau* kam eine ganze Reihe neuer Kastelle mit inschriftlich überlieferten Bauzeiten dazu. Eine gleichzeitige Inschrift und einige datierbare Hölzer in Kösching könnten andeuten, dass man damals auch versuchte, entlang einer zeitweise wieder aufgegebenen Donaunordstraße von Eining* aus den Ingolstädter Raum jenseits der Donau zu besetzen.

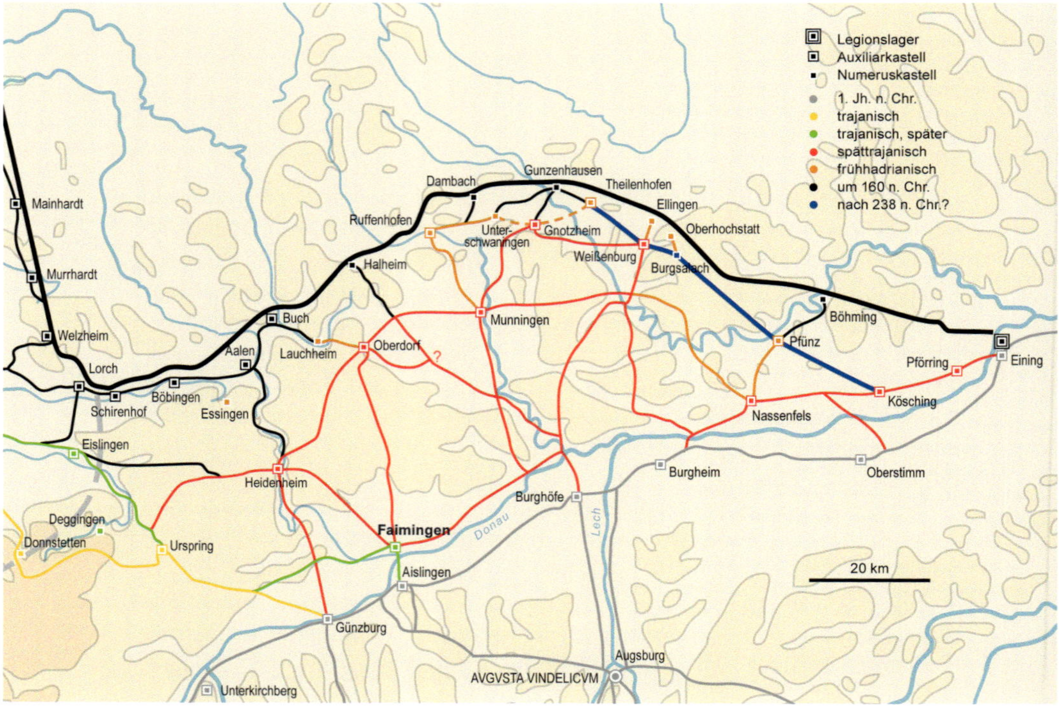

Entwicklung des Raums zwischen Donau und Limes.

Barrieren

Unter Trajan (98–117 n. Chr.) schoben die Römer ihre militärischen Einrichtungen an den Main, in den Odenwald und an den mittleren Neckar vor bzw. griffen über die Donau auf die Schwäbische und Fränkische Alb aus. In der seit Domitian (81–96 n. Chr.) formell existierenden Provinz Obergermanien im heutigen Südwestdeutschland ließ er zwischen den Flüssen und auf die Höhe der Schwäbischen Alb durchgängig überwachte Linien anlegen, die bald durch physische Barrieren (Palisade und teilweise Gräben) ergänzt wurden (Odenwald- bzw. Lautertallimes). In der Provinz Raetien errichtete man auf der Alb jedoch nur eine Kette von Kastellen (Alblimes) mit Endpunkt in Weißenburg*.

Man war bemüht, die Lage der Kastelle so zu wählen und die Infrastruktur der Region derart zu gestalten, dass die stationierten Truppen aus der unmittelbaren Umgebung ernährt werden konnten. Jedenfalls zeichnet sich im mittleren Neckarland und auf der Alb eine explosionsartige Entwicklung mit Gründung vieler neuer Gutshöfe (*villae rusticae*) in zuvor unbe-

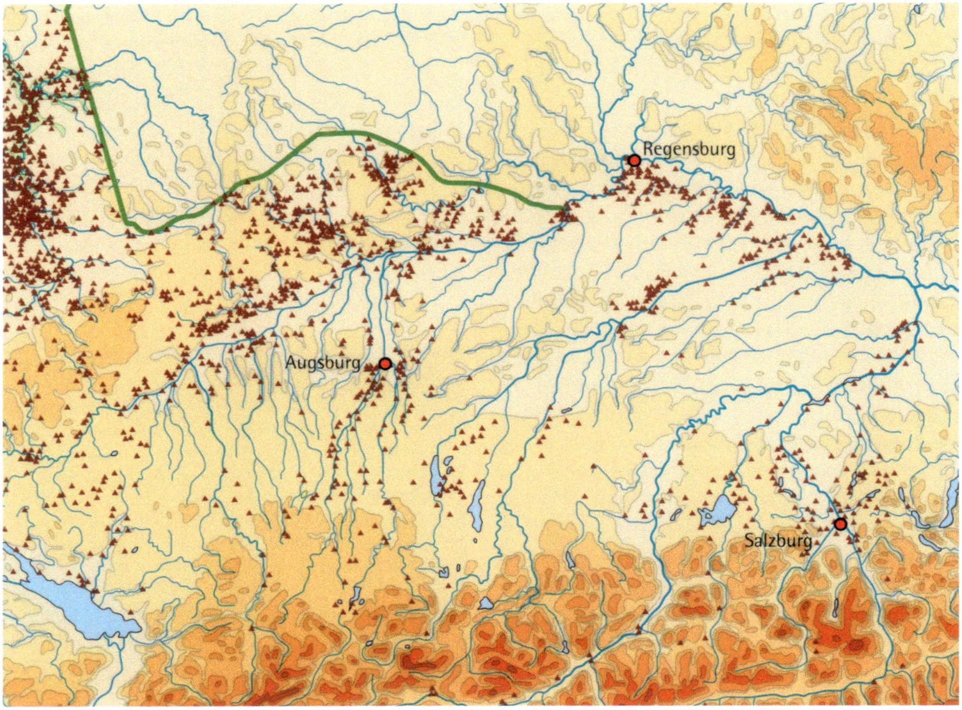

Zivile ländliche Siedlungen in Raetien nördlich der Alpen.

wohntem Gebiet ab. Wahrscheinlich kann ein Besiedlungsprogramm, das Menschen aus Gallien (heute Frankreich), Germanien links des Rheins, vielleicht Norditalien und dem Donauraum nach Süddeutschland brachte, zugrunde gelegt werden.

Durch die Ausdehnung des Römischen Reiches nach Nordosten verkürzte sich die Distanz zwischen Rhein und der Provinzhauptstadt Obergermaniens Mainz und Donau bzw. dem mittlerweile in Raetien zur Hauptstadt gewordenen Augsburg erneut erheblich. Dabei halfen neue, fast direkte Straßen zwischen dem Stuttgarter Raum und Günzburg. Im neu besetzten Gebiet diente ein relativ dichtes Netz von Straßen zwischen den Kastellen und ehemaligen Standorten der Kommunikation. Zur Sicherung des fruchtbaren östlichen Raums ergänzte man das System in der Spätzeit des Trajan oder unter Hadrian (117–138 n. Chr.) durch weitere Truppenlager zwischen Ruffenhofen* und Pförring*. Inschriften geben an, dass der Ausbau einiger Kastelle in Stein in der frühen Regierungszeit des Antoninus Pius (138–161 n. Chr.) erfolgte.

Limesverlauf zwischen Raitenbuch und Oberhochstatt, im Hintergrund rechts Burgsalach.

Diese neu errichteten Kastelle hatten Besatzungen zwischen ca. 100 und 800 Mann. Allerdings konnten oder mochten die Soldaten nicht alleine leben. Umfangreiche Gruppen von Marketendern – Händler, Handwerker, Dienstleister aller Art usw. – begleiteten sie von Anfang an. Sie ließen sich in ausgedehnten Siedlungen um die Kastelle nieder (Kastellvici), die als integrale Bestandteile eines Truppenstandorts vom Militär mit den offiziellen Einrichtungen, wie Bädern und Rasthäusern, in den Grundzügen mitgeplant wurden. Gemeinsam mit den Friedhöfen nahm so ein römischer Militärstandort leicht Flächen von 10–20 ha ein. Sie werden heute nicht nur durch Ausgrabungen, sondern vor allem durch zerstörungsfreie Methoden wie die Luftbildarchäologie und geophysikalische Messungen untersucht.

Der Obergermanisch-Raetische Limes

Um 160 n. Chr. legte man eine neue Überwachungslinie weiter östlich zwischen Miltenberg am Main und nahe Lorch im Remstal bzw. nördlich über die Alb bis nördlich Eining* an der Donau an. Vermutlich lag ein einheitliches Konzept vor, doch die Ausführung erfolgte in den Provinzen unterschiedlich. Während den größten Teil in Obergermanien eine über 80 km lange schnurgerade Nord-Süd gerichtete Linie mit dahinter errichteten Kastellen ausmachte, setzt sich der West-Ost orientierte Teil in Raetien aus kürzeren, nur mehr oder weniger geraden Stücken zusammen. Im zentralen Teil lag hier die Linie so weit nördlich der älteren Kastelle, dass sie weitgehend von diesen aus eingesehen werden konnte. Im Westen wurden zum Anschluss an die Linie in Obergermanien neue Kastelle benötigt.

Das System bestand anfangs aus einer Schneise in den Wäldern mit Türmen in Sichtabstand zur Überwachung (in Obergermanien Steintürme, in Raetien Holztürme in jeweils einheitlicher Bauweise). Bei diesen gehen wir von dreigeschossigen Bauten und von jeweils vier Mann Besatzung aus. Ein oder zwei umgebende Gräben lassen sie als kleine Kastelle erscheinen. Sehr bald jedoch, wahrscheinlich nachdem die Truppen mit anderen Bauleistungen fertig waren, legten die Soldaten eine durchgängige Palisade meist aus großen halbierten Baumstämmen unmittelbar davor an. Das an manchen Stellen erhaltene Holz kann mit Hilfe der Dendrochronologie auf 160–165 n. Chr. datiert werden.

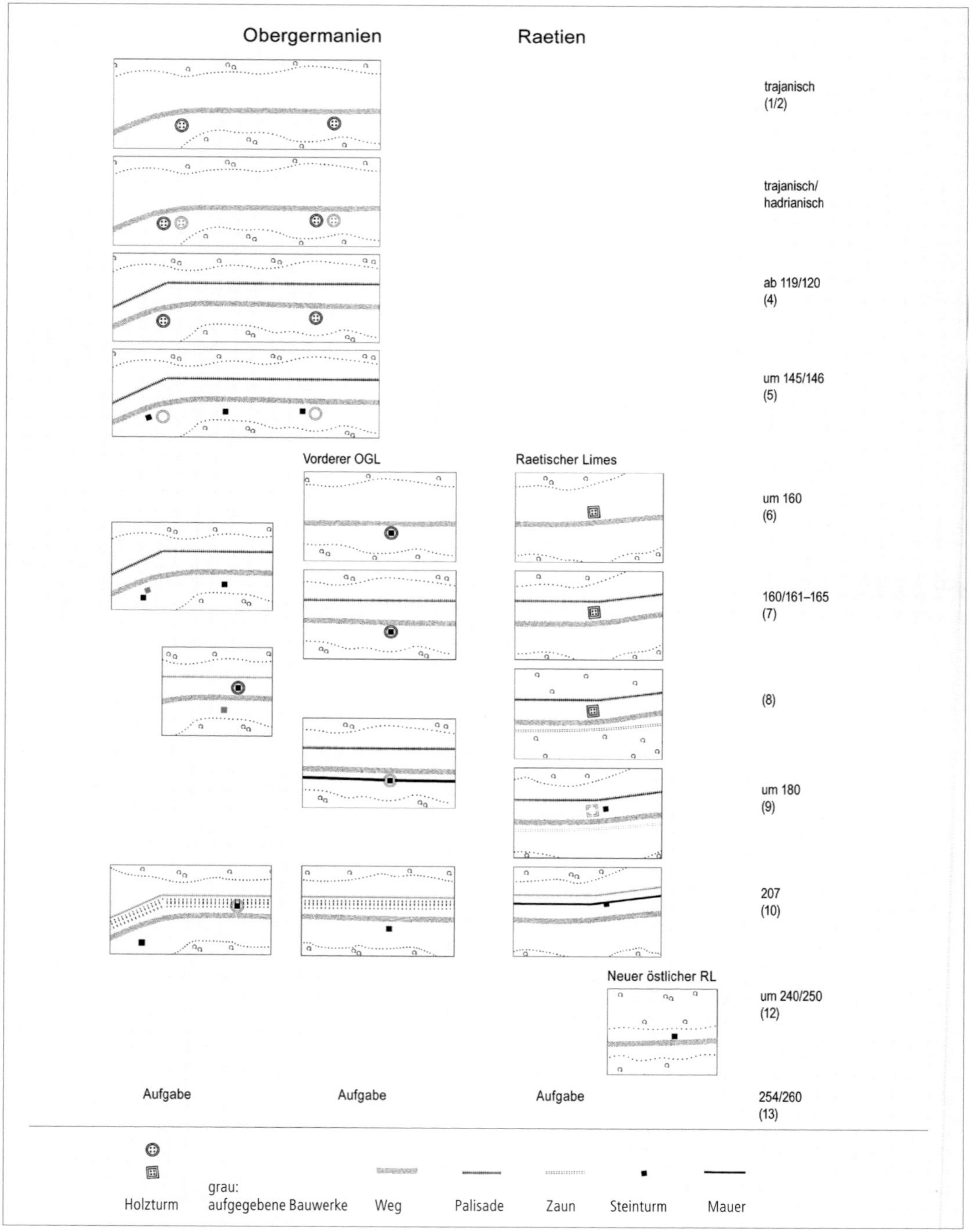

Entwicklung des Obergermanischen und Raetischen Limes.

Südliches Ende des 80 km langen geraden Abschnitts des Obergermanischen Limes beim Haghof.

Veränderungen und Reparaturen

Aus konzeptionellen Gründen und wegen dem „Zahn der Zeit" gestaltete man den Limes nachfolgend immer wieder um. Aus unbekannter Zeit findet sich hinter den Türmen des Raetischen Limes in unregelmäßigem Abstand ein Zaun. Vielleicht markierte er mit der Palisade den Bereich, der wegen der Sichtverbindung zwischen den Türmen unbedingt von höherem Bewuchs freizuhalten war. Vielleicht wurden dort auch Schafe oder Ziegen gehalten, wodurch sich die notwendige Arbeit erheblich eingeschränkt haben dürfte.

Wohl im späteren 2. Jh. n. Chr. erreichten die eingegrabenen Pfosten der Holztürme ihre Haltbarkeitsgrenze. Sie wurden durch Steintürme ersetzt. Einen Teil der Turmpositionen gab man auch für knapp 20 m × 20 m messende Kleinkastelle mit einer Kapazität für 10–20 Soldaten auf. Vermutlich hatten diese Kastelle besondere Aufgaben am jeweiligen Limesabschnitt. Einzelne davon, z.B. Raitenbuch, wurden jedoch bald wieder abgerissen, andere durch einen Steinturm ersetzt. Vielleicht geht der Umbau der Kastelle Böhming*, Ellingen* und Pfünz*, nach Inschriften um 180 n. Chr., und ein letzter Kastellneubau in Dambach* auf die gleiche Planung zurück.

Am Obergermanischen Limes mussten – wegen der Steinbauweise wohl nur bei besonderen Schadensfällen – ebenfalls gelegentlich Türme ersetzt werden. Die dazwischen nachgewiesenen Kleinkastelle könnten hier Teil des ursprünglichen Konzepts gewesen sein.

Einen Einschnitt in der Entwicklung des Limes bildete der Ersatz der altersschwachen Palisade in Obergermanien durch einen Graben mit dahinter aufgeschüttetem Wall und in Raetien durch eine von Steinturm zu Steinturm ziehende 167 km lange Mauer, die sog. Teufelsmauer bzw. Raetische Mauer. Ob Wall und Graben oder die in einigen Abschnitten später zwischen den Türmen errichteten Mauerabschnitte in Obergermanien gleichzeitig mit der Raetischen Mauer sind, lässt sich nicht sagen. Letztere jedenfalls wurde wahrscheinlich im (Frühjahr) 207 n. Chr. unter Septimius Severus (193–211 n. Chr.) erbaut.

Bald waren weitere Reparaturen fällig, vor allem an einzelnen Türmen. Darauf deuten an die Mauer angebaute, vielleicht auch gleichzeitig mit dieser errichtete Wachttürme. Ein schriftlich überlieferter Feldzug des Caracalla (211–217 n. Chr.) gegen die Germanen hinterließ neben Ehreninschriften an vielen Kastellen und einem Siegesmonument in Rainau-Dalkingen* keine weiteren Spuren. Dagegen kam es in den stadtartigen Siedlungen Neuenstadt am Kocher und Faimingen zu umfangreichen Baumaßnahmen; wahrscheinlich, weil der Kaiser in den dortigen Tempeln des Apollo Grannus Heilung von seinen körperlichen und seelischen Leiden suchte.

Eine letzte Reorganisation des nun sicher als Grenze verstandenen Limes erfolgte vermutlich um 240 n. Chr. unter Gordian III. (238–244 n. Chr.), als Teile einer aufgelösten Legion aus Nordafrika nach Raetien strafversetzt wurden. Diese Soldaten legten hinter dem Ostteil des Raetischen Limes eine neue Überwachungslinie entlang einer älteren Straße zwischen Theilenhofen* und Pfünz* bzw. Kösching an. Steintürme in relativ weitem Abstand und ein am gesamten Limes einmaliges Bauwerk in Burgsalach* – seine Funktion wird sehr unterschiedlich beurteilt – zeichnen diesen neuen Abschnitt aus. Vielleicht begannen sie auch mit dem Bau eines neuen Kastells in Faimingen, das den Raum sichern sollte.

Das Ende des Limes

Bürgerkriegsartige Auseinandersetzungen zwischen verschiedenen Thronanwärtern – den sogenannten Soldatenkaisern – kennzeichneten das zweite Drittel des 3. Jhs. n. Chr. genauso wie Einfälle unterschiedlicher germanischer Gruppen. Um diese zu bekämpfen, wurden jeweils Truppen abgezogen, sodass die Römer auch am Limes immer weniger gegen die angreifenden Germanen zu bieten hatten. Zur Erlangung des Throns nahm 253 n. Chr. der Statthalter der Provinzen Raetien und Noricum, Valerianus (253–260 n. Chr.), einen Großteil der in Süddeutschland gegen einen Prätendenten zusammengezogenen Soldaten, darunter wohl auch die Afrikaner, über die Alpen mit nach Rom. Einem Germaneneinfall im Frühjahr oder Frühsommer 254 n. Chr. begegnete daher an dem dadurch geschwächten Limes nur geringer Widerstand, die noch besetzten Kastelle und Türme in Süddeutschland gingen in Flammen auf.

Mangels neuer Soldaten und weil die Kaiser andere Sorgen hatten, wurde der Limes nicht wieder aufgebaut. Die Kastelle an Rhein und Donau existierten aber teilweise weiter. In das Niemandsland zwischen den Flüssen siedelten die Kaiser des sog. Gallischen Sonderreiches (260–274 n. Chr.), die den westlichen Teil des Römischen Reiches und kurzfristig auch Raetien kontrollierten, bis an den Neckar ihnen freundlich gesonnene („gekaufte"?) Germanen an. Ziel war die Bildung eines Puffers zum „legitimen" Reich unter Gallienus (Alleinherrscher 260–268 n. Chr.). Dieser und seine Nachfolger setzten dem nur einzelne kleinere Befestigungsanlagen entgegen (darauf deutet die Inschrift aus Hausen ob Lontal). Ab Probus (276–282 n. Chr.) begann man vorhandene militärische Plätze an der Donau gegen die dann im Vorfeld siedelnden feindlichen Germanen zu kleinen, aber starken Bollwerken umzubauen (z. B. Burghöfe*, Eining*, Straubing*, Passau*) und legte neue Befestigungen auf der rechten Seite der Iller an (z. B. Kellmünz, Isny, sog. Donau-Iller-Limes). Einmal mehr ging es um die Sicherung der Pässe über die Alpen nach Italien. Manche der Anlagen bestanden bis weit in das 5. Jh. n. Chr. hinein, nicht selten mit germanischer Besatzung, bevor sie entweder verlassen oder zerstört wurden. Was danach kam, gilt als frühes Mittelalter. *C. S. Sommer*

II Fragen, Fragen, Fragen – Was beschäftigt die Wissenschaft am Raetischen Limes?

Auch 125 Jahre nach Beginn systematischer Forschung am Raetischen Limes beschäftigen die Provinzialrömische Archäologie teilweise immer noch die gleichen Fragen. Am Wichtigsten scheint „Wann und warum wurde der Limes erbaut?" Hauptproblem ist, dass es zum Limes, abgesehen von wenigen Inschriften, die lokale historische Schlaglichter abgeben, keine schriftlichen, sondern nur die im Boden erhaltenen Zeugnisse gibt. Unser Wissen zu seiner Entwicklung beruht daher auf den Ergebnissen von archäologischen Ausgrabungen und modernen, zerstörungsfreien Prospektionsmethoden. Nur mit viel Mühe und einigem Glück lässt sich der Produk-

Im Flurbild zeichnet sich der Limes westlich von Petershausen deutlich ab.

tionszeitpunkt/-raum der Objekte im Boden (Keramik, Waffen, Geräte, Schmuck, nicht aber Münzen) auf eine Generation genau bestimmen. Hierzu sind vergleichende Studien über große Räume notwendig. Nachdem die Herstellungszeiträume aber nicht zwingend identisch mit der Benutzungszeit bzw. dem Verlustzeitpunkt sind, ergibt sich durch die Funde z.B. in Fußbodenschichten oder unter einer Mauer lediglich ein *terminus post quem*, also der Zeitpunkt, nach dem frühestens etwas (die Bildung der Schicht, der Bau der Mauer) geschehen sein kann. Die Aufgabe des Archäologen ist es, zu versuchen, den danach liegenden Zeitraum möglichst genau zu bestimmen.

Terra Sigillata und Feinkeramik aus dem Kastell Aalen.

Möglichkeiten der Dendrochronologie: teilweise sehr gute Holzerhaltung am Limes (W. Kohl mit Eichenpfählen aus den Wörnitzwiesen).

Lediglich in den seltenen Fällen der Erhaltung von frisch geschlagenem Holz kann die Dendrochronologie über die Zählung der Jahrringe gelegentlich sogar auf das Jahr genaue Daten liefern.

Für die Besetzung des Bereichs nördlich der Donau ging man lange von einem Beginn unter Domitian aus. Anlass war eine auf 80 n. Chr. datierte Inschrift aus Kösching aus der Zeit seines Vorgängers Titus. Es gibt dort praktisch kein gleichzeitiges Fundmaterial außer einigen Hölzern, die entweder nur eine temporäre Baumaßnahme bezeugen oder transloziertes Fundmaterial darstellen.

Allgemein wird heute die generelle Vorverlegung der Truppen über die Donau Anfang des 2. Jhs. n. Chr. angenommen. Es besteht vermutlich ein Zusammenhang mit dem großen Feldzug Trajans gegen die Daker im heutigen Rumänien. Nach seinem Sieg und der Einrichtung von Provinzen dort ergab sich die Notwendigkeit, die für den Krieg zusammengezogenen Truppen entzerrt neu zu stationieren und dauerhaft zu versorgen.

Für den Beginn des Raetischen Limes als überwachte Linie wurden – jeweils ohne konkrete Anhaltspunkte – Zeiten unter den Kaisern Domitian, Trajan oder Hadrian vorgeschlagen, also über eine Zeitspanne von etwa 40 Jahren. Auch heute noch haben wir kein sicheres Datum für die Errichtung der Holztürme, auch wenn wegen der jetzt eindeutigen Verbindung zum

Markussäule in Rom mit dem Auszug der römischen Truppen gegen die Markomannen auf der „Grundlage" des Limes.

Obergermanischen Limes ein enger Zeitraum um 160 n. Chr. wahrscheinlich ist. Sicher ist nur, dass die Bäume für die auf die Türme Bezug nehmende Palisade ab 160 n. Chr. geschlagen wurden.

Wenn diese Zeit auf die ganze Strecke des 167 km langen Raetischen Limes übertragen werden darf, stellt sich die Frage, von wem die Initiative für den Limes ausging. War es der damals bereits 74-jährige Kaiser Antoninus Pius oder sein schon 20 Jahre davor designierter Nachfolger (Caesar) Marc Aurel (161–180 n. Chr.)? Die Abbildung eines möglicherweise unseren Limes darstellenden Grenzsystems durch Türme und Vorräte vor einer Palisade auf der Markussäule in Rom macht letzteres wahrscheinlich.

Der Bildbezug lässt den Limes als die Grundlage für die lang anhaltenden Markomannenkriege des Kaisers erscheinen – im Sinne einer späteren Rechtfertigung. Danach wäre auch die Frage, gegen wen der Limes angelegt wurde, falsch gestellt. Viel mehr Sinn ergibt „Für wen?" mit der Antwort „Für euch!" (die Bürger von Rom), die durch diesen Limes (vor latenter Gefahr) geschützt werden sollten. Ein Vergleich mit den Außengrenzen des heutigen Schengener Raums liegt nicht fern.

Trotzdem bleibt die Frage, warum nun auch in Raetien, wo man im Unterschied zu Obergermanien ein halbes Jahrhundert ohne ein lineares System ausgekommen war, eine physische Barriere errichtet werden musste?

Die Markomannen scheinen um 160 n. Chr. noch keine unmittelbare Bedrohung gebildet zu haben. Vielleicht ging es daher „nur" darum, zusammen mit dem neuen Verlauf des Obergermanischen Limes eine einheitliche geschlossene Linie zu schaffen.

Dabei ist offen, ob die Römer die Linie als Außengrenze aufgefasst haben. Sicher haben sie den *limes* im Sinne von Schneise, Vormarsch- und Nachschubweg im Feindesland, überwachter Linie, Weg durch oder zwischen Grundstücken verstanden. Wir wissen jedoch nicht, ob es damals eine spezielle Bezeichnung für den von uns seit dem 19. Jh. so genannten Limes gab. Die Errichtung einer Palisade, die nach seiner Lebensbeschreibung dem Hadrian zugeschrieben wird, und der Hinweis des Ammianus Marcellinus (ca. 330–395 n. Chr.) auf ein *munimentum Traiani* kann sich allenfalls auf frühere Limesabschnitte im südlichen Hessen und im Odenwald beziehen.

Je nach Gewichtung und Zeitgeist haben Archäologen und Historiker den Limes als Kontrolllinie für den Handel, als Bollwerk gegen die Germanen oder auch nur als Idee angesehen. Daraus ergibt sich die Debatte, ob z. B. vorhandene Durchlässe als monumental ausgebaute Tore oder lediglich lokale Serviceeinrichtungen zu interpretieren sind, ob Palisade und Mauer als vielleicht gekalkte bzw. verputzte Bauwerke Eindruck erwecken sollten oder ihre dem Gelände angepasste Bauweise und vor allem die am östlichen Raetischen Limes bis heute offenen tiefen Materialentnahmegruben auch unmittelbar vor der Mauer den Hinweis geben, dass es darum ging, einen Bauauftrag fertig zu stellen, ganz gleich, wie dessen optische Erscheinung war.

Für letzteres spricht auch, dass nicht sicher ist, ob die Mauer überall gemörtelt war oder im Bereich des Jurakalks auch trocken oder in Lehm gesetzt wurde. Und trotz des wehrhaften Charakters des Limes ist unklar, auf wen der Limes Bezug nahm. Die nächsten Siedlungsgebiete der damals eher schwachen Germanen lagen mehrere Tagesmärsche entfernt.

Über diese Problematik wissen wir immer noch viel zu wenig. Das gilt auch für die Produkte aus dem Limeshinterland (Keramik, Geräte, Schmuck, vergangene organische Waren), die sicher teilweise auch in den Kastellvici produziert wurden. Was diente zur Versorgung der Truppen, was wurde untereinander gehandelt, was ging über den Limes und was war gegebenenfalls die Gegenleistung? Obwohl schon viele Ausgrabungen stattgefunden haben, ist bis heute nur ein kleiner Teil des geborgenen Materials bearbeitet

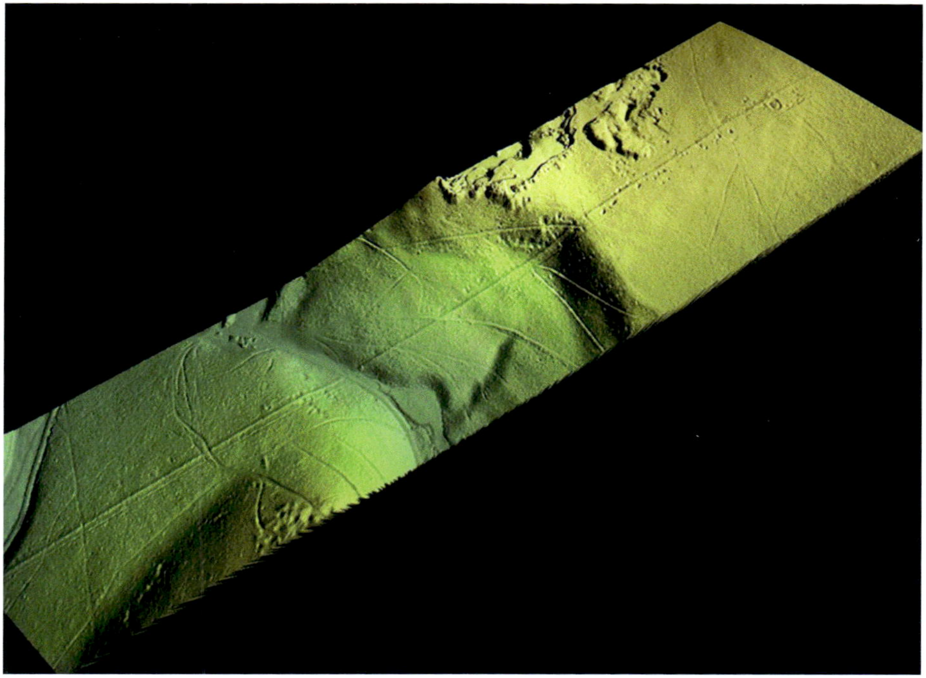

Raetischer Limes mit Mauer, Palisade und Materialentnahmegruben zwischen WP 15/15 und 15/16.

und vorgelegt. Dadurch fällt es auch schwer, die Kastellorte nicht nur im chronologischen Vergleich zu beurteilen. Warum wurden z. B. zwei gleich große Kastelle, wie Pförring* und Ruffenhofen*, mit vermutlich gleichartigen Einheiten im Inneren so unterschiedlich angelegt? Was steht überhaupt hinter der Verteilung der Kastelle und ihren unterschiedlichen Besatzungen?

Für die bei Dambach* nachweislich im Winter 206/207 n. Chr. begonnene Mauer bleibt dagegen offen, ob das aus Fundamenthölzern in einer heute zum See aufgestauten Niederung gewonnene Datum auf die gesamte Länge der Raetischen Mauer zu übertragen ist. Bei dem Pfahlrost, zu dem die Hölzer gehörten, könnte es sich auch nur um den Ansatz zur Lösung eines lokalen Spezialproblems handeln. Auf der anderen Seite ist nicht unwahrscheinlich, dass im Zusammenhang mit dem geplanten Besuch von Septimius Severus (193–211 n. Chr.) und seinen Söhnen Caracalla und Geta in Raetien und Germanien auf dem Weg nach Britannien ein Bauprogramm initiiert wurde, das neben dem Mauerbau auch die Sanierung schadhafter Kastelle, z. B. Aalen*, und auch umfangreiche Straßenbauarbeiten im Hinterland umfasste. Und wer baute die Limesmauer? Die Legionäre aus Regensburg oder die jeweils in der Nähe stationierten Truppen? Wurde überall die gleiche Bautechnik angewandt oder können wir eventuell sogar Baulose unterscheiden, ablesbar z. B. in unterschiedlicher Fundamentierung, Mauerbreite, Mauertechnik usw.?

Ohne dass wir bisher Antworten hätten, beschäftigt uns auch das Problem der Haltbarkeit der Bauwerke am Limes. Während Türme, vor allem wenn sie aus Holz errichtet wurden, anscheinend immer wieder ersetzt werden mussten, und auch die Umwehrungen der Kastelle meist zwei oder mehr Phasen aufweisen, können wir in deren Innerem nach den alten Grabungen und den neuen geophysikalischen Ergebnissen oft nur eine Bauphase erkennen. Ist es nachvollziehbar, dass die Soldaten über 100 Jahre in den gleichen unveränderten Baracken gelebt haben?

Während in fast allen auch nur wenig älteren Publikationen zu lesen ist, dass der Limes in Süddeutschland 260 n. Chr. zerstört und aufgegeben wurde, glauben wir heute, dass ein diesbezüglich mögliches Zitat den kurzfristigen Verlust der Provinz Raetien an das Gallische Sonderreich angibt („... *sub Gallieno ... Raetia amissa ...*"). Der Limes selbst ist hier nach den Funden und den historischen Zusammenhängen teilweise schon nach dem ersten Drittel des 3. Jhs. n. Chr. aufgegeben, wohl im Frühsommer 254 n. Chr. endgültig zerstört und verlassen worden. Inwiefern er damals noch als wenigstens abschnittsweise überwachte Linie existierte, ist ungewiss.

Vielleicht das größte Problem ist, wen die Römer bei ihrer Okkupation im Alpenvorland antrafen. Militär, Marketender und Bewohner der ersten römischen Gründungen kamen aus bereits mehr oder weniger romanisierten Gegenden, aber welchen? Bei einheimisch erscheinenden Siedlungen, für die Daten ab den späten 20er-Jahren des 1. Jhs. n. Chr. vorliegen, ist umstritten, ob sie zu einer davor archäologisch nicht erkennbaren, nachkeltischen Bevölkerung gehörten oder wie die anderen Orte von Zuwanderern unter römischem Einfluss angelegt wurden. Auch die Kastelle und landwirtschaftlichen Siedlungen jenseits der Donau auf der Alb wurden offensichtlich im Niemandsland errichtet.

Aus Platzgründen können viele Details nicht diskutiert werden: Gilt die wegen notwendiger Sichtverbindung über eine Kuppe hinweg dreigeschossige Rekonstruktion der Türme im Odenwald auch für die übrigen Limites in Süddeutschland? Gab es überall die von den Darstellungen der Trajanssäule angenommenen Galerien? Hatten die Türme eine feste, eine sich regelmäßig abwechselnde oder eine nach Bedarf von den Kastellen abkommandierte Besatzung? Wie erfolgte die Signalgebung von Turm zu Turm bzw. zu den Kastellen? Welche Aufgaben hatten die Soldaten in den Kleinkastellen? Folgten Frauen und Kinder ihnen aus den Kastellvici bis zu ihren Außenposten?

Die Archäologie mit ihren immer wieder neuen Methoden wird über die Zeit vieles beantworten können. Für manche Fragen werden sich allerdings höchstens Wahrscheinlichkeiten ergeben. Lassen Sie sich trotzdem, oder gerade deswegen, mitnehmen von der Faszination des längsten Bodendenkmals in Europa und tauchen Sie ein in die Weltgeschichte vor 1800 Jahren auf der Deutschen Limesstraße, dem Limesradweg und dem Limeswanderweg. *C. S. Sommer*

Darstellung von Wachttürmen auf der Trajanssäule.

III Die Idealstruktur des römischen Heeres in der Kaiserzeit

Das römische Heer der Kaiserzeit setzte sich etwa je zur Hälfte aus den Legionen, die sozusagen das Grundgerüst bildeten und die größten Einheiten darstellten, und den sog. *auxilia*, den kleineren Hilfstruppen zusammen. Die in den Überblickstabellen genannten Zahlen stellen die ideale Sollstärke der jeweiligen Truppen dar. Es ist davon auszugehen, dass diese in der Realität nicht immer erfüllt wurden, zumal sich nicht ständig alle Soldaten einer Einheit an einem Standort befanden. So wurden Teileinheiten (Vexillationen) häufig zu Kampfeinsätzen, für Baumaßnahmen, als Verstärkung anderer Einheiten und als Besatzung für Kleinkastelle und Wachttürme abberufen. Ergänzt wurden diese Truppen noch durch *numeri* (kleine Wacht- und Aufklärungseinheiten von ca. 100–200 Mann), Flotteneinheiten unbekannter Größe und lokale Milizverbände (*iuniores* oder *iuventus*-Verbände) in den Provinzen, die wohl vor allem in den Krisenzeiten des 3. Jhs. eine Rolle spielten. *V. Fischer*

Legion
Wer?
ausschließlich römische Bürger
Wie viele?
ca. 6.400 Mann Sollstärke, davon ca. 5.000 Fußsoldaten
Kommando
legatus legionis (Legionslegat) aus dem Senatorenstand *(ordo senatorius)*; 6 *tribuni militum* (Militärtribunen) davon einer aus dem Senatorenstand und die anderen aus dem Ritterstand *(ordo equester)*

Gliederung
10 *cohortes*; jede unterteilt in 6 *centuriae* mit je 80 Mann mit einem *centurio* als Offizier
centurio der 1. *centuria* jeweils Anführer der Kohorte
1. Kohorte doppelt so groß, ihr ranghöchster *centurio* wurde *primus pilus* genannt; Abteilung der Legionsreiter *(equites legionis)* aus ca. 120 weiteren Soldaten + Stab
Legionen am ORL und der raetischen Donaugrenze
legio III Italica in *Reginum* / *Castra Regina* / Regensburg* ab 179 n. Chr.

Auxiliareinheiten
Wer?
freie Reichsbewohner der römischen Provinzen, nach 25 Jahren Dienst erhielten diese bei ehrenvoller Entlassung das römische Bürgerrecht (auch für ihre Nachkommen)
Wie viele?
ca. 500 (genannt *quingenaria*) bis 1.000 (genannt *milliaria*) Mann
Reitereinheiten und ihr Kommando?
kommandiert vom *praefectus alae* (römischer Bürger ritterlichen Standes)
ala quingenaria: 480 Reiter gegliedert in 16 *turmae* (Reiterabteilungen) von je 30 Mann + Stab
ala milliaria: 1.008 Reiter verteilt auf 24 *turmae* zu je 42 Mann + Stab; Kommandant einer *turma* war der *decurio*

Infanterieeinheiten und ihr Kommando
kommandiert vom *praefectus* oder *praepositus cohortis* (Ritterstand), bei *milliaria* ein *tribunus cohortis*
cohors quingenaria peditata: ca. 480 Mann unterteilt in 6 *centuriae* zu je 80 Mann + Stab
cohors milliaria peditata: vermutlich 10 *centuriae* (ca. 800 Soldaten); Kommandant einer *centuria* war der *centurio*
Gemischte Hilfstruppen und ihr Kommando
kommandiert von einem *praefectus cohortis* bzw. einem *tribunus cohortis*
cohors quingenaria equitata: wohl ca. 600 Mann gegliedert in 6 *centuriae* und *turmae* + Stab
cohors milliaria equitata: wohl ca. 1.040 Mann unterteilt in 10 *centuriae* (je 80 Mann) und 10 *turmae* (je 24 Reiter) + Stab

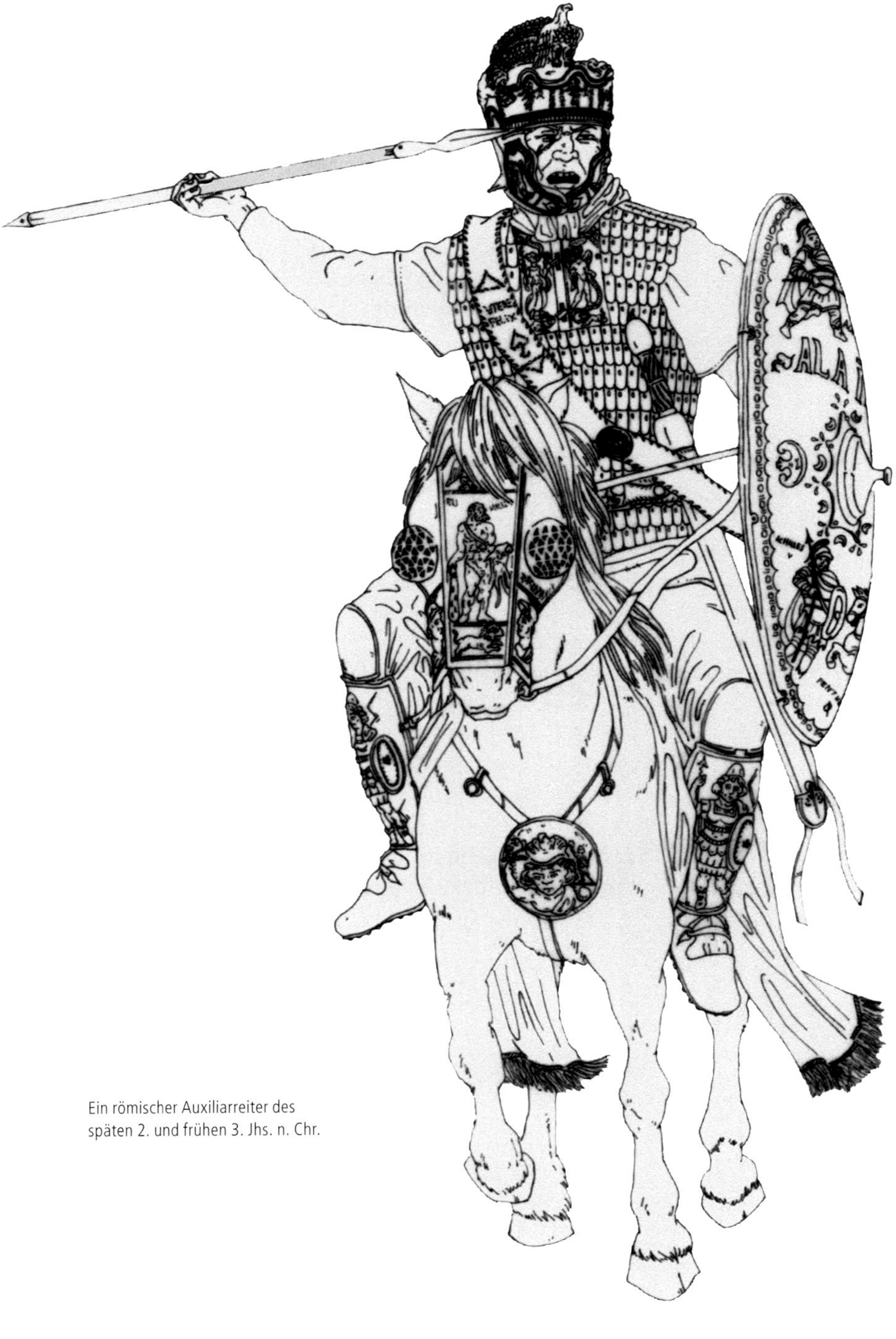

Ein römischer Auxiliarreiter des späten 2. und frühen 3. Jhs. n. Chr.

IV Römische Kastelle

(*castrum, castellum*, gelegentlich *kastellum*)

Die Truppenstandorte der mittleren Kaiserzeit waren trotz unterschiedlicher Größe nach dem sog. Spielkartenschema gebaut. Ihre quadratischen bis meist langrechteckigen Grundrisse besaßen runde Ecken. Ausgehend von einem Hauptvermessungspunkt (*groma*) teilte die Hauptstraße (*via principalis*) parallel zur kurzen Seite die Innenfläche. In der kleineren vorderen Hälfte (*praetentura*) verlief senkrecht dazu eine Straße (*via praetoria*) auf das Haupttor (*porta praetoria*) zu, das die Richtung des Kastells bestimmte. Zu beiden Seiten lagen Baracken als Unterkünfte für die Soldaten und bei Reiterkastellen auch für die Pferde. Den mittleren Teil dominierte die Kommandantur (*principia*), bestehend aus einer großen Querhalle (*basilica*) über der Straßenkreuzung, gefolgt von einem Innenhof mit Brunnen und begleitendem Säulengang (*porticus*), manchmal einer weiteren Querhalle und von dort erschlossenen Büro- und Archivräumen und dem zentralen Fahnenheiligtum (*aedes*). Meist rechts davon befand sich ein großes Gebäude, das einer italischen Villa glich. Es diente dem Kommandanten der Einheit als Wohnhaus (*praetorium*). Gegenüber lagen Speicher (*horreum/horrea*) und vielleicht ein Hospital (*valetudinarium*), manchmal auch hinter der Kommandantur angeordnet. Hinten im Kastell standen wiederum Baracken, vielleicht auch Schuppen, erschlossen durch eine kleinere Straße (*via decumana*). Über eine Ringstraße (*via sagularis*) konnten die Soldaten die Umwehrung aus Rasensoden, Holz oder Erde bzw. Stein sowie Zwischen- und Ecktürme erreichen, jenseits davon lagen ein oder mehrere Gräben. Der Zugang zu den schon von Zeitgenossen als stadtartig bezeichneten eng bebauten Anlagen erfolgte über Tore auf jeder Seite.
C. S. Sommer

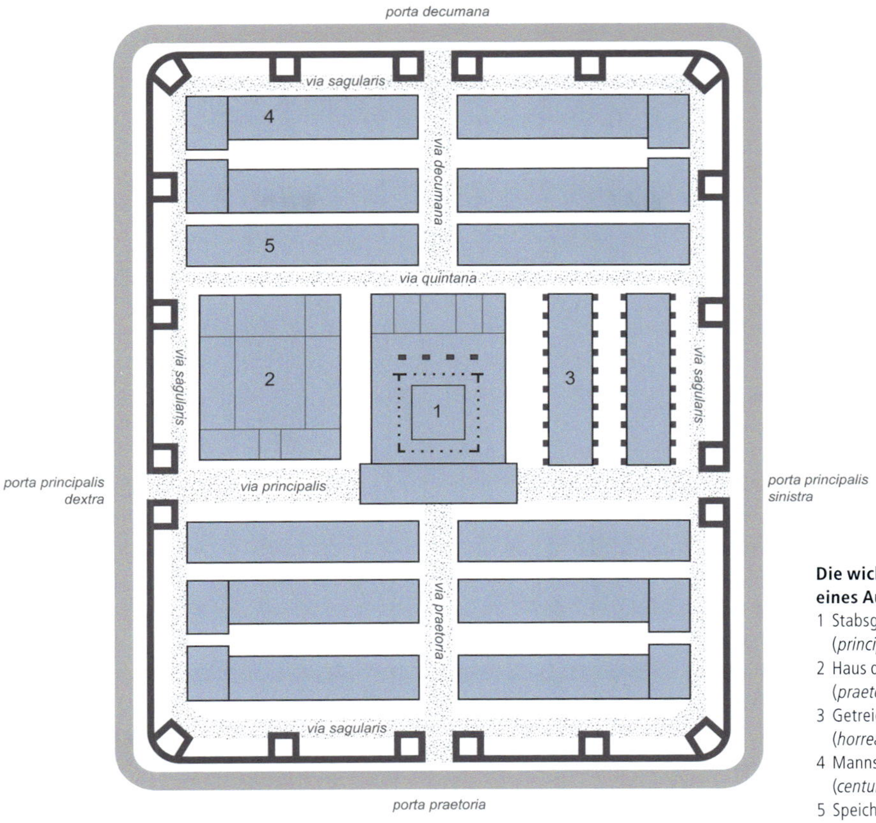

Die wichtigsten Bauwerke eines Auxiliarkastells

1 Stabsgebäude (*principia*)
2 Haus des Kommandeurs (*praetorium*)
3 Getreidespeicher (*horrea*)
4 Mannschaftsbaracken (*centuriae*)
5 Speicher oder Ställe

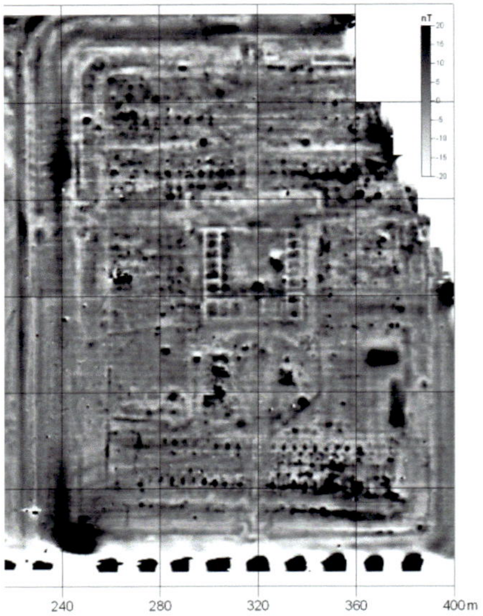

Im Magnetogramm zeichnen sich die Elemente des Kastells Theilenhofen gut ab, wobei im vorderen Teil Baracken für die Fußsoldaten, im hinteren Teil Reiterbaracken erkennbar sind.

V Wachttürme am Obergermanisch-Raetischen Limes

Die ca. 900 Wachttürme, die in Abständen zwischen 100 m und 1.100 m entlang des Obergermanisch-Raetischen Limes verteilt waren, folgen, bis auf einige Ausnahmen, im Aufbau dem selben Schema. Die üblichen Holzturmkonstruktionen zeichnen sich im Befund wie folgt ab: Ein quadratischer bis runder Spitzgraben von 11–12 m umfasst eine leicht erhöhte Plattform, auf der der Turm gestanden hat. Dieser ist, soweit die Erhaltung es zulässt, archäologisch noch durch vier im Quadrat angeordnete Pfostenlöcher erkennbar, welche die Stützen des aus einer Flechtwerkkonstruktion bestehenden Turms darstellen. Einige Ausnahmen von diesem Standarttyp eines Holzturms finden sich entlang des Limes. Beispielhaft sei hier der Wachtposten WP 14/15 genannt, der einen besonderen Typ von Wachtposten darstellt, den der sog. Blockhäuser. An verschiedenen Strecken entlang des Obergermanischen Limes fanden sich zudem Schlitzmauerwerkkonstruktionen, u. a. am Odenwaldlimes.

Entweder dicht neben den Holztürmen oder an gleicher Stelle wurden die Nachfolgerbauten in Stein errichtet. Am Raetischen Limes lagen sie, bis auf 17 Ausnahmen, in einer Linie mit der Limesmauer, in Obergermanien standen sie meist vom Wall zurückgezogen. Die Steintürme hatten durchschnittliche Maße von 4,8 m bis 6 m Seitenlänge und eine Mauerstärke von 0,7 m–1,0 m. Ein ebenerdiger Eingang konnte nur an wenigen Standorten nachgewiesen werden. Häufig wird sich der Eingang wohl in der ersten Etage des Turms befunden haben.

Aufgrund von Überlegungen zu Sichtverbindungen und Abbildungen von Wachttürmen auf der Trajans- und der Marcussäule rekonstruiert man heute dreistöckige Türme mit einer umlaufenden Galerie oder großen Fenstern im oberen Stock. *E. Krieger*

Eine Szene auf der Trajanssäule mit der Darstellung von Wachttürmen.

Rekonstruktion eines Steinturms.

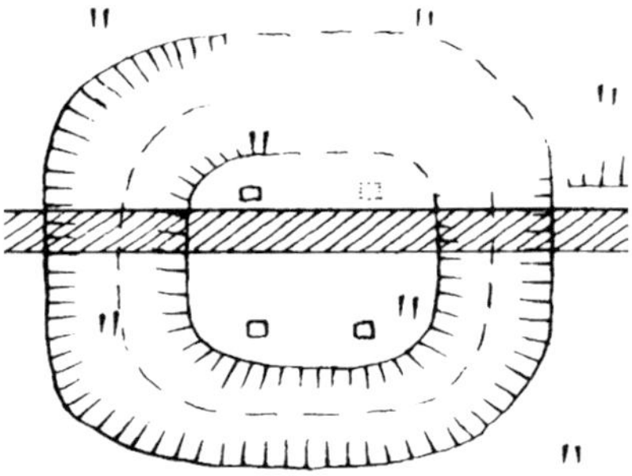

Holzturm von Wachtposten 15/7.

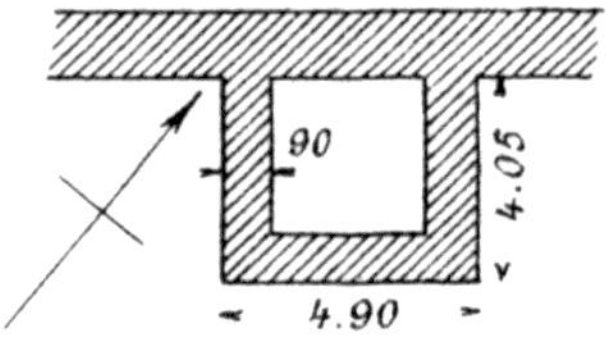

Steinturm von Wachtposten 12/107 mit der Raetischen Mauer.

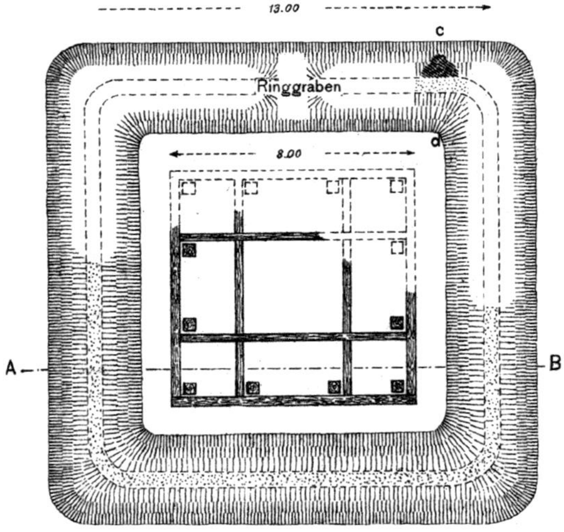

Blockhaus bei Wachtposten 14/15.

VI Geomagnetik

In der archäologischen Anwendung versteht man unter Geomagnetik das geophysikalische Messverfahren, das sich mit der Veränderung des natürlichen Erdmagnetfeldes durch den Menschen befasst. Die hierfür verwendeten Messgeräte heißen Gradiometer, die bildlich dargestellten Ergebnisse nennt man Magnetogramm.

Der Einfluss des Erdmagnetfeldes auf unterschiedliche Stoffe ist abhängig von deren spezifischen Eigenschaften und ihrem Verhalten im Magnetfeld (magnetische Suszeptibilität).

Diese unterschiedlichen magnetischen Eigenschaften können zu einer vergleichsweise leichten Abschwächung, aber auch zu einer Verstärkung des Erdmagnetfeldes in unmittelbarer Nähe einer Störung des natürlichen Bodens führen. Die Geomagnetik eignet sich besonders zur Untersuchung von archäologischen Befunden wie verfüllten Gruben oder Gräben, da dort der Oberboden und das Fundmaterial in tiefere Bodenschichten gelangt sind und so das natürliche Magnetfeld verändern. Mauern sind dann besonders gut zu erkennen, wenn das verwendete Steinmaterial zum Beispiel vulkanischen Ursprungs ist.

Die hohe Auflösung und der schnelle Messfortschritt ermöglichen es, mithilfe der Geomagnetik großflächige Fundstellen in kurzer Zeit vollständig zu untersuchen.

Mit einem vierkanaligen Fluxgategradiometer ist es möglich, an einem Tag bis zu vier Hektar mit einem Messpunktabstand von 0,5 m × 0,05 m zu prospektieren. *C. Mischka und P. Henrich*

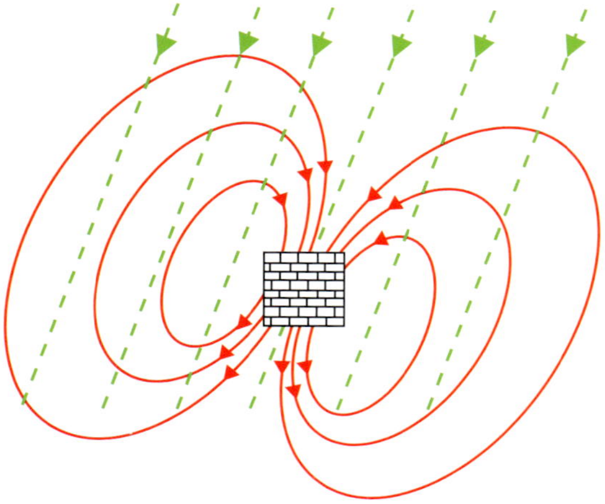

Auswirkung eines archäologischen Befundes (rote Feldlinien) auf das natürliche Erdmagnetfeld (grüne Feldlinien).

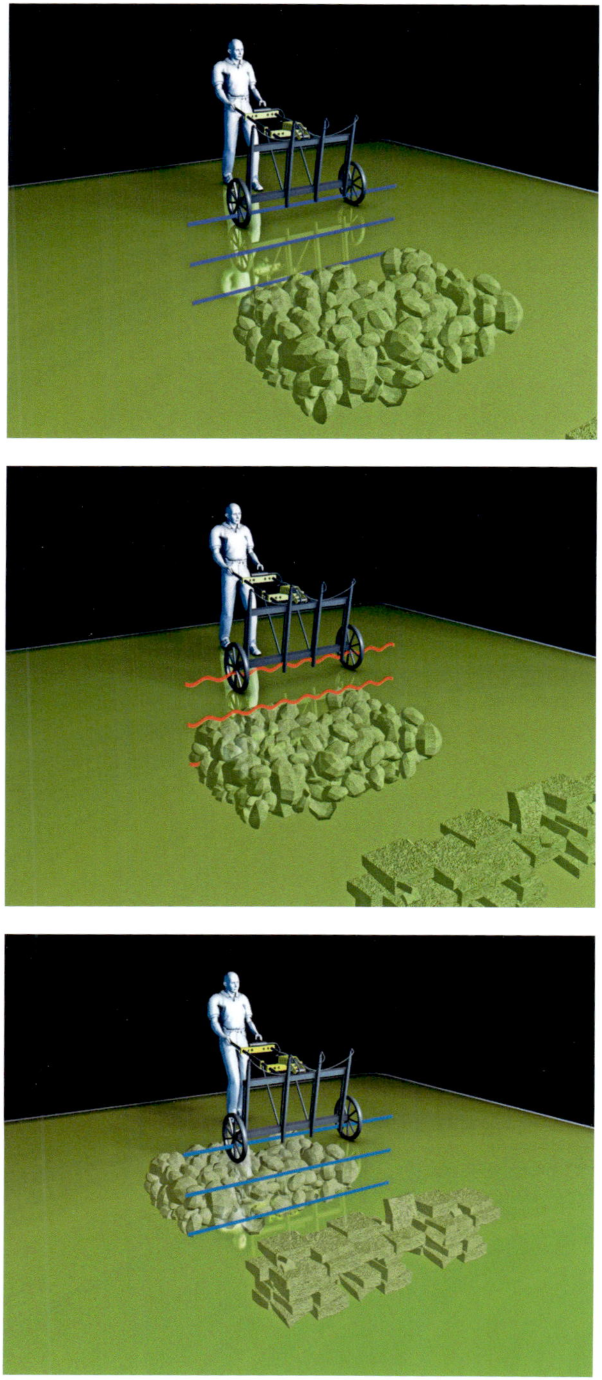

Schematische Darstellung des Einsatzes eines vierkanaligen Fluxgategradiometers.

VII Airborne Laserscanning und archäologische Denkmalpflege

Die sich in den letzten Jahren rasant vollziehenden Entwicklungen in der Geländeaufnahmetechnik erfordern eine enge und kontinuierliche Zusammenarbeit der archäologischen Denkmalpflege mit den Institutionen der topographischen Landesaufnahme, um das ingenieurwissenschaftliche „Know-how" der Landesvermesser in das denkmalpflegerische Methodenrepertoire zu integrieren. Am Beispiel von Airborne Laserscanning (ALS, gelegentlich auch als LiDaR, d. h. Kürzel von Light Detection and Ranging, bezeichnet) lässt sich dieser Prozess geradezu exemplarisch darstellen.

ALS ist bei der topographischen Landesaufnahme in Bayern seit Mitte der 1990er-Jahre im Einsatz und hat mittlerweile die tachymetrischen Aufnahmeverfahren und teilweise auch die Aerophotogrammetrie verdrängt.

Beim Airborne Laserscanning wird die Geländeoberfläche durch die pulsierenden Lichtstrahlen, die von einem Laserscanner ausgesandt werden, „abgetastet". Der Scanner ist in einem Fluggerät (Flugzeug, Helikopter oder auch in einem Ultraleicht-Flugzeug) installiert, das sich in mehreren hundert Metern Höhe über der Oberfläche bewegt. Durch eine GPS-Einheit im Fluggerät (nebst GPS-Referenzstation auf dem Boden) und durch ein Inertialsystem (Inertial Measurement Unit/IMU, „Kreisel"), das die Drehbewegungen des Flugzeugs (Pitch-, Yaw- und Roll-Rotationen) korrigiert, wird der geographische Bezug hergestellt. Aus den Laufzeiten der einzelnen Laserstrahlen errechnen sich die Strecken zu den Bodenpunkten, die das Laserlicht reflektieren. Das Verfahren liefert sog. „Punktwolken", die – je nach Größe der vermessenen Fläche – aus Abermillionen Messpunkten (vier und mehr Punkte/qm) mit dreidimensionalen Koordinaten (Rechtswert, Hochwert, Höhe ü.NN) bestehen können und aus denen sich digitale

Digitales Oberflächenmodell des Kastells Pfünz*/*Vetoniana*
in einer 3D-Ansicht von Nordwesten.

Die hohe Durchdringungstiefe des Laserscanners ermöglicht es, die Vegetation auszublenden und die archäologischen Strukturen darunter sichtbar zu machen.

Oberflächenmodelle DOM (engl. DSM für Digital Surface Model, mit Bebauung und Vegetation) und digitale Geländemodelle DGM (engl. DTM für Digital Terrain Model, ohne Bebauung und Vegetation) ableiten lassen.

Digitale Modelle lassen sich unter jedem möglichen Blickwinkel betrachten, wobei die Modellausleuchtung (Azimuth und Höhe einer virtuellen Lichtquelle) beliebig manipuliert werden kann. Bei entsprechender Punktdichte können so selbst unscheinbare „Geländeanomalien" bzw. anthropogene Geländeveränderungen aufgespürt, angesprochen und im Modell vermessen werden (Distanzen, Flächen, Profile, Volumina usw.). Dies gilt selbst – um nicht zu sagen: vor allem – für Waldgebiete, da die Bodenvegetation durch spezielle Software gleichsam eliminiert („weggefiltert") wird, man also sozusagen „in den Wald hineinschauen" kann.

Für die Erfassung des UNESCO-Welterbeprojektes „Der Obergermanisch-Raetische Limes" strebten wir allerdings eine höhere Genauigkeit an und vergaben deshalb eigene Messflüge an eine Spezialfirma, die in den Jahren 2006–08 die ehemalige römische Grenzlinie beflogen und aus der Luft gescannt hat. Die dabei gewonnenen DGM/DTM- und DOM/DSM-Daten dokumentieren den bayerischen Anteil am Limes und seinen Umgriff in einem mehrere hundert Meter breiten Geländestreifen mit einer Bodenauflösung von 0,5 m. *H. Kerscher*

Blick über das Kastell Eining*, im Vordergrund die *principia*.

VIII Fundstätten am Limes

01 Osterburken

Virtueller Blick von Wachtposten 8/32 „Am Förstlein" nach Norden. Die Sicht reicht bis zum Kleinkastell Hönehaus in 14 km Entfernung.

Der Beneficiarier-Weihebezirk während der Ausgrabung 1986.

Das Kastell Osterburken wurde etwa 500 m westlich des Limes im Kirnautal errichtet. Die Gründung erfolgte um 160 n. Chr. im Zuge der Vorverlegung der Grenzlinie als Nachfolger des Kastells Neckarburken. Ein Dendrodatum aus der ersten Phase von Bad I von Osterburken belegt den dauerhaften Umzug der *cohors III Aquitanorum* auf vor 164 n. Chr.

Bislang ist nur eine Umwehrung aus Stein archäologisch nachgewiesen, ein hölzerner Vorgängerbau muss jedoch nach den Befunden aus den gleichzeitig errichteten Nachbarkastellen angenommen werden.

Das Steinkastell ist nach Osten zum Limes orientiert und misst 186 m × 115 m (2,14 ha). Von der Innenbebauung sind nur die *principia* mit *aedes* und Keller als zusammenhängender Baubefund bekannt. Nachträglich fügte die *legio VIII Augusta* einen nur 1,35 ha großen trapezförmigen Annex an die Südseite des Kohortenkastells an. Insgesamt fünf gleichlautende Bauinschriften datieren diese Maßnahme in den Zeitraum 185–192 n. Chr.

Forschungsgeschichte Kastelle

1838	erste Grabungen des Sinsheimer Altertertumsvereins unter K. Wilhelmi
1860–67	Grabungen des Mannheimer Altertumvereins
1892–95	Grabungen im Kastell und am Limes durch K. Schumacher (RLK)
1895–1910	Freilegung und Konservierung der Umwehrung des Annexkastells und der Südseite des Kohortenkastells, Erwerb der Fläche des Annexkastells durch das Großherzogtum Baden
1920er-Jahre	vereinzelte Baubeobachtungen bei der Überbauung des Kohortenkastells
1992	Grabungen im Bereich des Grabens des Kohortenkastells (zwischen *porta principalis dextra* und Südostecke), Auffindung eines Münzhortes von 233 n. Chr.
1996	Ausgrabung des Turms in der Südostecke des Kohortenkastells
2011–14	Neugestaltung des Kastellgeländes, Visualisierung der *porta principalis dextra* des Kohortenkastells mit einer Stahlkonstruktion

Badegebäude

1973	Freilegung eines Hypokaust von Bad I
1976–80	Ausgrabung und Konservierung von Bad II, Errichtung eines Schutzbaus (Eröffnung 1982)
2004–06	Ausgrabung von Bad I im Rahmen des Neubaus des Römermuseums

Beneficiarier-Weihebezirk

1982–86	Ausgrabung des Beneficiarier-Weihebezirkes

Kastell

Kohortenkastell (186 m × 115 m; 2,14 ha) mit 1 Graben, bislang nur Steinbauphase nachgewiesen

porta praetoria (nach Osten) und Prinzipaltore jeweils mit doppelter Durchfahrt, Westtor einfach, in der Spätphase Reduzierung der Durchfahrten mit Sperrmauern auf je eine pro Tor; von der Innenbebauung sind nur geringe Reste der *principia* bekannt

Annexkastell (1,35 ha), trapezförmig an Südseite angebaut, mit 1 Graben, sofort in Stein ausgebaut *(a solo fecit)*

alle drei Tore mit nur einer Durchfahrt, Süd- und Osttor mit Sperrmauern; von der Innenbebauung ist nichts bekannt

Besatzung

cohors III Aquitanorum equitata civium Romanorum

Sichtbare Überreste

konservierte Mauern und Graben der Umwehrung des Annexkastells, Südmauer des Kohortenkastells mit Visualisierung des Torbaus

Bad II vollständig konserviert im Anbau des Römermuseums, Bad I im Pflaster vor dem Museum markiert

Römisches Museum mit Funden vom Odenwaldlimes und Vorderen Limes

Museum

Römermuseum Osterburken

ORL

ORL B 4, Nr. 40 (1895)

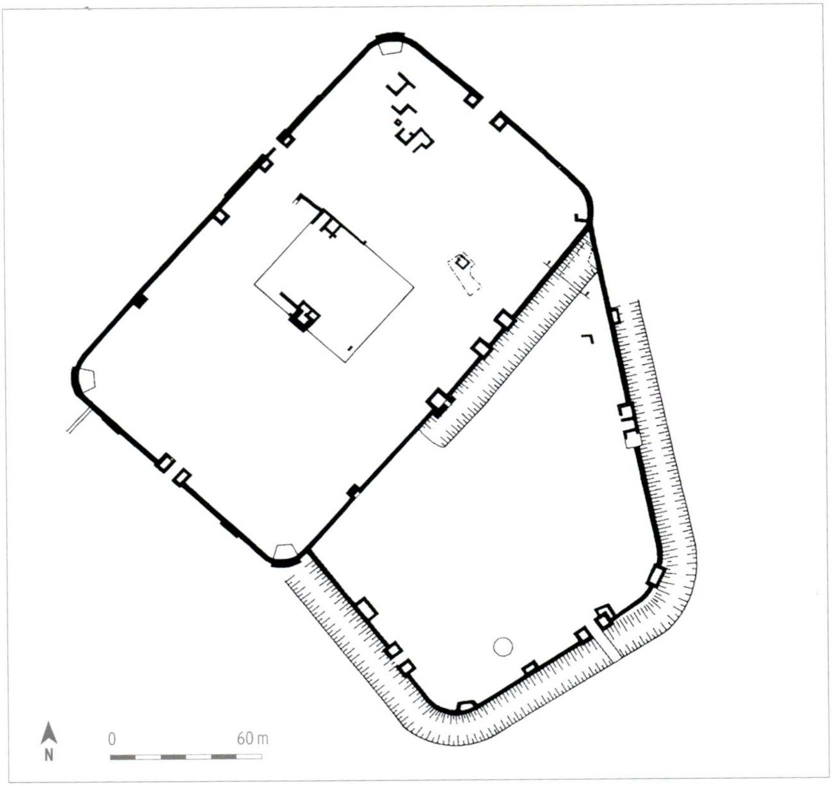

Gesamtplan des Kastells (Stand 1992).

Das Annexkastell im Luftbild.

Während des 3. Jhs. wurden die Tordurchfahrten am Kohortenkastell auf eine Durchfahrt reduziert, am Annexkastell offenbar völlig verschlossen. Lediglich die rückwärtigen, dem Limes abgewandten Tore blieben unverändert.

Als 1895–97 der Wehrgraben vor der Südseite des Annexkastells ausgehoben wurde, fand sich unter dem Versturz der Mauer eine Brandschicht. Darin lagen menschliche Knochen und zahlreiche Geschossspitzen vor allem germanischer Provenienz, die von einem Angriff auf die Südseite des Annexkastells zeugen. Eine kleine Münzreihe (Schlussmünze Philippus Arabs) datiert die Brandschicht und den Angriff in das 3. Jh. Heute wird das Kastellareal von zwei Kriegerdenkmalen von 1897 und 1936 im Zentrum der Anlage beherrscht.

Unter dem modernen Ortskern der Stadt Osterburken, zwischen Kastell und Limes, befindet sich der *vicus*. Der Erhaltungszustand der römischen Befunde ist hier besonders gut, bis zu 4 m Erdreich überdeckt die mittlerweile unter dem Grundwasserspiegel liegenden römischen Schichten. Zwei größere Komplexe konnten bislang planmäßig erforscht werden. Beim

Die konservierte Südseite des Annexkastells, rechts im Vordergrund der südöstliche Eckturm mit einer Kopie der Bauinschrift.

Römermuseum liegen die beiden Badegebäude: Das Kohortenbad (etwa 20 m × 60 m) und ein zweites, kleineres Badegebäude (etwa 14 m × 26 m) wurden vollständig ergraben, letzteres ist heute als konservierte Ruine Bestandteil des Römermuseums. Nur wenige Meter von den Thermen entfernt lag der Weihebezirk der Beneficiarier: Zentrum der Anlage ist ein mehrfach umgebauter Tempel aus Holz mit insgesamt acht sicher datierten Bauphasen. Vor dem Tempel lagen *in situ* die Weihesteine, die die nach Osterburken abgeordneten Beneficiarier gestiftet hatten.

Limesnachbau Förstlein

Bei Osterburken weisen die Grenzanlagen mehr Bauphasen und Ausbaustufen als anderenorts auf: Zuerst wurden steinerne Wachttürme an einer Grenzstraße errichtet. Diese Türme waren jeweils durch eine umlaufende Palisade gesichert, deren Zugang auf der Ostseite lag. Dieser zusätzliche Schutz könnte darauf hindeuten, dass es in dieser frühen Phase noch keinen Grenzzaun gab. Später wurde dann die Limespalisade hinzugefügt, darauf

Rekonstruktion der Kastelle von Osterburken nach 185 n. Chr.

folgte die Anlage von Wall und Graben. Zu einem bislang unbekannten Zeitpunkt wurde schließlich nur zwischen Jagsthausen und dem Ort Bofsheim nördlich von Osterburken eine steinerne Grenzmauer errichtet, die die Türme miteinander verband. Nördlich und südlich dieses Abschnittes wurde der vorige Bauzustand unverändert weiter genutzt.

Diese späteste Bauphase wurde etwa 1 km südlich des Kastells in der Nähe der Turmstelle WP 8/32 nachgebaut. Zu sehen ist ein steinerner Wachtturm mit den anschließenden Teilen der Grenzmauer und davor der älteren Wall-Graben-Anlage. Der Turm dient als Aussichtsturm für Besucher und muss den heutigen Bauvorschriften genügen. Deswegen nutzte man für das Gebäude moderne Baustoffe, auch die „römischen" Mauersteine wurden aus Beton in eine Schale gegossen und später weiß gefasst. Auf der Rückseite des Turms – reiner Sichtbeton mit einem großen Fenster – sind alle modernen Elemente wie ebenerdige Eingangstür, Blitzableiter und Informationstafeln zusammengefasst. Schon vor dem Betreten wird die Illusion eines Originals zerstört. *J. Scheuerbrandt*

Der Nachbau des Wachtpostens 8/32 „Am Förstlein" bei Osterburken. Ausgeführt als späteste Bauphase mit Limesmauer.

02 Limes bei Zweiflingen – Der Pfahldöbel

Wall und Graben zeichnen sich noch deutlich erkennbar im Gelände ab.

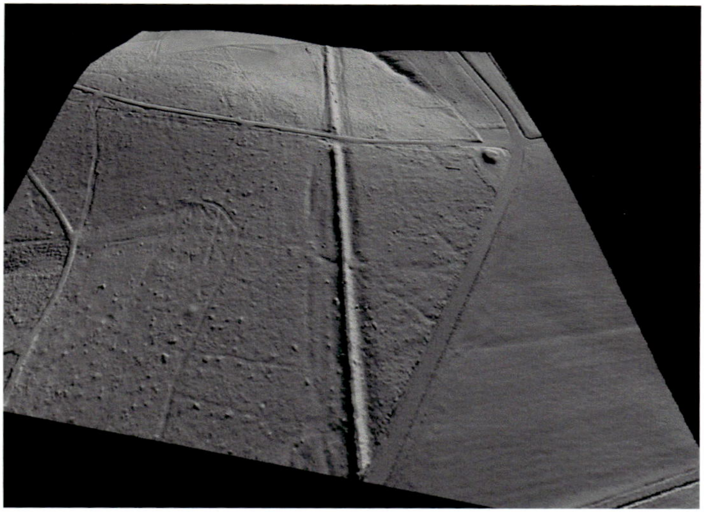

Digitales Geländemodell des Limes am Pfahldöbel als schwarz-weiß-schattierte Graustufendarstellung (LiDaR).

Nördlich von Öhringen liegt der am besten überlieferte Abschnitt des Vorderen Obergermanischen Limes. Auf einer Länge von 0,6 km haben sich hier Graben und Wall in einer Tiefe von 0,75 m bzw. einer Höhe von rund 1,5 m erhalten. Der Graben muss ursprünglich mindestens 8 m breit und 2,5 m tief gewesen sein, während der Wall an der Basis 9 m breit war, was auf eine Höhe von 2 m schließen lässt. Diese Maße stützen die Annahme, dass die Planungsvorgabe eine Breite des Grabens von 30 römischen Fuß bei einer Tiefe von 10 Fuß vorsah. Innerhalb des Wallkörpers wurden deutliche Schüttungslagen als Profilumkehr des Grabenaushubs beobachtet.
Wachtturm WP 9/23 liegt innerhalb der Flucht des Limeswalles. Daher muss der Erdwall angeschüttet worden sein, als der Steinturm bereits bestand. Eine starke Brandschicht in der Verfüllung deutet auf ein Schadensfeuer um die Mitte des 3. Jhs., dem auch die 4,6 m vor der Grabensohle stehende Palisade zum Opfer fiel. *A. Thiel*

Schnitt durch den Wallkörper bei den Ausgrabungen 1983.

Forschungsgeschichte

1892	Grabungen durch F. Leonhard (RLK)
1983	Grabungen durch das LDA BW

Sichtbare Überreste

Wall- und Grabenverlauf

ORL

ORL A 4, Strecke 7–9 (1933) 132–133

03 Mainhardt

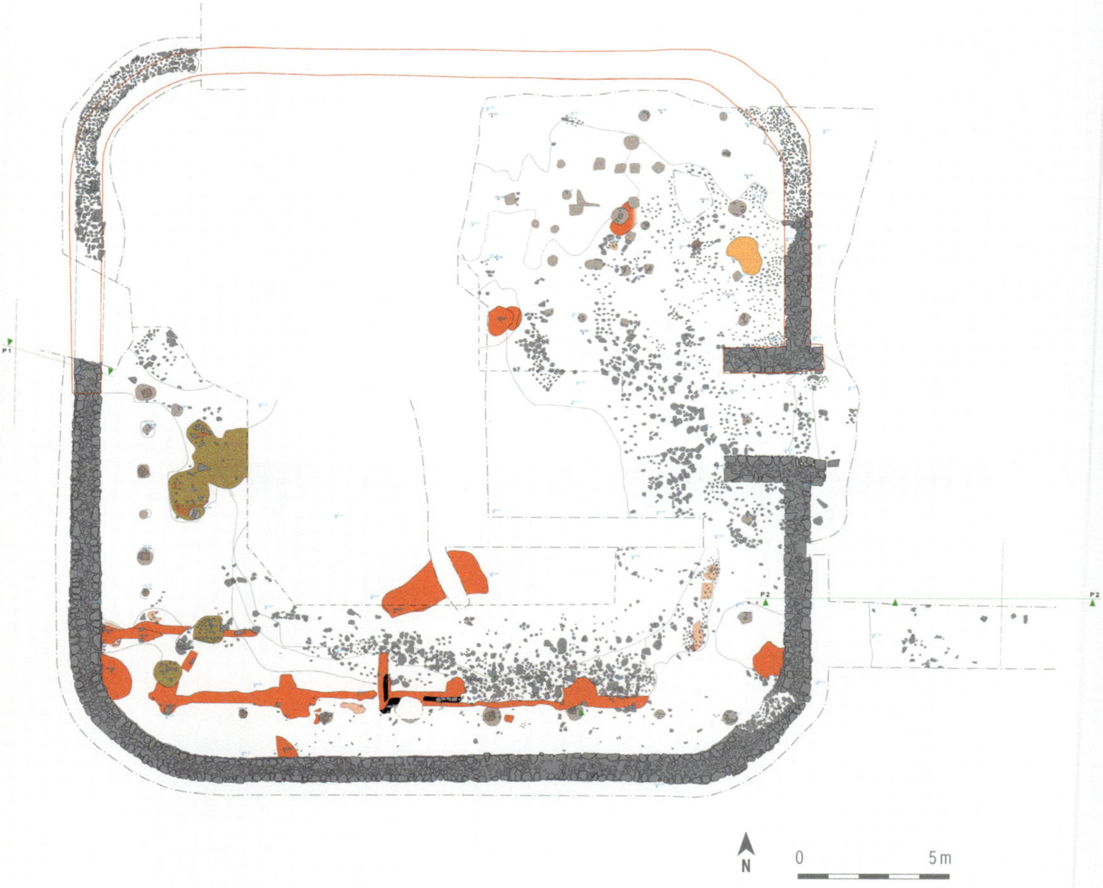

Das Kleinkastell bei Mainhardt mit dem zum Limes ausgerichteten Tor.

Das Kastell Mainhardt wurde im Zuge der Vorverlegung der Truppen an den Vorderen Limes um 150 n.Chr. errichtet. Es liegt auf einem nach Norden geneigten Plateau, das auf drei Seiten durch Täler begrenzt wird und ist nach Osten zum 330 m entfernten Limes hin ausgerichtet. Das in Stein ausgebaute 177 m × 142 m (2,5 ha) große Kastell hatte vier Tore und war mit zwölf Türmen gesichert. Die ergrabenen Türme fügten sich nicht nahtlos in die Mauer ein, sondern sprangen nach außen vor. Auf der Innenseite befand sich hinter der Mauer eine etwa 5 m breite Wallschüttung. Im Wallfuß auf der Westseite konnten überdachte und in Stein gesetzte Backöfen dokumentiert werden. Zur Umwehrung gehörten zwei Spitzgräben, wobei noch offen ist, ob sie zeitgleich bestanden. Gruben zwischen den beiden Gräben gehören entweder zu einer Palisadenreihe oder zu Annäherungshindernissen. Von der mindestens zweiphasigen Innenbebauung sind Mannschaftsbaracken sowie die 48,70 m breiten und mit der vorgelagerten Exerzierhalle 49,37 m langen *principia* bekannt.

Forschungsgeschichte

1768	erste schriftliche Erwähnung: Chr. E. Hansselmann „Beweis, wie weit der Römer Macht gedrungen…"
1837	Fundmeldungen durch Justinus Kerner
1879	Ausgrabung der *porta principalis dextra* und der *porta decumana* und Teile der *principia* durch E. Paulus d. J.
1893	Untersuchungen durch die Reichs-Limes-kommission an der Ostseite des Kastells
1929–79	diverse Fund- und Befundmeldungen im Kastell- und Vicusbereich
1963–69	baubegleitende Beobachtungen im *vicus* nördlich und südlich des Kastells
1975	Grabung im östlich des Kastells gelegenen Kleinkastell
1978, 2001	Ausgrabung der Südwestecke und an der Südseite der Kastellmauer
1987, 1990/91, 1995, 2000	Grabungen im Kastellbereich

Kastell

Steinkastell unter Antoninus Pius ausgebaut (177 m × 142 m; 2,5 ha), annähernd rechteckig, dem Geländeverlauf angepasst, zwölf Türme, vier Tore, nur das Osttor (*porta praetoria*) zum Limes hin mit zwei Durchfahrten
zwei Spitzgräben sowie eine Palisade oder Annäherungshindernisse
Innenbauten in Holz und Hüttenlehm bekannt
steinerne *principia* mit Exerzierhalle in Holz (48,70 m × 49,37 m)
Auflassung im Zuge der Aufgabe des Vorderen Limes

Besatzung

cohors I Asturum equitata durch Weihesteine für Mainhardt belegt, vermutlich um 150 n. Chr. von Walheim vorverlegt

vicus

nachgewiesen auf der Nord- und Südseite, vermutlich auch auf der Westseite,
die Befunde deuten auf eine Streifenhausbebauung, 17 Keller sind dokumentiert

Kleinkastell

Holz-Erde-Vorläufer (20 m × 20 m)
Ausbau in Stein (24 m × 24 m) mit 2 m breitem Graben, ein Tor (2,86 m) auf der Ostseite auf den Limes ausgerichtet

Sichtbare Überreste

Rekonstruktion der Südwestecke des Kastells, die Westseite der Kastellmauer ist noch im Gelände erkennbar und ein restaurierter Abschnitt der Nordseite auf Privatbesitz.
Einige Funde sowie Abgüsse der Weihesteine sind im Römermuseum in Mainhardt ausgestellt.

Museum

Römermuseum Mainhardt

ORL

ORL A 4, Strecke 7–9 (1933) 164
ORL B 4, Nr. 43 Mainhardt (1909)

Eine Besonderheit sind in Mainhardt sieben zwischen 1944–50 gefundene Weihesteine für Jupiter, die nicht von Einzelpersonen, sondern von der dort stationierten Einheit, der *cohors I Asturum equitata* aufgerichtet wurden. Altäre mit Darstellungen von Muttergottheiten und der Göttin der Pferde Epona verweisen bei der Götterverehrung in den gallischen Raum. Auch das Relief eines dreihörnigen Stiers hat dort seinen Ursprung, zeigt in seiner Ausarbeitung aber deutlich den Einfluss des obergermanischen Limesgebietes. Ein in das Jahr 181 n. Chr. datierender Weihestein belegt die Präsenz von Beneficiariern in Mainhardt.

Der *vicus* entlang der ringförmig um das Kastell ziehenden Straße konnte vor allem auf der Süd- und Nordseite des Kastells nachgewiesen werden. Die Lage des Gräberfeldes wie auch des Militärbades ist noch nicht bekannt.

Etwa 350 m vom Kohortenkastell entfernt befand sich das Kleinkastell in einer leicht nach Süden ansteigenden Hanglage. Auf den Vorläufer in Holz-Erde-Bauweise folgte das 24 m × 24 m große mit einer 90 cm breiten Steinmauer umgebene Kleinkastell, mit einem 2,86 m breiten Tor mit Zungenmauern auf der dem Limes zugewandten Seite. Zusätzlich war das Kleinkastell durch einen 2 m breiten Graben gesichert. Die Innenbebauung lässt sich nicht mehr mit Sicherheit rekonstruieren. *L. Stoffel*

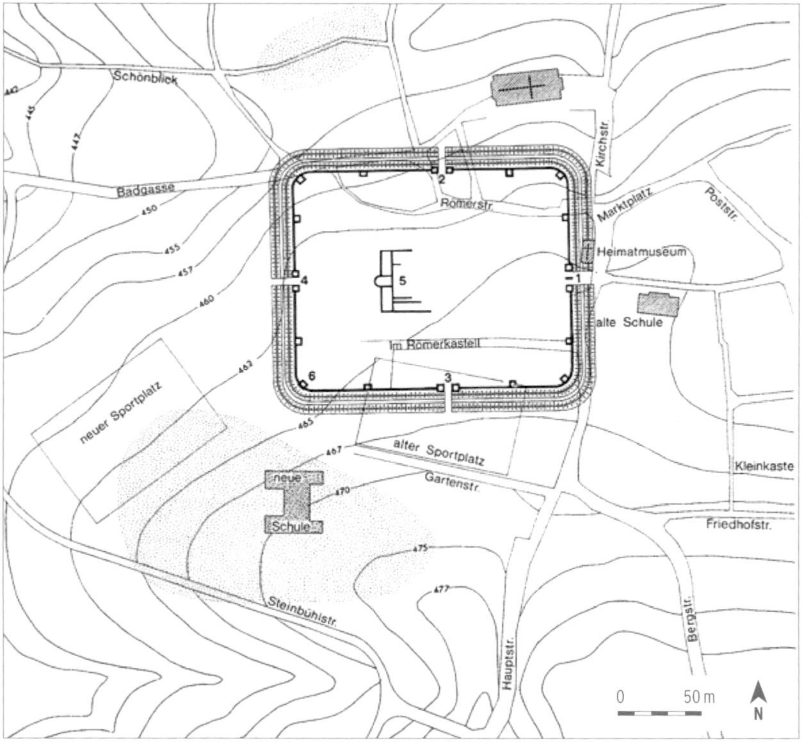

Kastell und *vicus* von Mainhardt.

Überreste der Kastellmauer im Süden mit fischgrätartig gesetzten Partien als *Opus spicatum*.

Die Fundamentmauern des südwestlichen Kastellturms mit Blick auf die südliche Kastellmauer.

Reliefdarstellung eines dreihörnigen Stieres.

04 Limes bei Großerlach-Grab

Der Nachbau des
Wachtposten WP 9/83 Mehlhaus.

Südlich der Ortschaft Grab, deren Name auf den nahen Pfahlgraben zurückgeht, liegt der „Heidenbuckel", mit 536 m ü. NN eine der höchsten Erhebungen am Obergermanischen Limes südlich des Mains. Auf seiner Kuppe stand nach der Zählung der Reichs-Limeskommission Wachtposten WP 9/83 Mehlhaus. Ein Nachbau vermittelt einen Eindruck vom Aussehen der Wachttürme am Limes. Hangabwärts wurde bereits 1953 ein kurzer Abschnitt des Wall-Graben-Systems einschließlich der Limespalisade dargestellt und 1982 auf eine Länge von etwa 30 m erweitert. Die Bedeutung der Turmstelle liegt in der vorzüglichen Fernsicht, welche die erhöhte Aussichtsplattform einst geboten haben muss. Der Blick nach Norden gibt mit einer Waldschneise entlang des Limesverlaufs eine gute Vorstellung von der Situation in römischer Zeit.

Der Heidenbuckel spielt bei der Diskussion über die Vermessung der 80 km langen Limesgeraden zwischen Walldürn im Norden und dem Haghof bei Welzheim* eine wichtige Rolle. Pfostenstellungen unterhalb des Steinfundamentes von WP 9/83 wurden als Reste eines hölzernen Messgerüstes interpretiert. Der Ausgräber G. Sixt wies die 1 m tief reichenden Pfosten jedoch einem älteren Holzturm zu. Eine Nachgrabung 1980 ergab keine neuen Erkenntnisse. Es dürfte jedoch kein Zufall sein, dass diese schnurgerade

Forschungsgeschichte

1892	Grabungen durch G. Sixt (RLK)
1980	Grabungen durch das LDA BW
1981/82	Wiederaufbau aus Bruchsteinen in römischer Bautechnik

Wachtturm

Steinturm (3,8 m × 4 m), errichtet wohl nach der Mitte des 2. Jhs.

Sichtbare Überreste

originale Mauerreste durch Nachbau zerstört

ORL

ORL A 4, Strecke 7–9 (1933) 170–171

Grenzlinie im Süden Obergermaniens genau über den Heidenbuckel führt. Vorstellbar ist, dass bei der Absteckung des Limes eine erste Fluchtlinie zwischen dem Heidenbuckel und der nördlichen Spitze der Welzheimer Hochebene geführt wurde. Gut 11 km entfernt befindet sich dort in Sichtverbindung nicht nur die höchste Erhebung des Vorderen Obergermanischen Limes (561 m), sondern mit WP 9/116 südlich des Spatzenhofs auch ein ungewöhnlich großes Turmfundament (6,0 m × 5,9 m). Folgt man dieser Auffassung, so wäre die Absteckung der auffälligen Limesgeraden im Süden begonnen worden, indem die antiken Vermesser den Höhenrücken bei Welzheim als Ausgangspunkt wählten, über den Heidenbuckel bei Grab nach Norden fluchteten und die so bestimmte Gerade weiter verlängerten, bis man schließlich die Gegend um Walldürn erreichte, wo man mit dem Knick nach Westen den Anschluss an den Main herstellte. *A. Thiel*

Blick von Süden zu dem nachgebauten Wachtturm WP 9/83 Mehlhaus mit der Waldschneise entlang des Limesverlaufes.

05 Welzheim

Luftaufnahme des archäologischen Parks Kleinkastell Rötelsee aus dem Jahr 2008 von Süden. Der Limes verlief parallel zum Feldweg am rechten Bildrand.

Im Gebiet der heutigen Stadt befand sich von etwa 160 bis um 260 n. Chr. der bedeutendste Militärstandort nahe dem Südende des 80 km langen schnurgeraden Teilstücks des Obergermanischen Limes. Hier existierten drei verschiedene Militärlager, von denen das größte, das sog. Westkastell, eine 500 Mann starke Reitertruppe beherbergte.

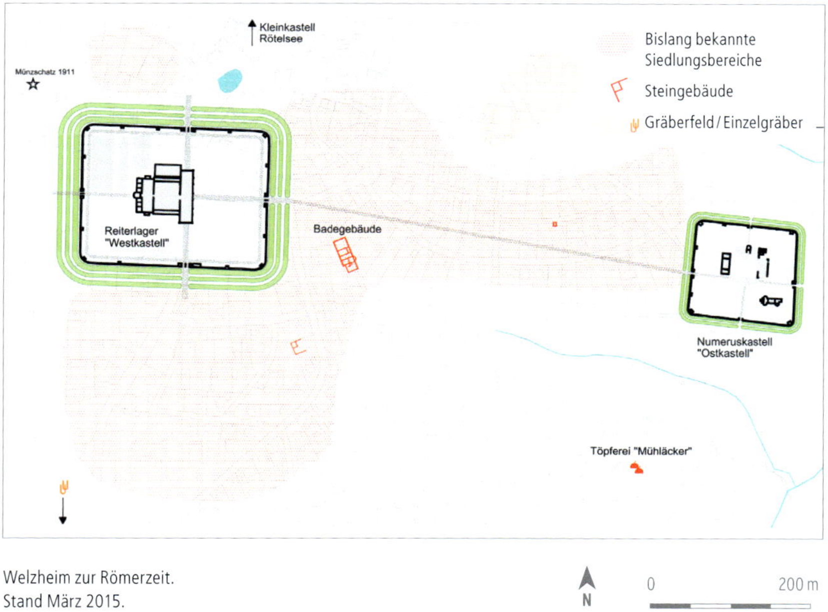

Welzheim zur Römerzeit.
Stand März 2015.

Kleinkastell Rötelsee (WP 9/128)

Forschungsgeschichte

1896 teilweise Freilegung durch die RLK bzw. G. Sixt

1974 flächige Ausgrabung im Zuge der Flurbereinigung durch D. Planck

Kleinkastell

Bestehenszeit: 160/165–233 (?) n. Chr.
annähernd quadratisch, Seitenlängen 18,30 m × 18,60 m, Größe um 340 m²
Umwehrung aus einem Spitzgraben und einer steinernen Wehrmauer; Zugang mit Torturm im Osten zum Limes hin; im Innern eine U-förmige Holzbaracke um einen gepflasterten Innenhof

Besatzung

unbekannt (bis zu 20 Soldaten)

Sichtbare Überreste

Freilichtmuseum mit moderner kniehoher Rekonstruktion der Umwehrungsmauer, Graben und Visualisierung des Grundrisses der Innenbebauung durch Steinplatten

ORL

ORL A 4, Strecke 7–9, 188 Taf. 18,3 a u. b

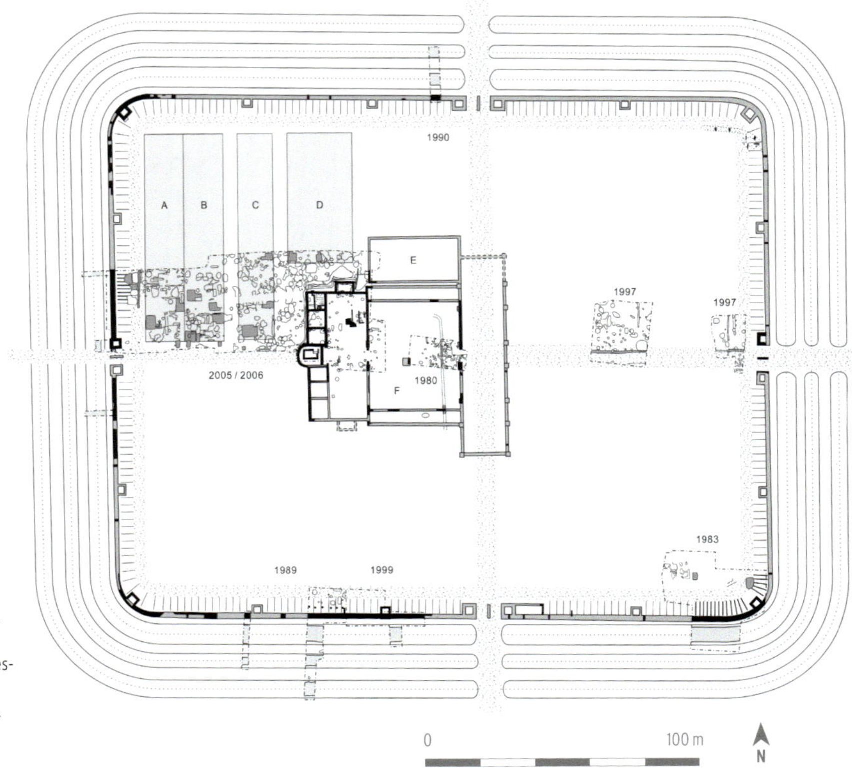

Reiterlager („Westkastell"). Bekannte Befunde seit den Grabungen der Reichs-Limeskommission mit den Grabungsflächen seit 1980.

Reiterlager („Westkastell"). Mit Brandschutt verfüllter Holzkeller bei der Ausgrabung 2005/06. Im West- wie im Ostkastell fanden sich Hinweise auf mehrere bisher undatierte Brandereignisse.

Innerhalb des heutigen Stadtgebiets und größtenteils modern überbaut erstreckte sich ursprünglich das rund 20 ha große Lagerdorf, das überwiegend aus einfachen Holzfachwerkbauten bestand und über das nur geringe Kenntnisse vorliegen. Im Nordosten der Siedlung befand sich ein beigabenarmes Brandgräberfeld; weitere Einzelgräber im Süden sind ebenfalls bekannt.

Ein bislang ungelöstes Rätsel stellt der Limesverlauf im Stadtgebiet von Welzheim dar, weil hier trotz 120-jähriger Suche bislang auf eine Länge von 3,2 km keine Sperranlagen nachweisbar sind. Wäre der schnurgerade Limesverlauf auch im Bereich der heutigen Stadt eingehalten worden, würden das Ostkastell, Teile des Lagerdorfes und des Gräberfeldes außerhalb des Limes liegen. Da dies unwahrscheinlich ist, dürfte das Sperrwerk östlich um das heutige Stadtgebiet herum verlaufen sein und anstelle von Graben und Wall markierte dort der kleine Fluss Lein die Grenzlinie.

Seit 1974 bildet Welzheim aufgrund zahlreicher Ausgrabungen einen Schwerpunkt der Landesarchäologie. Neue Erkenntnisse lieferten darüber hinaus mehrere geophysikalische Untersuchungen. In einem von der Deutschen Forschungsgemeinschaft geförderten Auswertungsprojekt werden die Grabungen in den Militärlagern derzeit ausgewertet.

Reiterlager (sog. Westkastell)

Forschungsgeschichte

1895/96 Sondagen der RLK durch A. Mettler und P. Schultz

1980/90er-Jahre mehrere kleinere Ausgrabungen durch D. Planck

2005/06 größere archäologische Ausgrabung durch R. Krause bzw. K. Kortüm

Reiterlager

Bestehenszeit: 160/165 bis ins 3. Jh. n. Chr.; evtl. in reduzierter Form bis um 260 n. Chr.

rechteckig, Größe ca. 4,3 ha; mittlerweile weitgehend modern überbaut

Umwehrung aus bis zu drei Spitzgräben und einer steinernen Wehrmauer mit vier Toren und mehreren Zwischentürmen

Innenbebauung: zentrales Stabsgebäude aus Stein, Magazin (?) sowie Reiterbaracken in Holz-Fachwerk-Bauweise

Besatzung

wahrscheinlich die *ala I Scubulorum* (zuvor im korrespondierenden Lager Bad Cannstatt am Neckar stationiert?)

Sichtbare Überreste

moderne Rekonstruktion eines kurzen und etwa 1 m hohen Abschnitts der westlichen Wehrmauer sowie des davorliegenden Grabens

ORL

ORL A 4, Strecke 7–9 (1933)

ORL B 4, Nr. 45 Welzheim (1904)

Überregionale Bekanntheit erlangten die besonderen Brunnenfunde. Dazu zählen der über 100 Individuen umfassende Schuhfund aus dem Ostkastell von 1976 sowie die bronzenen Paraderüstungsteile eines Reitersoldaten aus dem Lagerdorf von 2011. Im Museum Welzheim werden in der 2013 neu eröffneten Römerabteilung der aktuelle Kenntnisstand über das römerzeitliche Welzheim und viele Funde aus neueren Grabungen in sehr anschaulicher Weise der Öffentlichkeit präsentiert. *M.G. Meyer*

Ostkastell. Luftbild mit Georadarbild in 40 cm Tiefe von 2012: Die Mauern des Fahnenheiligtums E, des angebauten Raums F sowie des *praetoriums* H östlich des Stabsgebäudes zeichnen sich deutlich ab. Die hellen Flächen A und B geben die modern geschotterten Bereiche um das Speicher- sowie das Badegebäude, C die Parkwege, die gebogenen dunklen Streifen wie D die ehemaligen Ackergrenzen wieder. Die geradlinige, helle Doppelspur L im Südwesten stammt von einem alten Weg und einem Kanal.

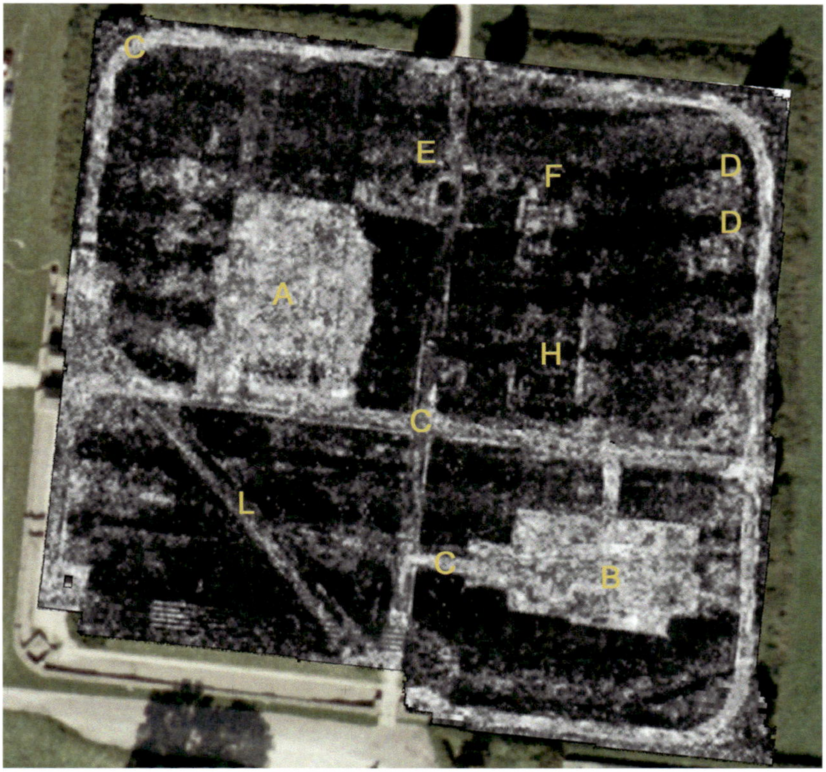

Luftaufnahme des archäologischen Parks Ostkastell aus dem Jahr 2012.

Numeruskastell (Ostkastell)

Forschungsgeschichte

1894/97 Sondagen der RLK durch A. Mettler und P. Schultz

1976/77/81 archäologische Ausgrabungen entlang der südlichen und westlichen Umwehrung durch D. Planck

1992/93
und 2012 geophysikalische Prospektion durch H. von der Osten-Woldenburg

Numeruskastell

Bestehenszeit: 160/165 bis um 220 n. Chr. oder wenig später; entgegen früherer Ansicht keine spätere zivile Phase

fast quadratisch, Größe 1,6 ha, aufgrund der Topographie nach Süden ausgerichtet.

Umwehrung aus bis zu zwei Spitzgräben und einer steinernen Wehrmauer mit vier Toren unterschiedlicher Bauweise und wenigen Zwischentürmen

Innenbebauung: zentrales Stabsgebäude in überwiegend Holzfachwerkbau- und Steinbauweise, wie das Wohnhaus des Kommandeurs, Bade- und Speichergebäude aus Stein, Mannschaftsbaracken in Holzbauweise, mehrere Holzbrunnen

Besatzung

300 bis 400 Mann starke gemischte Besatzung aus einem *numerus Brittonum L(inensium?)* sowie *exploratores* (Inschrift CIL XIII, 6526)

Sichtbare Überreste

seit 1981 Freilichtmuseum mit Nachbau des Westtores, Teilen der Umwehrung und einem Holzbrunnen, Graben, angedeuteten Grundrissen von Bade- und Speichergebäude durch Bodenplatten sowie modernen Abgüssen römischer Steindenkmäler aus Baden-Württemberg

Museum

Museum Welzheim

ORL

ORL A 4, Strecke 7–9 (1933)
ORL B 4, Nr. 45a Welzheim (1904)

06 Provinzgrenze bei Schwäbisch Gmünd

Ende der Raetischen Mauer bei Schwäbisch Gmünd. Rechts der 1895 aufgefundene Altar für die Grenzgottheiten.

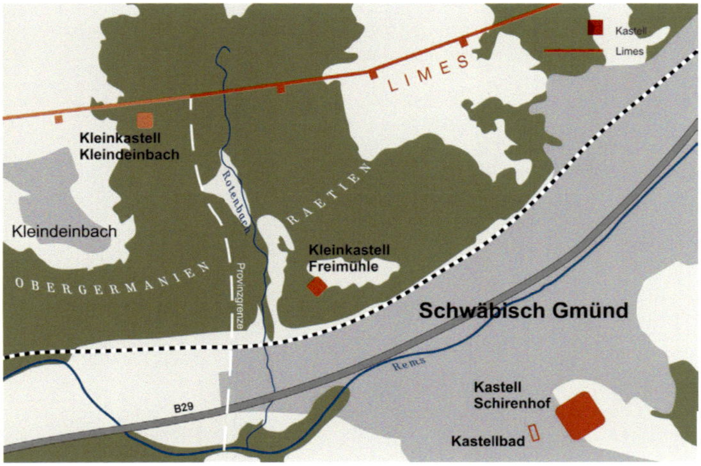

Übersicht über die Einrichtungen an der Provinzgrenze bei Schwäbisch Gmünd.

Etwa 90 m westlich des Rotenbachtals befand sich zu römischer Zeit die Grenze zwischen den Provinzen Obergermanien und Raetien. Bereits Ende des 19. Jhs. wurde das westliche Ende der Raetischen Mauer durch H. Steimle freigelegt und 1983 im Zuge des Limeskongresses in Aalen rekonstruiert. Durch den exakt gearbeiteten Abschluss der Mauer sowie den Fund eines Fragmentes eines möglicherweise den Grenzgottheiten (*fines*) geweihten Altars scheint es sich bei dem Befund tatsächlich um den Übergang von der Limesmauer zur Palisadenanlage Obergermaniens zu handeln. Als Kontrollposten dürften das Kleinkastell Freimühle (Raetien) und die 0,06 ha kleine Anlage von Kleindeibach (Obergermanien) gedient haben, die sich in kurzer Entfernung zur Provinzgrenze befanden. Die von der RLK publizierte Fortsetzung des Limes auf obergermanischer Seite durch Wall und Graben scheint nach neuesten Ergebnissen der Vermessung durch ALS jedoch nie durchgeführt worden zu sein. Ebenfalls unsicher ist die Streckenführung des Obergermanischen Limes in Richtung Westen zum Kastell Lorch. Der markante „Limesknick bei Lorch" wird mittlerweile angezweifelt und eine alternative Verbindung der Limeslinie zwischen den Wachttürmen 12/12 und 12/17 vorgeschlagen. Diese verläuft, den topographischen Gegebenheiten folgend, etwas weiter nördlich entlang den Ausläufern des Staffelgehrens. Bemerkenswert daran ist, dass auch schon die Bearbeiter des ORL diese Idee in Betracht zogen, sie scheinbar jedoch wieder verwarfen.

Fragment eines Altares, vermutlich für die *fines*, Gottheiten der Grenze. Es sind keine Inschriftenreste erhalten.

Kleinkastell Freimühle. Visualisierung der Kastellumwehrung und der Tordurchfahrt mittels Geländemodellierung.

Der innere Bereich des im Gelände modellierten Kastells.

Etwa 750 m vom Limes und der Provinzgrenze entfernt, befand sich das kleine Kastell Freimühle, das vermutlich von einem *numerus* belegt war. Wahrscheinlich steht die Stationierung der etwa 60 Soldaten mit der Nähe zur Provinzgrenze in Verbindung. Der Militärposten bestand seit der Mitte des 2. Jhs. n. Chr. und war wohl bis zur Aufgabe des Limes knapp hundert Jahre später besetzt. Die Umwehrung umfasste einen Spitzgraben und eine Steinmauer, die Innenbebauung bestand sicherlich aus Holzgebäuden, wovon zu Beginn des 20. Jhs. keine Befunde dokumentiert werden konnten. Ungewöhnlich sind die trapezoiden Ecktürme der nur 0,29 ha großen Anlage. Südlich von ihr befand sich ein Badegebäude. Für eine dauerhafte Nutzung sprechen Überreste von ziviler Bebauung im südlichen Anschluss an die Thermen ebenso wie das Vorhandensein eines eigenen Friedhofes, 400 m südwestlich des Kastells.

Von Obergermanien kommend befindet sich das erste Kastell Raetiens, Schirenhof, im Stadtgebiet von Schwäbisch Gmünd, etwa 1 km von der Provinzgrenze entfernt. Das in der Mitte des 2. Jhs. errichtete Kastell lag auf einer Anhöhe, von der das Remstal und eine dort befindliche Straßenkreuzung überblickt und der 1.400 m entfernte Limes kontrolliert werden konnte. Mit knapp 2 ha bot das Kastell Platz für eine 500 Mann starke Kohorte, Ziegelfunde verweisen auf die *cohors I Raetorum* als Besatzung. Das Kastell war mit einer Steinmauer mit vier Toren umwehrt, wobei die halbrunden Türme der *porta decumana* an der Südseite ungewöhnlich sind. In den Ecken des Kastells befanden sich trapezförmige Türme, von denen die beiden der Südseite archäologisch untersucht werden konnten. Umgeben war das Kastell von drei Wehrgräben, diese sind jedoch nur auf der Südwestseite nachgewiesen. Von der Innenbebauung ist nur der rückwärtige Teil der *principia* mit der halbrunden Apsis des Fahnenheiligtums bekannt. Außer im Osten des Kastells finden sich an allen Seiten Überreste des Kastellvicus.

Kleinkastell Freimühle

Forschungsgeschichte

1901	Entdeckung durch H. Steimle
1902	Untersuchung durch H. Steimle
1939	Untersuchungen im Gräberfeld durch W. Pfeffer
2005	geophysikalische Untersuchungen durch H. von der Osten-Woldenburg (LAD BW)

Kastell

Steinkastell (53 m × 55 m) mit zwei Kastelltoren und vier Ecktürmen, umgeben von einem 6 m breiten Graben
Errichtung um die Mitte des 2. Jhs., Auflassung im Zuge der Aufgabe des Raetischen Limes um 254 n. Chr.

Besatzung

unbekannter *numerus* (?)

Sichtbare Überreste

Geländemodellierung der Kastellumwehrung, Markierung der Tordurchfahrten

ORL

ORL A 6, Strecke 12 (1935) 44–45

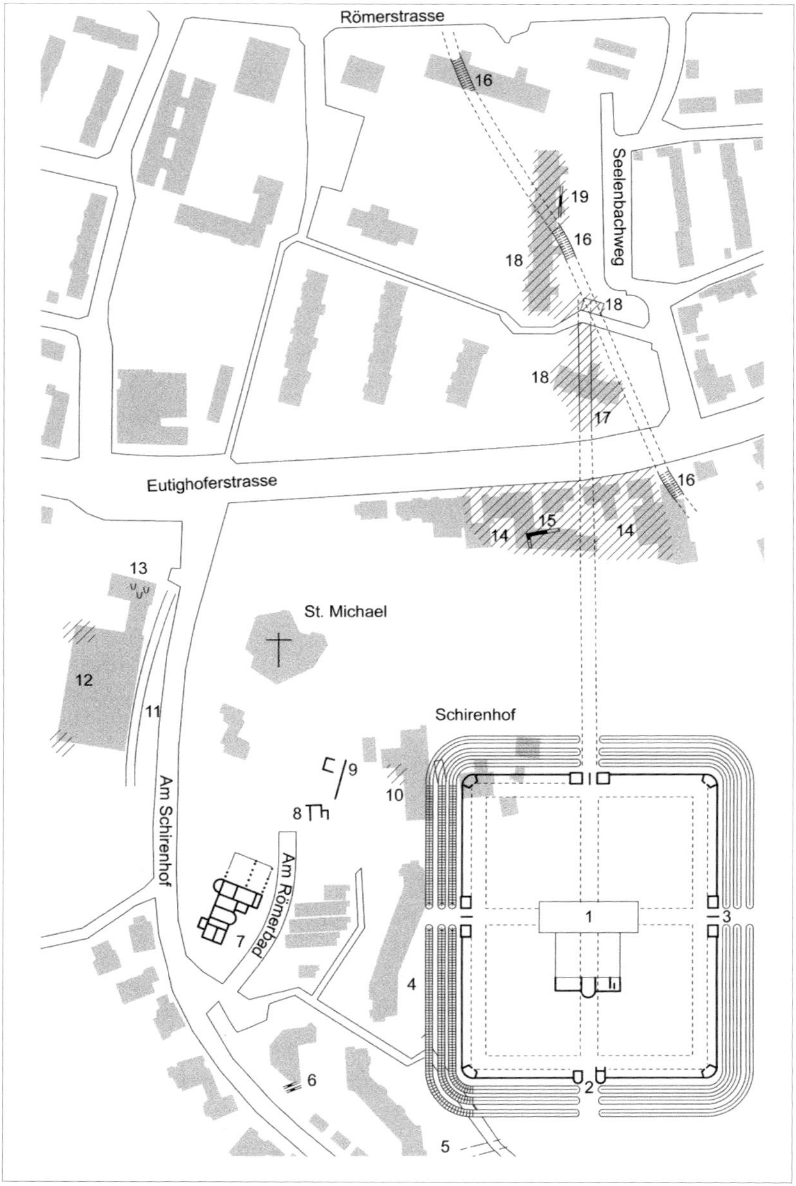

Kastell Schirenhof, Übersichtsplan:

1 *principia*
2 *porta decumana*
3 *porta principalis*
4 Umwehrung
5, 11, 17 Straßen
6, 8, 9, 15, 19 Steingebäude
7 Kastellbad
10, 12, 14, 18 Siedlungsfläche
13 Gräber
16 Bachverlauf in römischer Zeit.

0 50 m

Rekonstruiertes Kastellbad von Schirenhof.

Während vor der *porta praetoria* im Norden einfachere Wohngebäude dokumentiert wurden, lagen im Westen imposantere Steingebäude sowie das am Anfang des 3. Jhs. ausgebaute Kastellbad. Etwa 500 m südlich des Kastells befand sich ein Gräberfeld. Mit 310 Gräbern ist es eines der größten zusammenhängenden am ORL. *S. Sulk*

Kastell Schirenhof (Schwäbisch Gmünd)
Forschungsgeschichte

1886–88	Grabungen durch E. v. Kallée und H. Steimle
1893	Grabungen am Kastellbad und dem *vicus* durch H. Steimle (RLK)
1972–74	Grabungen durch H.-U. Nuber
1977	Grabungen im römischen Gräberfeld durch D. Planck (LDA BW)
2005	geophysikalische Prospektionen durch H. von der Osten-Woldenburg (LAD BW)

Kastell
Steinkastell (157 m × 130,6 m), Ausrichtung nach Norden zum Limes, vier Kastelltore, umgeben von drei Gräben
Errichtung um die Mitte des 2. Jhs., Auflassung im Zuge der Aufgabe des Raetischen Limes um 254 n. Chr.
Besatzung
cohors I Flavia (?) *Raetorum*
Sichtbare Überreste
Teile des Lagerbades rekonstruiert
ORL
ORL B 7, Nr. 64 Schirenhof (1897)

07 Limes bei Mögglingen / Heuchlingen

Schuttwall der Raetischen Mauer mit Limeswanderweg.

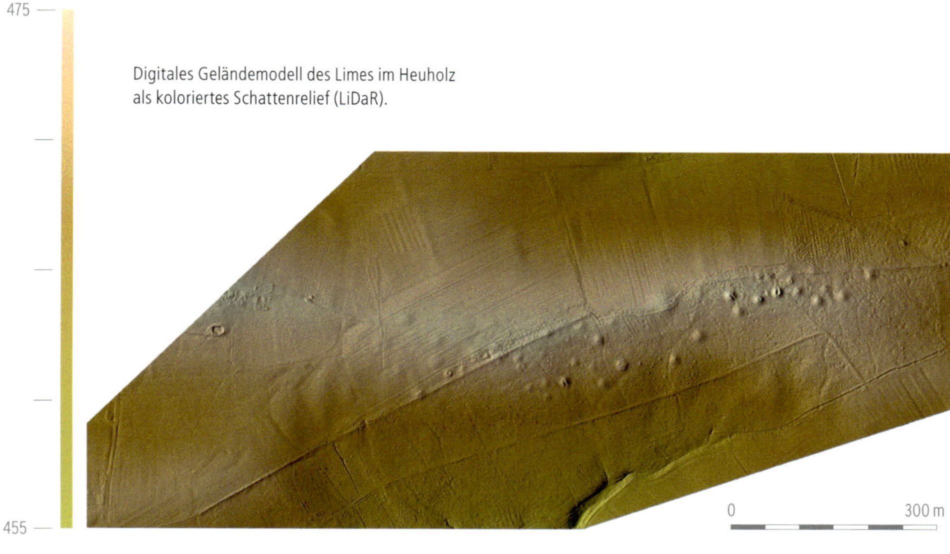

Digitales Geländemodell des Limes im Heuholz als koloriertes Schattenrelief (LiDaR).

Auf der Höhe zwischen Mögglingen im Remstal und Heuchlingen im Leintal führt der Limes durch das Heuholz, so der Name des Waldes, der Teile dieser Höhe einnimmt. Dort quert der Limes ein hallstattzeitliches Gräberfeld (8–5. Jh. v. Chr.) mit rund 40 gut erhaltenen Grabhügeln. Ein 1 m hoher Schuttwall markiert den Verlauf der Raetischen Mauer. Der Limeswanderweg, der weitgehend auf der Krone des Schuttwalls verläuft, erschließt die Denkmallandschaft im Heuholz.

Zwei Turmstellen können in dem Waldstück besichtigt werden. Von WP 12/45 ist der Holzturm bekannt, der die Holzbauphase des Raetischen Limes dokumentiert. Spuren des Turms haben sich unmittelbar nördlich der Mauer erhalten. Lange Zeit galt dieser Befund als westlichster Holzturm am Raetischen Limes. Vor wenigen Jahren konnte aber weiter westlich bei WP 12/41 ein weiterer Holzturm entdeckt werden. Sicherlich lässt sich die noch verbleibende Lücke bis zur Provinzgrenze im Rotenbachtal bei Schwäbisch Gmünd schließen. Somit zeichnet sich ab, dass entgegen früherer Meinung der Einrichtung des Raetischen Limes eine einheitliche Gesamtplanung zugrunde lag. Spuren der Holzpalisade sind im Heuholz vorauszusetzen, aber noch nicht nachgewiesen worden. Von WP 12/46 kennt man den Steinturm, der nicht in die Mauer eingebunden worden war. Der Schutthügel, in dem das Turmfundament steckt, ist gut erkennbar. Unweit dieser Stelle fand sich in einem Grabhügel ein Kalkbrennofen. Zwischenzeitlich sind am Raetischen Limes mehrere Kalkbrennöfen bekannt geworden. Allerdings ist nicht sicher, ob diese römischer Zeitstellung sind und im Zusammenhang mit dem Bau der Mauer entstanden oder aus nachrömischer Zeit stammen und von der Verwertung der Mauer zeugen. *S. Bender*

Forschungsgeschichte

frühes 19. Jh.	M. Redenbacher beschreibt im Heuholz „2 Castelle am Vallo, wo eines davon einen Graben um sich her hat"
1898	E. Fabricius identifiziert das „Castell" mit Graben (WP 12/45)
1902	Grabungen der RLK unter E. Fabricius und H. Steimle (WP 12/45, WP 12/46, Grabhügel mit Kalkbrennofen)

Sichtbare Überreste

Schuttwall der Raetischen Mauer, Hügel mit Graben Holzturm WP 12/45, Hügel Steinturm WP 12/46, hallstattzeitliche Grabhügel, Grabhügel mit Spuren eines Kalkbrennofens

ORL

ORL A 6, Strecke 12 (1935)

08 Aalen

Virtuelle Rekonstruktion der *porta praetoria*.

Bei Aalen kreuzte der Limes eine wichtige Straßenverbindung, die nach Süden über die Schwäbische Alb durch das Kocher- und Brenztal in Richtung Donau und weiter zur Provinzhauptstadt Augsburg/*Augusta Vindelicum* führte. Nach Norden verlief eine alte Handelsroute über den Limes bei Rainau* in Richtung des Mains. Aufgrund dieser verkehrstopographisch günstigen Lage bot es sich für die römische Armee an, im Raum Aalen eine schnelle Eingreiftruppe zu stationieren, die den Westteil der Provinz Raetien, aber auch das Vorland des Limes bis zum Main kontrollieren konnte. Diese Aufgabe übernahm die *ala II Flavia pia fidelis milliaria*, eine 1.000 Mann starke Reitereinheit, die Ende des 1. Jhs. n. Chr. zunächst in Günzburg an der Donau lag, dann ab 100/110 n. Chr. in Heidenheim stationiert war und nun um 160 n. Chr. nach Aalen verlegt wurde.

Das Kastell liegt etwa 4 km südlich des Limes an zentraler Stelle des Aalener Talkessels auf einem nach Nordosten abfallendem Plateau, oberhalb der Einmündung des Aalbaches in den Kocher. Es unterscheidet sich in Größe

und Aussehen kaum von dem Vorgängerkastell in Heidenheim. Mit einer Innenfläche von 6,07 ha und Seitenlängen von 277 m × 214 m war es das größte Militärlager am gesamten ORL und das größte römische Reiterkastell nördlich der Alpen.

Bereits seit dem späten 18. Jh. wurde in Aalen ein Kastell vermutet und bis zur Mitte des 19. Jhs. fanden an verschiedenen Stellen mehrere unsystematische Grabungen statt. 1882 wurde das Kastellbad ausgegraben und 1890 konnten Teile der Kastellmauern entdeckt und damit das Kastell genau lokalisiert werden. Die eigentliche Erforschung des Lagers begann 1894–95 mit den Grabungen der Reichs-Limeskommission, wobei die Umwehrung mit den Kastellgräben, Doppeltoren und Türmen sowie Teile des Stabsgebäudes untersucht wurden. 1962 erfolgte im Zuge der Errichtung des Limesmuseums die Ausgrabung des linken Lagertors, dessen Grundmauern noch heute vor dem Museum zu besichtigen sind. Der mittlere Lagerstreifen konnte bis in die 1970er-Jahre von Bebauung freigehalten werden und wurde 1976 dauerhaft als archäologische Zone gesichert. Im Zuge der Erweiterung des Limesmuseums von 1978–81 und anschließend bis 1986 wurde das gesamte Stabsgebäude archäologisch untersucht und anschließend in seinen Grundmauern konserviert. Es ist heute im Archäologischen Park hinter dem Museum zu besichtigen. Kleinere Grabungen im Bereich der Südwestecke und an der *porta praetoria* fanden in den Jahren 1988 und 1997 statt. 2004 wurde schließlich eine Fläche direkt neben dem Limesmuseum untersucht, auf dem dann die Teilrekonstruktion einer Reiterkaserne im Maßstab 1:1 nach Befunden aus dem Vorgängerlager der Einheit in Heidenheim errichtet wurde.

Forschungsgeschichte

1531	erste Erwähnung römischer Mauern in Aalen
1773	erste Beschreibung eines möglichen Kastells
1890	Entdeckung des Kastells
1894–95	Grabungen der Reichs-Limeskommission
1962	Ausgrabung der *porta principalis sinistra*
1978–86	Ausgrabung der *principia*
1988, 1997 und 2004	kleinere Grabungen

Kastell

Steinkastell (277 × 214 m, 6,07 ha), errichtet um 160 n. Chr.

Besatzung

ala II Flavia pia fidelis milliaria. Die Einheit war von etwa 160 n. Chr. bis zur Aufgabe des Limes um 254 n. Chr. in Aalen stationiert.

Sichtbare Überreste

Archäologischer Park neben dem Limesmuseum mit den Grundmauern der *porta principalis sinistra* und der *principia*; Lage der *porta praetoria* durch Pflasterung im Friedhofsgelände

Museum

Limesmuseum Aalen

ORL

ORL B 6, Nr. 66 Aalen (1904)

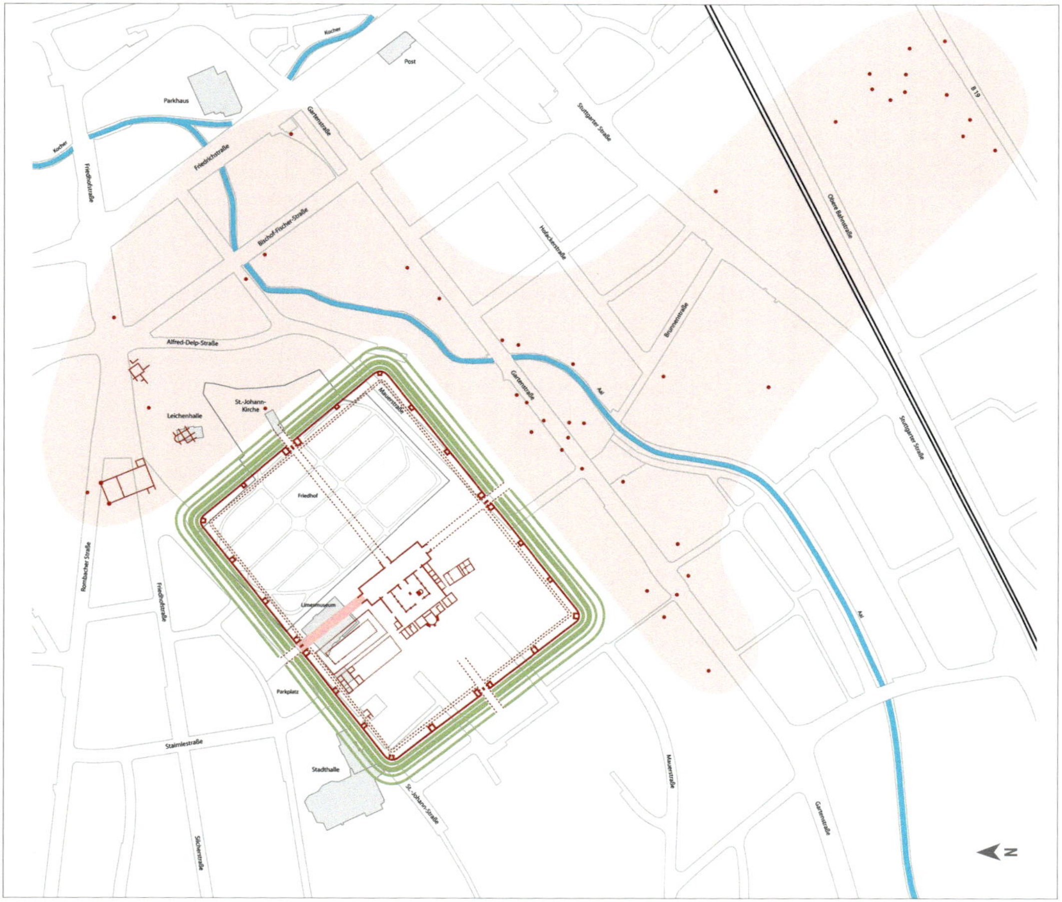

Plan des Reiterkastells und die Ausdehnung des Kastellvicus.

Virtuelle Rekonstruktion des römischen Aalens.

Während die Struktur der Umwehrung seit den Untersuchungen der Reichs-Limeskommission bekannt ist, beschränken sich die Erkenntnisse zur Innenbebauung auf den Mittelstreifen entlang der *via principalis*. Die gesamte *praetentura* des Kastells mit den Kasernenbauten liegt dagegen unter dem heutigen St.-Johann-Friedhof. Weite Teile der *retentura* wurden ohne Beobachtung der Befunde in den 1920er-Jahren überbaut. Der mittlere Lagerstreifen wird dominiert von den mächtigen *principia*, die mit einer Grundfläche von ca. 70 m × 60 m und einer etwa 18 m hohen Vorhalle über der *via principalis* zu den größten ihrer Art gehören. Die beim Bau verwen-

Das Kastellgelände mit dem Limesmuseum und Archäologischem Park.

Kopf einer Geniusstatuette aus den *principia*.

deten Eichenhölzer ließen sich dendrochronologisch auf etwa 160 n. Chr. datieren. Dieses Datum korrespondiert mit einer Bauinschrift aus dem Jahr 163/164 n. Chr., wodurch die Gründung des Kastells und damit auch der gesamten Siedlung in dieser Zeit gesichert ist. Zu den wichtigsten Funden gehören neben den Fragmenten von 16 Inschriften, unter anderem mehrere Bauinschriften aus dem Jahr 208 n. Chr., auch über 2.000 Fragmente bronzener Statuen, die ursprünglich vor dem Fahnenheiligtum gestanden hatten. Von den weiteren Kastellbauten haben sich dagegen nur geringe Reste erhalten, sodass deren Ansprache als Wohngebäude, Speicher, Magazin und Werkstatt zwar wahrscheinlich, aber nicht gesichert ist. Die in den Jahren 2000–04 durchgeführten Ausgrabungen im Vorgängerlager *ala II Flavia* in Heidenheim erlauben dennoch in der Gesamtschau eine Rekonstruktion der ehemaligen Bebauung des Aalener Reiterkastells.

Der halbkreisförmig um das Kastell errichtete *vicus* liegt südöstlich des Lagers unter der modernen Bebauung, sodass über sein Aussehen und seine Größe nur wenige Informationen vorliegen. Das Kastellbad und die Reste größerer Steingebäude konnten dagegen bereits im 19. Jh. vor der *porta praetoria* östlich des Kastells lokalisiert werden. *M. Kemkes*

Bronzeadler als Aufsatz einer Kultstandarte?

09 Limes bei Rainau

Schutzhaus Limestor Dalkingen.

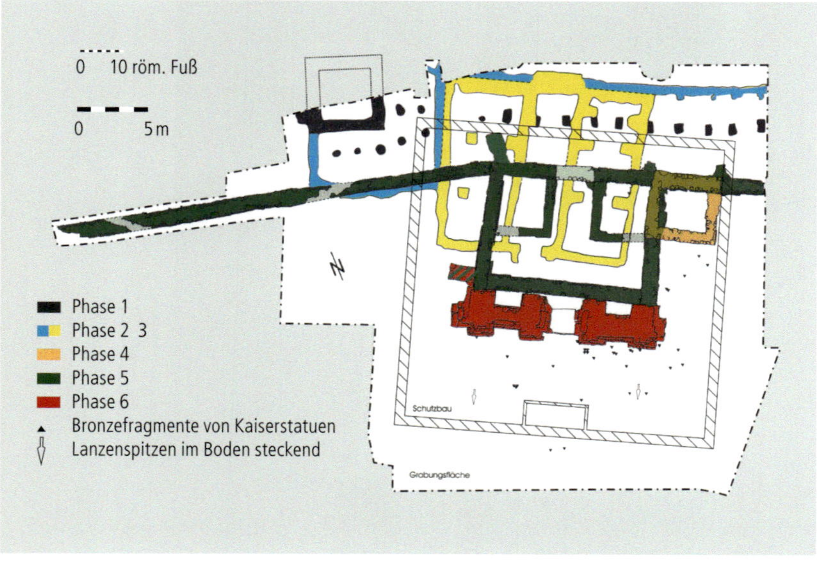

Gesamtplan mit allen Baubefunden der Phasen 1 bis 6 (Grabung 1973/74).

Der Limes in der Gemeinde Rainau, der auf einer Länge von 6 km durch die Gemarkungen der Ortsteile Schwabsberg, Buch und Dalkingen zog, befand sich an einer verkehrsgeographisch wichtigen Stelle. Unweit der Jagst kreuzte eine alte Nord-Süd-Verbindung, die von der Donau zum Main führte, den Limes. Drei Plätze sind von besonderer Bedeutung und gehören zu den Sehenswürdigkeiten, die im „Limes-Park Rainau" durch einen Rundwanderweg (11 km) erschlossen sind: der Wachtposten 12/77, das Kastell Buch und das Limestor Dalkingen.

Limestor Dalkingen (Wachtposten 12/81)

Mit der verkehrsstrategischen Bedeutung dieses Raumes hängt die Entstehung des Limestores zusammen. Die Ausgrabungen 1973 und 1974 unter D. Planck (LDA BW) erbrachten Spuren von Türmen, Sperranlagen und Gebäuden, die sechs Holz- und Steinbauphasen zugewiesen werden. Am ORL ist der Baukomplex bislang ohne Parallele. Seit 2010 befindet sich hier ein 20 m × 20 m großes Schutzhaus aus Glas und Stahl mit einer Höhe von 8–15 m.

Schon von Anfang an scheint hier eine Passage der Sperranlagen vorhanden gewesen zu sein, die immer weiter ausgebaut wurde. Die letzte römische Bauaktivität gipfelte in der Errichtung eines Bogens, den bereits der Ausgräber in Verbindung mit dem Germanenfeldzug Caracallas im Jahre 213 n. Chr. brachte. Über 140 Fragmente, darunter Teile eines Muskelpanzers und Adlerkopfschwertes, stammen von einer leicht überlebens-

Forschungsgeschichte
Limestor Dalkingen

1873 oder 1875	erste bekannte Grabung
1885	Ausgrabungen durch E. Paulus d. J., Landeskonservator in Württemberg
1886	A. von Cohausen (Der römische Grenzwall in Deutschland) schreibt zum ersten Mal von einem Torbau
1888	Ausgrabungen durch E. Herzog (2. württembergische Limeskommission)
1896	Ausgrabungen durch H. Steimle (RLK)
1973/74	Ausgrabung des gesamten Baukomplexes durch D. Planck (LDA BW)
2012/14	geophysikalische Prospektion im Auftrag des LAD BW südlich des Limestores mit Entdeckung eines 20 m × 20 m großen Steingebäudes

WP 12/77

1885	Ausgrabungen durch E. Paulus d. J., Landeskonservator in Württemberg
1969	Ausgrabung durch H. Zürn (LDA BW)

Sichtbare Überreste
Limestor Dalkingen

Ruine des Limestores mit Visualisierungen des Bogens und der Holzbefunde in einem Schutzhaus aus Stahl und Glas, das museal gestaltet ist

WP 12/77

Reste von Raetischer Mauer mit Turm konserviert, Rekonstruktion der Raetischen Mauer in voller Höhe und Nachbau eines Holzturms

ORL

ORL A 6, Strecke 12 (1935)

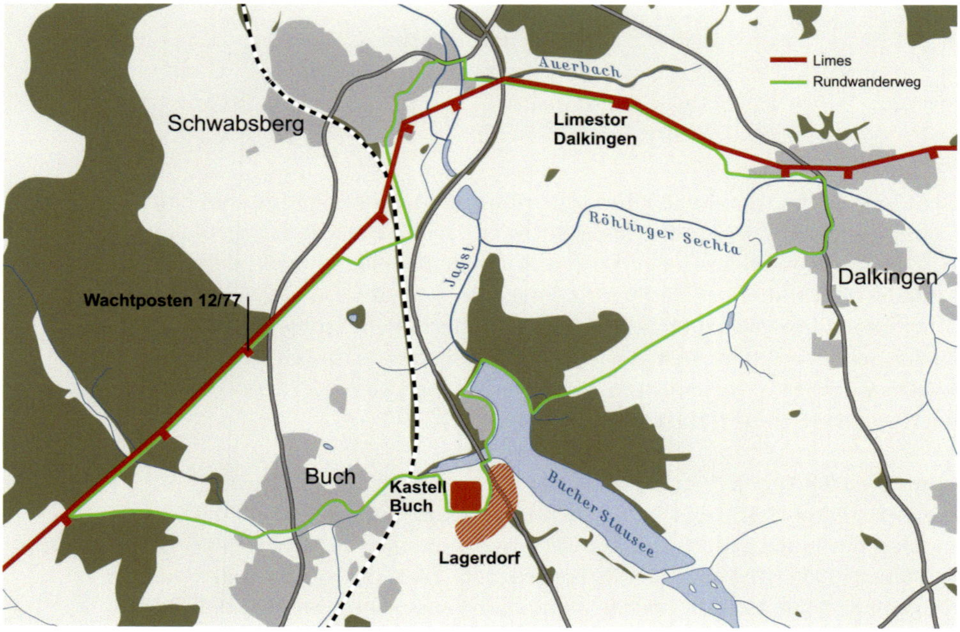

Limes bei Rainau.

Kastell Buch mit Bucher Stausee.

großen Bronzestatue, die vielleicht Caracalla zeigte. Ein Postamentsockel lässt sich wohl mit der Aufstellung der Statue verknüpfen. Es ist gut möglich, dass der Kaiser hier im Rahmen seines Feldzuges gegen die Germanen mit seinem Begleittross den Limes querte, um weiter in Richtung Main zu ziehen. Ihm zu Ehren mag später an dieser Stelle ob *victoriam Germanicam* ein Bogen errichtet worden sein.

Geophysikalische Prospektionen führten 2012 und 2014 zum Nachweis eines 20 m × 20 m großen Steingebäudes südöstlich des Limestores. Das Bauwerk, sehr wahrscheinlich ein Kleinkastell, verfügte über einen Zugang im Osten. Eigentlich würde man den Eingang, der sich an einer Wegachse zwischen dem Kastell Buch und dem Limestor orientiert haben könnte, im Westen erwarten. Dieser überraschende Befund könnte auf eine weitere Wegtrasse östlich des neu entdeckten Gebäudes hinweisen. Das Gelände dort ist dafür weitaus geeigneter. Vielleicht befand sich in diesem Bereich der eigentliche Limesübergang, der über eine größere Breite verfügte als die auffallend schmalen Öffnungen des Limestores von kaum mehr als 2 m. Weitere Forschungen müssen diese Fragen klären.

Kastell Buch (ORL B 67)

Im 2,1 ha großen, von vier Gräben umgebenen Kastell Buch war eine *cohors quingenaria equitata* stationiert (*cohors III Thracum veterana*?). Die Anlage ist im Gelände dank Visualisierungen durch Hecken und Bäume leicht auszumachen. Das Kastell ist kaum ergraben, kann aber dank geophysikalischer Prospektionen als gut erforscht gelten. Dabei konnten auch Spuren von hölzernen Mannschaftsbaracken mit Stalltrakt dokumentiert werden. Erwähnung verdient der Fund von rund 1.000 Geschossspitzen. Das Kastell Buch soll im Zuge der Vorverlegung des Limes das Kastell Oberdorf am Ipf (ORL B 67b) ersetzt haben.

Forschungsgeschichte

1884	Ausgrabungen durch H. Steinhardt (Oberamtspfleger Ellwangen) und K. Kurtz (Gymnasialprofessor Ellwangen)
1897	Ausgrabungen (Kastell, Kastellbad) durch R. Herzog (LAD BW)
1972	Ausgrabungen an der Südumwehrung des Kastells (rechtes Seitentor, Kastellmauer mit Zwischenturm) durch R. Herzog (LAD BW)
1975–80	Ausgrabungen im Lagerdorf östlich des Kastells durch R. Herzog (LAD BW)
1992–2000	geophysikalische Prospektion von Kastell und Lagerdorf durch H. von der Osten-Woldenburg (LAD BW)

Kastell

Steinkastell, 2,1 ha, 149,4–151 m × 139,5 m, Ausrichtung nach Osten, Bestand vom Beginn (Dendrodatum Lagerdorf 160/161 n. Chr.) bis zur Aufgabe (Dendrodatum Lagerdorf 253/254 n. Chr.) des Raetischen Limes während der letzten Trassierungsphase nördlich der Schwäbischen Alb

Besatzung

unbekannte, teilweise berittene Kohorte, *cohors III Thracum veterana*?

Sichtbare Überreste

Fundamente des rechten Seitentores und der Südmauer mit Zwischenturm, künstlich aufgeschütteter Erdwall mit Hecke markiert Verlauf der Kastellmauer, Bäume kennzeichnen Standorte von Eck-, Zwischen- und Tortürmen, Umriss des Stabsgebäudes durch Schotterung kenntlich gemacht, im Lagerdorf Fundamente des Kastellbades und zwei weiterer Steinbauten

ORL

ORL B 6, Nr. 67 Buch (1898)

Ruine Badegebäude
des Kastells Buch.

Ruine Wacht-
posten 12/77 mit
Rekonstruktion der
Raetischen Mauer.

Umfangreiche Ausgrabungen im Lagerdorf vor der Praetorialfront im Osten erbrachten herausragende Ergebnisse. So kann hier die Entwicklung der Siedlung, die vorwiegend aus Fachwerkbauten bestand, nicht nur relativchronologisch, sondern dank zahlreicher Dendrodaten auch absolutchronologisch nachvollzogen werden. Zwei Steinfundamente lassen sich mit einem Bogen in Verbindung bringen, der die Zuwegung zur *porta praetoria* in Szene setzte und an den Befund von Benwell am Hadrianswall erinnert. Außerdem sind bedeutende Funde aus organischem Material (z. B. Teile eines Reflexbogens und Fragmente aufwendig verzierter Möbel) sowie Metall zum Vorschein gekommen, die zumeist aus Hortfunden in den Brunnen stammen und ein eindrückliches Bild von der Spätphase des Raetischen Limes vermitteln. In diesem Kontext ist auch auf die Entwicklungsgeschichte des Badegebäudes hinzuweisen, das zusammen mit zwei weiteren Steinbauten nordöstlich des Kastells lag.

Wachtposten 12/77

Auf der Gemarkung von Schwabsberg wurden 1969 die Reste des Steinturms von Wachtposten 12/77 sowie Teile der Raetischen Mauer ausgegraben und anschließend konserviert. Dabei wurden zwei verschieden große Turmfundamente erfasst, die unterschiedlichen Phasen angehören. Verputz mit rotem Fugenstrich vom Turm spricht für entsprechende Verkleidung der Raetischen Mauer, die an originaler Stelle auf einem kurzen Stück in voller Höhe (3 m) rekonstruiert wurde. Nahebei befindet sich der Nachbau eines Holzturms aus dem Jahre 2008, der einen anders konstruierten hölzernen Turm mit Außengalerie von 1968 ersetzte. *S. Bender*

Bronzehelm aus Brunnen 9 im Lagerdorf des Kastells Buch.

Nachbau Holzturm bei Wachtposten 12/77.

10 Halheim (Ellwangen)

Visualisierung des Kastells durch Bepflanzung.

Das Numeruskastell von Halheim lag vermutlich an einer den Limes begleitenden Straße, die die Kastelle von Rainau-Buch* und Ruffenhofen* verband. Das mit 0,67 ha recht kleine Kastell wurde möglicherweise direkt in Stein ausgebaut, ein hölzerner Vorgängerbau ist nicht bekannt. Die Errichtung fand frühestens unter Kaiser Hadrian statt, auch ein Baubeginn erst nach der Mitte des 2. Jhs. ist vorgeschlagen worden. Ebenso unklar ist die Belegungsdauer, die aufgrund einiger Funde bis zur Aufgabe des Raetischen Limes angenommen werden kann. Diese Annahme verstärkt der bisher jüngste Fund, ein Denar des Kaisers Gordian III aus dem Jahr 241 n. Chr. Auf einer leichten Erhebung positioniert, konnte vom Kastell aus der nur 35 m entfernte Limes überwacht werden. Die stationierte Einheit ist nicht bekannt, aufgrund der Kastellgröße kommt ein 100–200 Mann starker *numerus* in Frage. Das Kastell besaß zwei Tore sowie vier Ecktürme und jeweils einen Zwischenturm an den Kastellseiten ohne Tordurchfahrt. Es war von einem 6,5 m breiten Spitzgraben umgeben. Von der Innenbebauung ist wenig bekannt. Verfüllte Pfostenlöcher wurden als Reste von Holzbauten interpretiert. Freigelegte Mauern südlich des Kastells deuten auf eine Zivilsiedlung hin. Eine Steinkonzentration westlich des Kastells könnte von einem ehemaligen Kastellbad stammen. *S. Sulk*

Forschungsgeschichte
seit Beginn des 19. Jhs. als römischer Fundplatz bekannt
1894 Untersuchungen durch H. Steimle (RLK)

Kastell
Steinkastell (80 m × 82,5 m; 0,67 ha) mit zwei Kastelltoren, Ecktürmen und Zwischentürmen an den Seiten ohne Toranlage, Ausrichtung zum 35 m nördlich liegenden Limes
Errichtungszeit unbekannt, möglicherweise unter Hadrian oder erst nach der Mitte des 2. Jhs., Auflassung vermutlich im Zuge der Aufgabe des Raetischen Limes um 254 n. Chr., *terminus post quem* 241 n. Chr., Münze Gordian III

Besatzung
unbekannter *numerus*

Sichtbare Überreste
Buschhecke auf dem Schutthügel der ehemaligen Kastellmauer auf allen vier Seiten vermittelt eine Vorstellung von den Dimensionen

ORL
ORL B 6, Nr. 67 a Halheim (1901)

11 Ruffenhofen

Luftbild des durch
Bepflanzung visualisierten Kastells.

Ohrschutzblech eines
Soldatenhelms mit
Punzierung des Namens
December in der *turma*
des Mattius.

Gemme aus
rotem Jaspis mit
Darstellung
eines *cornicen*
(Tubabläsers).

Bis vor wenigen Jahren beruhten die Kenntnisse zum Kastell Ruffenhofen im Wesentlichen auf den Ausgrabungen W. Kohls im Auftrag der RLK im Jahr 1892. Da Kastell und *vicus* seit der Antike nicht überbaut wurden, blieb das Denkmal flächig unter der inzwischen angelegten Grasnarbe erhalten. Aufgrund der bislang bekannten Funde, vor allem der Münzen, darf von einer Gründung der Anlage unter Trajan ausgegangen werden. Ihr Ende wird mit der Aufgabe des Raetischen Limes um 254 n. Chr. gleichgesetzt. Ein finaler Brandhorizont, wie ihn W. Kohl erkennen wollte, konnte seither nicht bestätigt werden.

Die Lage des Kastells auf einer Geländezunge oberhalb der Wörnitz erlaubte die Überwachung weiter Teile der Sperranlagen des Limes. In Analogie zu umliegenden Kastellstandorten wird für das Steinkastell ein Vorgänger in Holz-Erde-Bauweise vermutet. Dieser konnte bislang jedoch weder durch geophysikalische Prospektionen noch im Zuge der im Jahr 2005 durchgeführten Forschungsgrabung im Bereich der Kastellumwehrung nachgewiesen werden.

Dennoch ist von Umbaumaßnahmen bzw. einer Mehrphasigkeit des Platzes auszugehen. So scheinen in einer späteren Bauphase je eine Tordurchfahrt der *porta principalis sinistra* und der *porta praetoria* zugemauert worden zu sein. Die Einordnung einer langschmalen Baustruktur innerhalb des Kastells, die eine andere Orientierung als die übrigen Lagerbauten aufweist, bleibt rätselhaft. Ihre Größe und Ausrichtung entspricht

Forschungsgeschichte

aufgrund seiner Grenzlage zu Württemberg blieb Ruffenhofen von den frühen Limesforschern unbeachtet

im 19. Jh.	mehrere kleine Ausgrabungen (nicht dokumentiert)
1868	kleine Ausgrabung, bei der erstmals das Kastell nach dem heutigen Ort Ruffenhofen (ca. 60 Einwohner) benannt wird
1892	Untersuchung des Kastells durch W. Kohl (RLK)
1917	Notgrabung im *vicus*
seit 1977	zahlreiche Luftbilder
seit 1998	Magnetometermessungen durch das BLfD
seit 2004	elektrische Erdwiderstandsmessungen
2005	Ausgrabung an der Kastellumwehrung, seither verstärkte Forschung

Kastell

Holz-Erde-Kastell (vermutet) unter Trajan
Steinkastell (190 m × 197 m; 3,7 ha) unter Antoninus Pius (vermutet) mit vier Kastelltoren und vier Gräben
Orientierung der *porta praetoria* zum Hesselberg
Auflassung im Zuge der Aufgabe des Raetischen Limes (vermutet)

Besatzung

ala II Flavia Gemelliana oder *cohors VIIII Batavorum milliaria* (vermutet)

Keine sichtbaren Überreste

Museum

2012 eröffnetes Museum LIMESEUM; Römerpark Ruffenhofen mit Visualisierung von Befunden durch Bepflanzung und Nachbau des Kastells im Maßstab 1:10

ORL

ORL B 6, Nr. 68 Ruffenhofen (1896)

Gradiometerprospektion 28.März 2014. Geophysikalische Prospektion von Kastell und *vicus* Ruffenhofen.

vielmehr einem dreischiffigen Holzspeicherbau, der, unmittelbar am äußersten Kastellgraben gelegen, aus der Frühzeit der römischen Besiedlung stammen könnte. Stratigrafische und zeitliche Einordnung dieses Baus sind allerdings unbekannt.

Größere Inschriften, wie die Bauinschrift des Lagers oder auch Reliefs, sind nicht bekannt. Kenntnisse über die in Ruffenhofen stationierte Einheit lagen bislang vor allem über Kleininschriften vor. So ist neben einer *turma* auch eine *centuria* belegt.

Der kürzliche Fund eines Militärdiploms für einen Soldaten der *cohors VIIII Batavorum* aus dem Jahr 160 n. Chr. hat die Diskussion um die in Ruffenhofen stationierte Einheit erneut befeuert. Diese 1.000 Mann starke *cohors equitata*, die ab 116 n. Chr. für Raetien über Militärdiplome bezeugt

Umzeichnung der geophysikalischen Prospektion.

ist, war bereits mehrfach als Truppe in Ruffenhofen im Gespräch. Alternativ wird eine *ala* vermutet, die jedoch aufgrund der Nachweise auf den Diplomen nicht dauerhaft in Ruffenhofen stationiert gewesen sein kann.

Der *vicus*, der im Wesentlichen südlich und östlich des Kastells lag, ist vor allem durch Magnetometermessungen und Luftbilder bekannt. Der mittlere Vicusbereich zeichnet sich zunächst durch das Fehlen privater Wohnbebauung in Form typischer Streifenhäuser aus. Stattdessen lassen sich individuelle Bauten nachweisen, die sich um eine als Marktplatz interpretierte Freifläche gruppieren. Hierzu gehört vor allem der 30 m × 70 m umfassende sog. Großbau, dessen großzügig wirkende Raumaufteilung eine öffentliche Funktion nahelegt. Weitere öffentlich genutzte Gebäude liegen in Form der Thermen sowie eines Tempels vor.

Die meisten Streifenhäuser der zivilen Bevölkerung befanden sich vor allem entlang eines Weges, der vom Kastell nach Süden verlief. Die südlichste Ausdehnung ist wahrscheinlich noch nicht bekannt. Teilweise sind die Befunde durch Steinabbau bis in das frühe 20. Jh. gestört. Die ab der *porta praetoria* nach Osten führende Straße erschloss ihrerseits den östlichen Vicusteil, auf den ein Gräberfeld folgte. Südlich der Straße ist ebenfalls mit einer Streifenhausbebauung zu rechnen. Eindeutige Hinweise auf ein weiteres Gräberfeld bspw. südlich der Siedlung liegen bislang nicht vor.

Die rund 1.800 quadratischen römischen Ziegel, die als Fußbodenbelag in der mittelalterlichen Kirche in Ruffenhofen Verwendung fanden, belegen eindrucksvoll die nachrömische Nutzung als Ackerland und Steinbruch. Der älteste Hinweis auf das Denkmal ist die Publikation eines Münzschatzes, der bereits im 18. Jh. gefunden wurde und heute verschollen ist.

LIMESEUM Ruffenhofen.

Die Lesefunde, die im Zuge der landwirtschaftlichen Arbeiten zutage gefördert wurden, umfassen das übliche Spektrum eines mittelkaiserzeitlichen Kastellstandortes am Raetischen Limes. Herausragend dabei sind jedoch die zahlreichen Gemmen aus Edel- und Halbedelsteinen.

In der UNESCO-Schutzzone wurden seit dem Jahr 2002 über 40 ha Ackerland aus der landwirtschaftlichen Nutzung genommen und in Dauergrünland umgewandelt. Als „Römerpark Ruffenhofen" präsentiert sich die Fläche dem Besucher im Einklang mit der Natur und ohne tiefreichende Bodeneingriffe. Das LIMESEUM bietet seit 2012 für Interessierte die wesentlichen Informationen zum Welterbe Limes im Landkreis Ansbach mit Schwerpunkt Ruffenhofen. *M. Pausch*

12 Dambach (Ehingen / Unterschwaningen)

Überreste der Raetischen Mauer bei Dambach.

Der Kastellort Dambach ist ein in der Forschung kontrovers diskutierter Fundplatz. Als Verbindung zwischen den Kastellen Ruffenhofen* und Gunzenhausen* wurde er scheinbar erst zu einem späteren Zeitpunkt in die Limeslinie integriert. Zunächst überwachte ein unbekannter *numerus* in einem 0,97 ha großen Kastell den Limesabschnitt. Das vermutlich in der zweiten Hälfte des 2. Jhs. errichtete Steinkastell war nach Norden zum etwa 100 m entfernten Limes orientiert. Ein Vorgängerbau konnte bisher nicht nachgewiesen werden. Gegen Ende des 2. Jhs. verlängerte man die Praetorial- und die Decumanfront und vergrößerte die Kastellfläche so auf 2,2 ha. Die Orientierung der Kastellfront lag nun nach Osten, drei Gräben umgaben die Anlage. Mit der Erweiterung zum Kohortenkastell einer vermutlich teilberittenen Einheit ging auch eine Veränderung im zivilen Siedlungsbereich einher. Aufgrund der nun gestiegenen Bedeutung und der folgenden Vergrößerung der Einwohnerzahl war es wohl nötig, zusätzliche Wohnbereiche zu den bereits bestehenden westlich und südlich des Kastells zu erschließen. Dazu wurde das Areal vor der Ostseite des Kastells mit aufwendigen Substruktionen aus Balkenrosten, Flechtwerk und Sandaufschüttungen trockengelegt und eine Bebauung durch Streifenhäuser ermöglicht. Aufgrund der feuchten Umgebung ist die Erhaltung von organischen Funden sehr gut. Dendrochronologische Daten aus diesem Bereich verweisen auf die Jahre nach 193 n. Chr. Als herausragender Befund kann ein Quellheiligtum angesehen werden. Ähnlich zwei Heiligtümern in Frankreich

Forschungsgeschichte

1859	erste Fundmeldungen
1892–96	Untersuchungen durch W. Kohl (RLK)
1958–60	
1975, 1986	Aushub bzw. Erweiterung von Fischweihern, dabei begleitend Notgrabungen im Vicusbereich
2006, 2008	Untersuchungen beim Ablassen der Weiher durch W. Czysz (BLfD), Laserscan von Kastell und Amphitheater, geophysikalische Untersuchungen des Kastellbereichs durch J. Faßbinder (BLfD)
2013	geophysikalische Untersuchungen im Vicusbereich durch C. Mischka (CAU/FAU)

Kastell

Älteres Steinkastell (115 m × 85 m), Anzahl der Tore unsicher, Ausrichtung zum Limes in Richtung Norden
Errichtungszeit und möglicher Vorgängerbau unbekannt
Jüngeres Steinkastell (187 m × 115 m) mit vier Toren, Ausrichtung nach Osten, umgeben von drei Gräben
Ausbau um 200 n. Chr., Zerstörung durch Schadfeuer nach 251/53 n. Chr., Auflassung im Zuge der Aufgabe des Raetischen Limes um 254 n. Chr.

Besatzung

cohors II Aquitanorum equitata nach 170/80 n. Chr. vermutet

Sichtbare Überreste

bei Niedrigwasser im Kreutweiher Nordfront des Kastells und Limesmauer, Erdwälle des Amphitheaters im Wald erhalten

ORL

ORL B 6, Nr. 69 Dambach (1901)

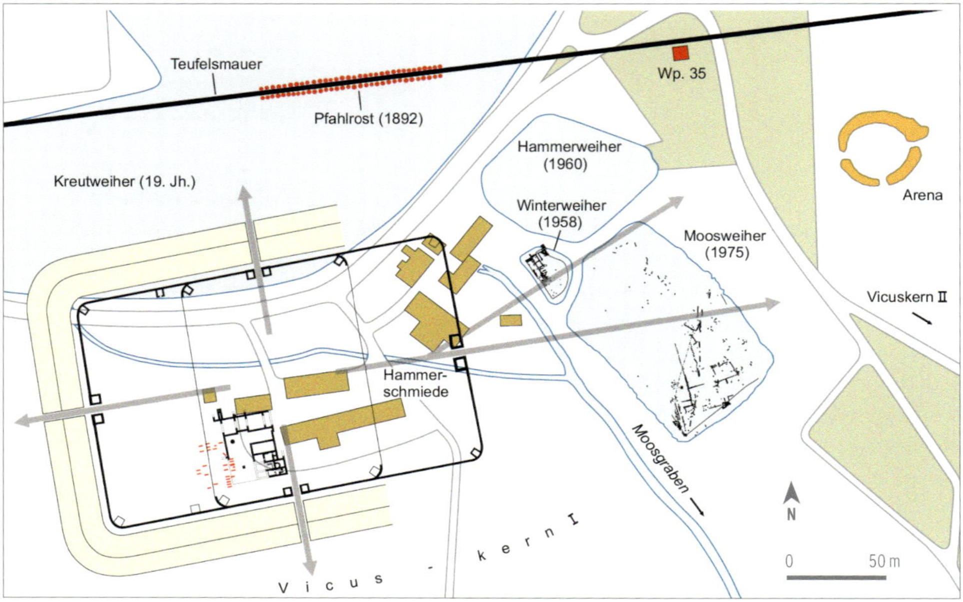

Gesamtplan der Befunde von Dambach.

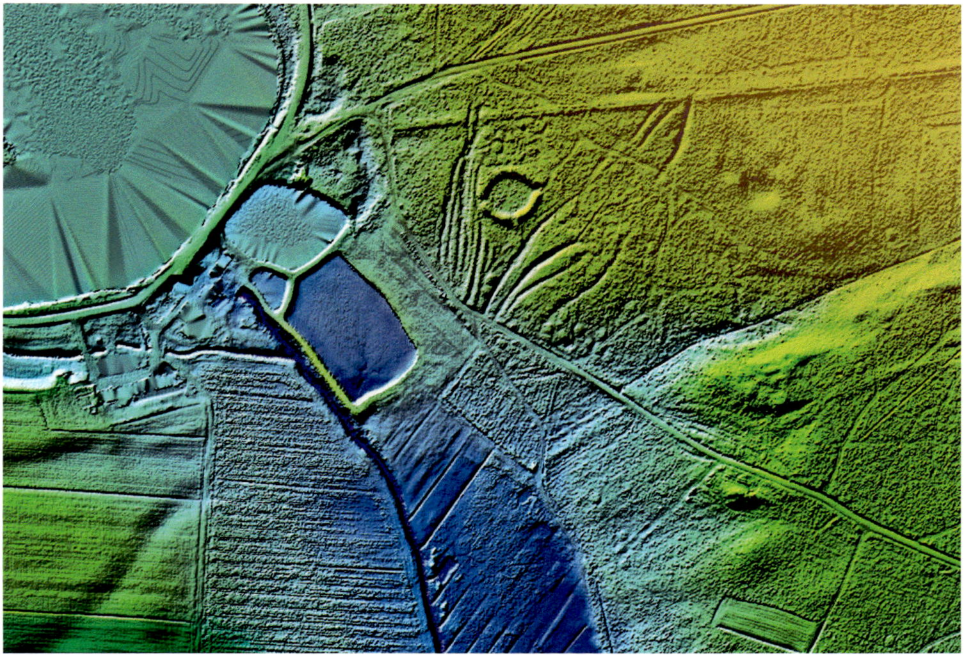

Geländemodell des Kastellplatzes Dambach. Die Strukturen des Kastells sind vollständig zerstört, deutlich zu sehen ist aber das Amphitheater in der Bildmitte oben und jenseits davon die Raetische Mauer.

wurden hier mehrere hölzerne „Ex-voto" Figuren von diversen Körperteilen deponiert. Die plastischen Figuren sollten als Gabe an eine unbekannte Gottheit körperliche Leiden kurieren. Die Votivgaben datieren, wie auch die meisten anderen Funde aus diesem Bereich, an das Ende des 2. Jhs. n. Chr. Die einzigen sichtbaren Überreste des Kastellstandortes sind ovale Wallstrukturen etwa 250 m östlich des Kastells in der Nähe eines weiteren Vicusbereichs. Es handelt sich hier um ein kleines Amphitheater, ähnlich den Anlagen in Arnsburg oder am Zugmantel in Obergermanien. Es besitzt mit 35,5 m × 29,6 m (120 × 100 röm. Fuß) die gleichen Abmessungen wie das Amphitheater von Künzing*. Geophysikalische Untersuchungen im Jahr 2013 boten einen guten Einblick in den Vicusbereich südlich des Kastells, welcher vor allem mit Steingebäuden oder steinfundamentierten Gebäuden ausgestattet war. Durch die Anlage von Fischteichen im 20. Jh. wurde ein Großteil des Vicusbereichs zerstört, auch der Bereich des Kastells ist durch moderne Bebauung unwiederbringlich verloren.

Für die Datierung der Raetischen Mauer ist Dambach sehr wichtig. Bereits unter W. Kohl konnten Ende des 19. Jhs. etwa 2.000 Holzstämme als Unterbau für die Limesmauer im feuchten Boden Dambachs untersucht werden. Bei Ausgrabungen durch W. Czysz fanden sich 2008 erneut Holzstämme. Diese wurden dendrochronologisch untersucht und lieferten die Jahre 206/207 n. Chr. als Bauzeit für die Mauer. *S. Sulk*

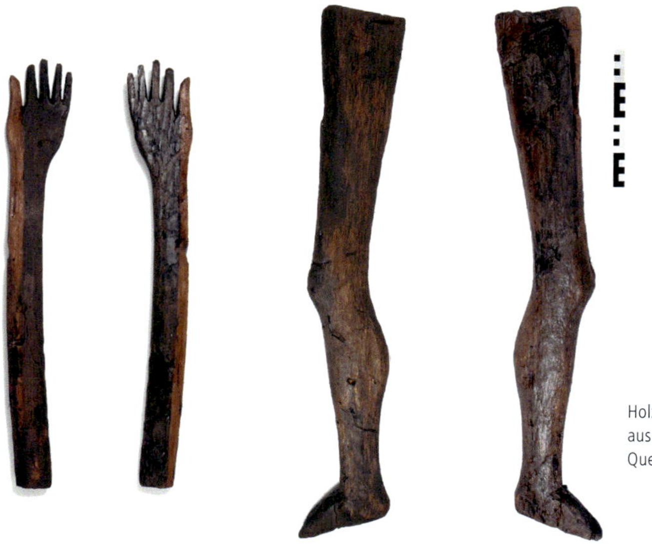

Holzvotive von Körperteilen aus dem Dambacher Quellheiligtum.

13 Gnotzheim

Das Kastell Gnotzheim zeichnet sich in der Bildmitte rechts deutlich im Flurplan ab.

Eine Bauinschrift der *cohors III Thracum* ist in der Außenmauer der Kirche St. Michael eingemauert.

Die Gründung des Militärstandortes Gnotzheim/*Mediana* wird aufgrund von historischen Überlegungen von domitianischer bis in spättrajanische Zeit angesetzt. Gnotzheim zählt zu den Kastellen, die in Zusammenhang mit der Anlage des Alblimes zu sehen sind. Das Kohortenkastell lag in strategisch günstiger Lage auf einem flachen Sporn, der von zwei Bächen umschlossen wird. Der Limes befand sich in 6 km Entfernung zum Kastell. Funde deuten auf die Existenz eines Kastells in Holz-Erde-Bauweise, das bislang jedoch durch Ausgrabungen noch nicht nachgewiesen werden konnte. Als Besatzung des frühen Kastells wird die *cohors V Bracaraugustanorum* angenommen, die für das Jahr 107 n. Chr. durch ein Militärdiplom aus Weißenburg* belegt ist. In der Mitte des 2. Jhs. wurde das postulierte Holz-Erde-Kastell in Stein (2,3 ha) ausgebaut. Eine heute in der Kirche von Gnotzheim eingemauerte Bauinschrift des Jahres 144 n. Chr. nennt die *cohors III Thracum civium Romanorum equitata bis torquata* als bauende Einheit, die 500 Mann stark und teilberitten war.

Das Steinkastell besaß vier Tore und war mit der Kastellfront Richtung Südosten in Richtung der Fernstraße nach Weißenburg* orientiert. Durch Magnetometermessungen konnte eine Umwehrung aus vier Gräben festgestellt werden. In der *praetentura* zeigten die Messungen vier Doppelbaracken mit Jauchegruben, die als Unterkünfte der Reiterei anzusprechen sind. Weitere Messungen in den Jahren 2010/11 ergaben eine ringförmig um das Kastell angelegte Zivilsiedlung. Im Südosten konnte ein bogenförmig um das Kastell ziehender Straßenzug mit streifenartiger Vicusbebauung

---

Antiker Name
Mediana (Tabula Peutingeriana)

Forschungsgeschichte
seit dem 18. Jh. als Fundort bekannt

1889	Untersuchungen an der Umwehrung durch H. Eidam
1900–02, 1905	Untersuchungen im Kastellinneren durch H. Eidam und W. Barthel (RLK)
1999	Grabungen im *vicus*
2008	Magnetometermessungen im Kastell durch J. Faßbinder (BLfD)
2010/11	Magnetometermessungen im *vicus* durch C. Mischka (CAU)

Kastell
vermutetes Holz-Erde-Kastell unter Domitian/Trajan errichtet
Ausbau zu Steinkastell (59 m × 144 m; 2,3 ha) unter Antoninus Pius, vier Kastelltore, Ausrichtung in Richtung Fernstraße nach Weißenburg*
Zerstörung durch Schadfeuer angenommen, Auflassung im Zuge der Aufgabe des Raetischen Limes um 254 n. Chr.

Besatzung
um 107 n. Chr. in einem Militärdiplom genannte *cohors V Bracaraugustanorum*, ab 144 n. Chr. *cohors III Thracum Civium Romanorum equitata bis torquata*

Sichtbare Überreste
keine des Kastells; Inschrift in der Kirche eingemauert

ORL
ORL B 6, Nr. 70 Gnotzheim (1907)

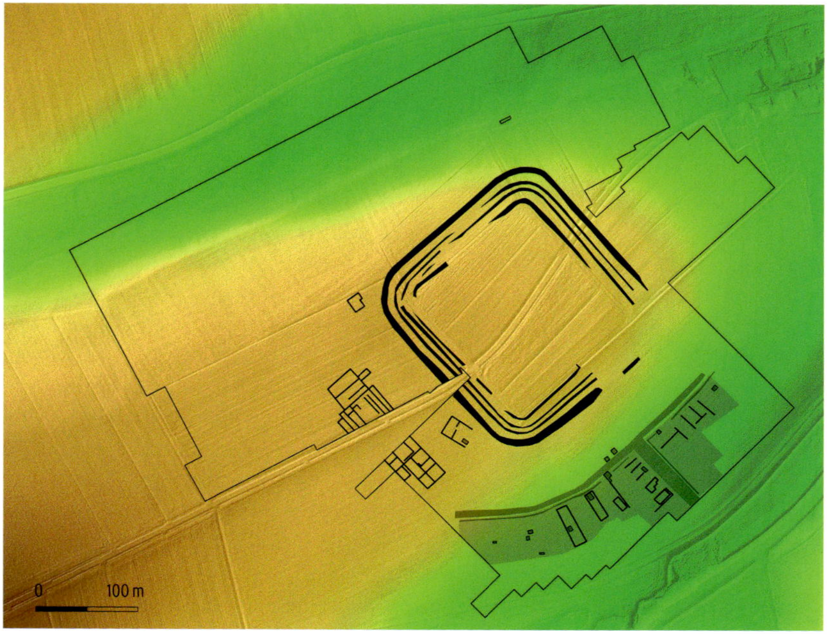

Gnotzheim. Magnetometrisch gemessene Flächen und interpretierte Befunde im Geländemodell.

Gnotzheim. Magnetogramm des Kastell- und Vicusbereiches.

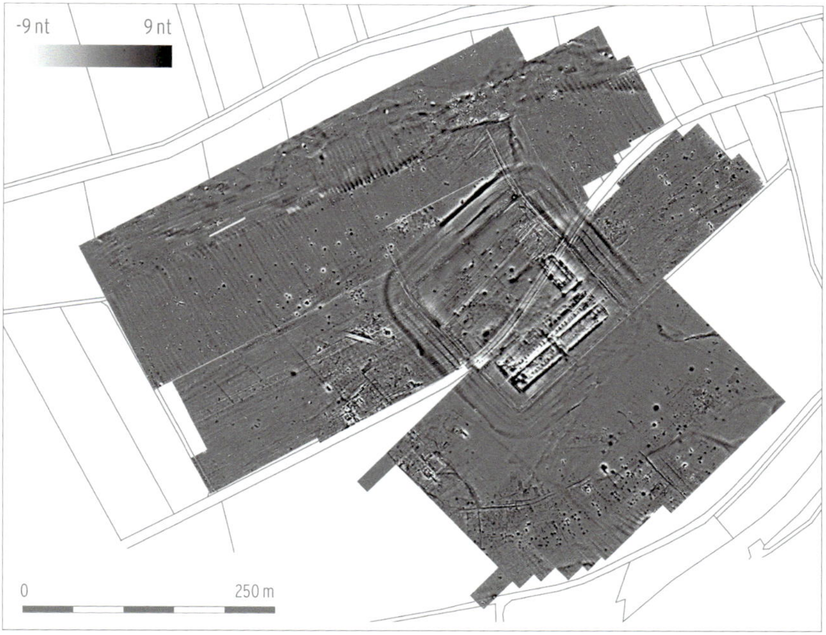

gemessen werden. Der im Südwesten befindliche Großbau (136 m × 50 m) wurde wahrscheinlich durch die zur *porta principalis* ziehende Straße geteilt. Die nördliche Gebäudehälfte wäre als Unterkunftshaus, die südliche als Badegebäude zu interpretieren. Die starke Magnetisierung der gemessenen Befunde innerhalb des Kastells legt eine Zerstörung durch ein Brandereignis nahe. *K. Ramstetter*

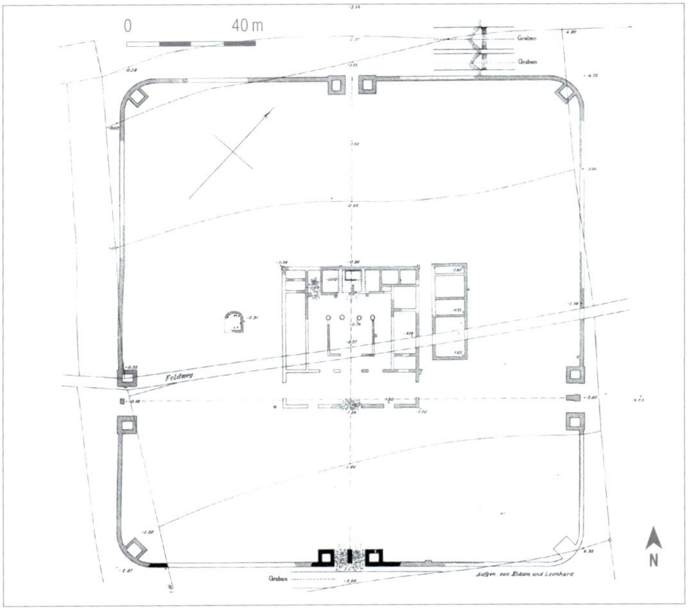

Kastellplan mit Befunden der Grabungen durch W. Barthel und H. Eidam (1889, 1902–1905).

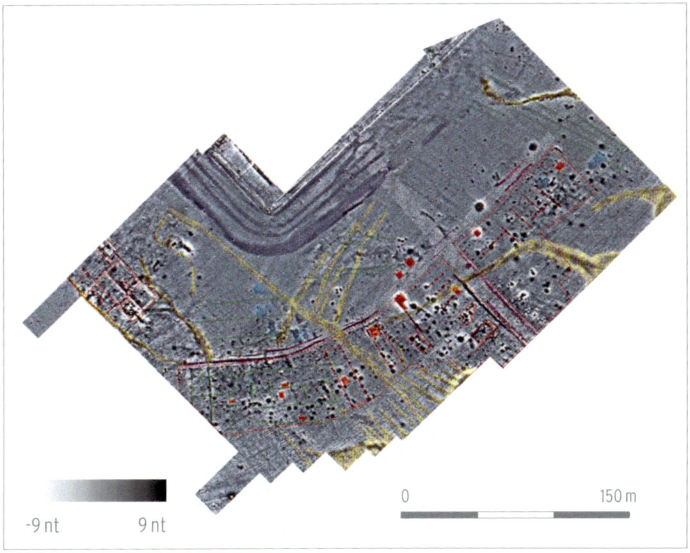

Erosionsrinne / -areal
Drainage
Gebäudestruktur
Keller
Grenze der röm. Bebauung
Kastellgraben
röm. Straße (rekonstruiert)
Straßengräben / Porticus
Gruben / Bereiche hoher Grubendichte

Magnetogramm mit Umzeichnung der Befunde im Bereich des *vicus* südöstlich des Kastells Gnotzheim.

14 Gunzenhausen

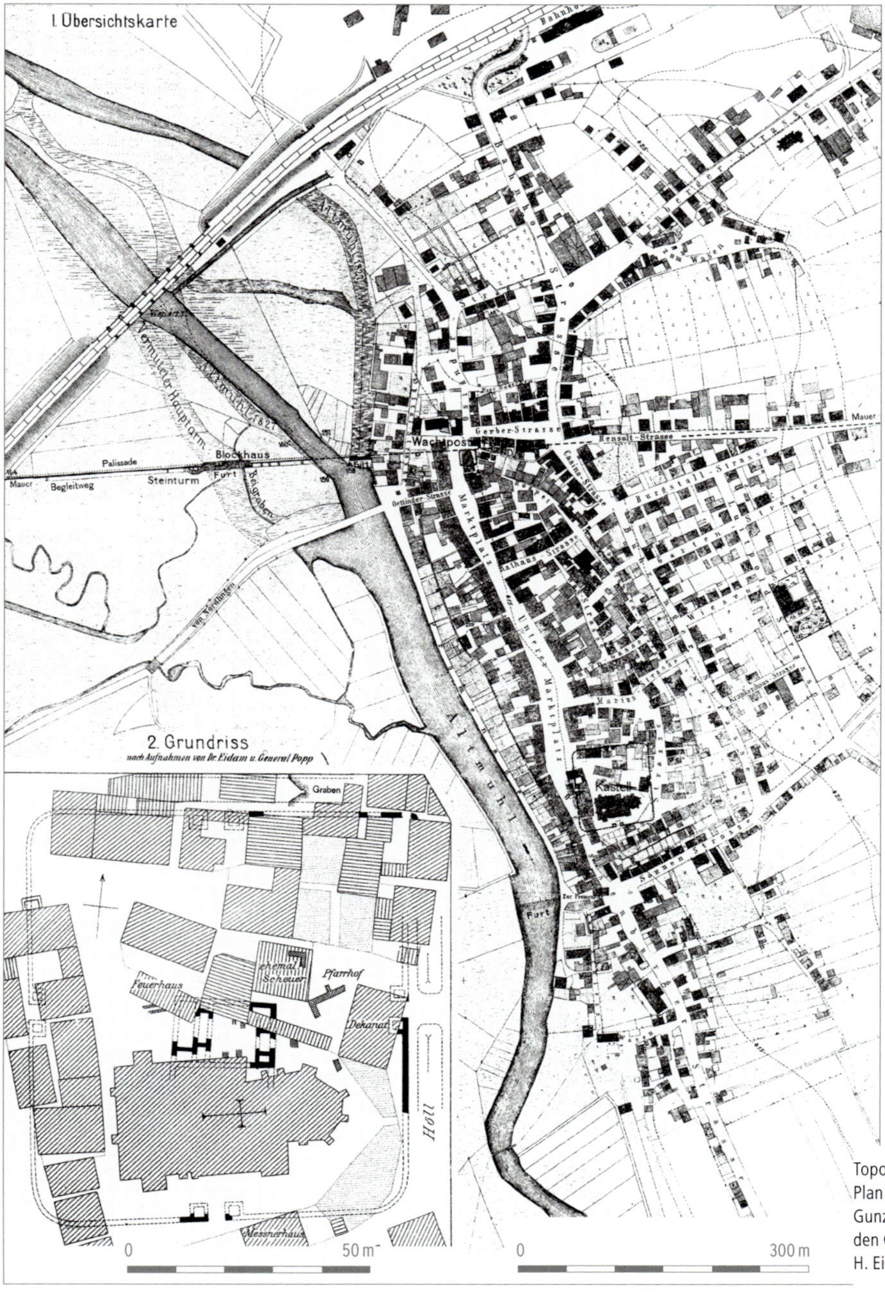

Topographie und Plan des Kastells Gunzenhausen nach den Grabungen H. Eidams (1897).

Das Kastell Gunzenhausen wurde 300 m südlich des Limes an einer Engstelle des Altmühltals errichtet. Nur wenige bei den Altgrabungen der RLK aufgefundene Terra Sigillata Scherben erlauben eine Datierung des Steinkastells um die Mitte des 2. Jhs. Ein hölzerner Vorgängerbau konnte bei den punktuellen Grabungen H. Eidams 1897 nicht beobachtet werden, er ist jedoch nicht vollständig auszuschließen. Das Steinkastell ist nach Norden zum Limes orientiert (0,68 ha). Es konnten zwei Tore im Süden und Osten festgestellt werden. Die Innenbebauung bleibt bis auf die *principia*, die neben der Kirche und nur geringfügig von dieser überdeckt ausgegraben wurden, unbekannt. Von einer gewaltsamen Zerstörung zeugen große Mengen von verbranntem Weizen im nördlichen Kastellgraben und Spuren eines Brandes im Bereich der *principia.* Aus dem Bereich des *vicus* stammt ein Münzschatz mit Schlussmünzen von 241/243 n. Chr. Die Reste eines Bades konnten im westlichen Teil des *vicus* im Bereich des heutigen Marktplatzes von Gunzenhausen festgestellt werden.

Das Kastell Gunzenhausen gehört wie die Kastelle Ellingen*, Halheim* und Böhming* mit einer Fläche von fast 0,7 ha zur Gruppe der sog. Numeruskastelle in Raetien. Da inschriftliche Zeugnisse für *numeri* in Raetien bislang fehlen, wird angenommen, dass Kastelle dieser Größenordnung durch Truppen der nächstgelegenen größeren Kastelle bemannt wurden, die sich in weiterem Abstand zum Limes befanden. Hierfür würden im Falle von Gunzenhausen Detachements der Einheiten in Theilenhofen* und Gnotzheim* in Frage kommen.

Forschungsgeschichte

1897	Grabungen durch H. Eidam (RLK)
1953	Auffindung eines Münzhortes östlich des Kastells

Kastell

Steinkastell (86 × 80 m; 0,68 ha) mit zwei nachgewiesenen Kastelltoren, Ausrichtung nach Norden
Errichtung um die Mitte des 2. Jhs. n. Chr., Münzschatz mit Schlussmünze von 241/243 n. Chr., gewaltsame Zerstörung um die Mitte des 3. Jhs. n. Chr.
vicus bislang nur westlich des Kastells nachgewiesen

Besatzung

vermutlich Detachement aus Theilenhofen* oder Gnotzheim*

Museum

Archäologisches Museum Gunzenhausen

ORL

ORL B 7, Nr. 71 Gunzenhausen (1907)

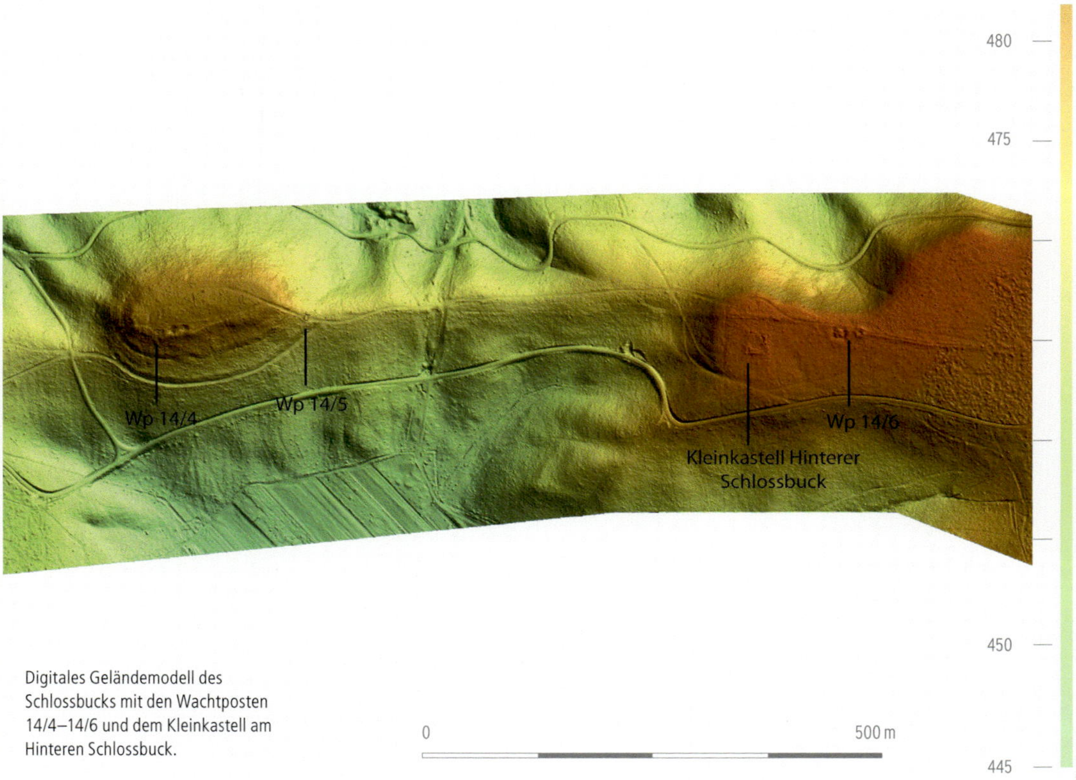

Digitales Geländemodell des Schlossbucks mit den Wachtposten 14/4–14/6 und dem Kleinkastell am Hinteren Schlossbuck.

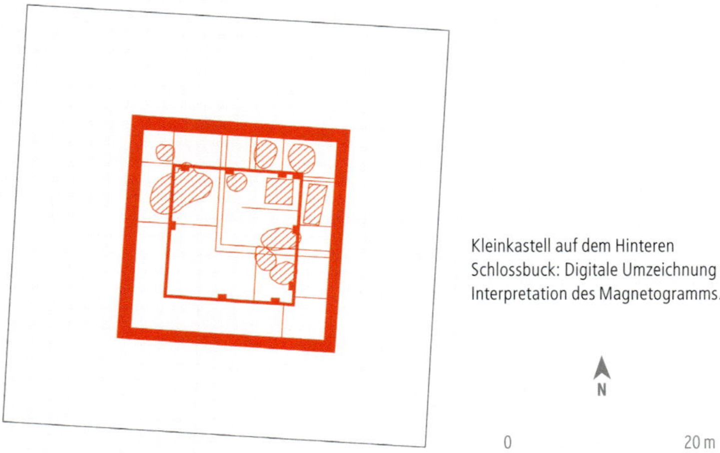

Kleinkastell auf dem Hinteren Schlossbuck: Digitale Umzeichnung mit Interpretation des Magnetogramms.

Der späte WP 14/5 auf dem Schlossbuck überlagert die Limesmauer.

Das Kleinkastell am Hinteren Schlossbuck zählt zu den kleinsten Kastellen am ORL mit einer Fläche von 0,04 ha. Das Kastell war nur 18 m vom Limes entfernt und vermutlich nach Norden orientiert. Die Außenmauern sind 0,7 m mächtig und an den Ecken scharf umbiegend. Sowohl bei den Ausgrabungen H. Eidams 1897 als auch bei geophysikalischen Untersuchungen mit dem Magnetometer im Jahre 2010 durch J. Faßbinder konnte kein Graben festgestellt werden. Die Innenbebauung lehnte sich in etwa 3,1 m Abstand zur Außenmauer an und war kasemattenartig unterteilt. Starke magnetische Anomalien im Inneren legen dort Brand- oder Feuerstellen nahe. Der Fund einer Scharnierarmfibel des Typs Böhme 28 zeigt nur schlaglichtartig eine Nutzung der Anlage noch während des zweiten Viertels des 3. Jhs. n. Chr. *K. Ramstetter*

Kleinkastell am Hinteren Schlossbuck
Forschungsgeschichte

1897	Ausgrabungen durch H. Eidam (RLK)
2010	geophysikalische Prospektion durch J. Faßbinder (BLfD)

Kleinkastell
quadratisches Kleinkastell (20 × 20 m; 0,04 ha) mit scharfen Ecken und kasemattenartiger Innenbebauung
Sichtbare Überreste
im Gelände sichtbare Erhebung
ORL
ORL A 7, Strecke 14 (1927) 59

15 Theilenhofen

In einer Mulde seitlich des Kastells finden sich die konservierten Reste des Bades.

Als Nachfolger des Kastells Munningen entstand etwa 500m nordwestlich von Theilenhofen um 100 n.Chr. ein Holz-Erde-Kastell mit den Ausmaßen 160m×142m. Es befand sich etwa 2,2km hinter der Limeslinie und war in ost-westlicher Ausrichtung angelegt. Dieses Kastell wurde erst 1976 durch die Luftbildarchäologie entdeckt und zunächst als Baulager für das bereits seit dem frühen 19. Jh. bekannte Steinkastell interpretiert. Geophysikalische Untersuchungen zeigen jedoch, dass die Innenbebauung zu einem längerfristig genutzten Lager gehört und es sich deshalb um ein früheres Kastell handeln dürfte. Dieses wurde um die Mitte des 2.Jhs. durch ein Steinkastell ersetzt, das man mit den Maßen 196m×144m nur knapp 50m weiter östlich errichtete. Die Orientierung der Anlage wurde geändert, sodass die Straße aus dem Haupttor nun nach Norden in Richtung Limes führte. Auch das zum frühen Kastell gehörende Badegebäude wurde umgebaut. Das 2,8ha große Kastell besaß vier Toranlagen mit doppelten Durchfahrten, wobei die Anlage der *porta decumana* mit halbrund eingezogenen Tortürmen ungewöhnlich ist. Die Langseiten besitzen im Bereich der *retentura* Zwischentürme, was in der Geophysik erkennbar ist. Auch die Innenbebauung ist dank der geomagnetischen Messungen und der Arbeiten der RLK gut bekannt. Als Besatzung ist zumindest für die zweite Hälfte des 2.Jhs. die *cohors III Bracaraugustanorum* belegt. Funde wie ein prachtvoller Reiterhelm legen eine teilberittene Einheit nahe. Eine Zivilsiedlung erstreckte sich auf allen vier Seiten des Kastells, wobei der Bereich des ehemaligen Holz-Erde-Kastells ebenfalls mit Wohngebäuden überbaut und

Antiker Name

Iciniaco (Tabula Peutingeriana)

Forschungsgeschichte

1820	Untersuchungen des Badegebäudes durch Greiner
1878/79	Untersuchungen durch H. Eidam
1892–95	Untersuchungen durch H. Eidam und J. Jacobs (RLK)
1968–70	Untersuchungen der Thermen durch F.-R. Herrmann
2007/08	geophysikalische Untersuchungen durch J. Faßbinder (BLfD)
2010–12	geophysikalische Untersuchungen durch C. Mischka (CAU/FAU)

Kastell

Holz-Erde Kastell (160 m × 142 m), errichtet um 100 n. Chr.

Neubau als Steinkastell unter Antoninus Pius (196 m × 144 m) mit vier Kastelltoren, Ausrichtung zum Limes in Richtung Norden

Zerstörung durch Schadfeuer nach 251/53 n. Chr., Auflassung im Zuge der Aufgabe des Raetischen Limes um 254 n. Chr.

Besatzung

cohors III Bracaraugustanorum equitata bis torquata, spätestens ab Mitte des 2. Jhs. nachgewiesen

Sichtbare Überreste

Visualisierung des Grundrisses durch Wege und Bepflanzung, Teilrekonstruktion des Kastellbades, vom Wasserbehälter im Nordosten Blick auf den Limes

ORL

ORL B 7, Nr. 71a (1905)

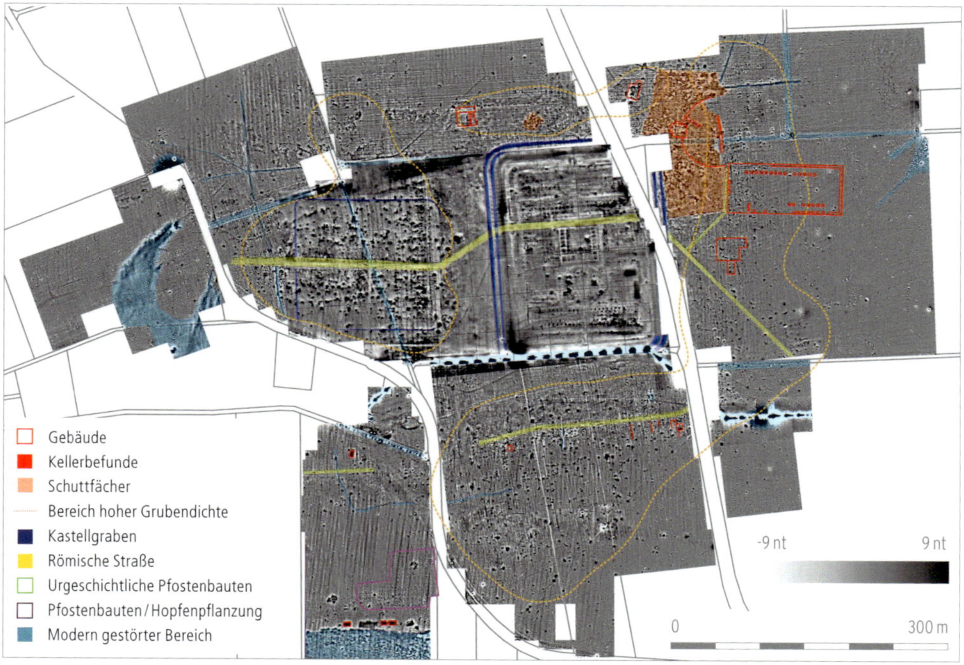

Geophysikalischer Plan von Kastell und *vicus* Theilenhofen.

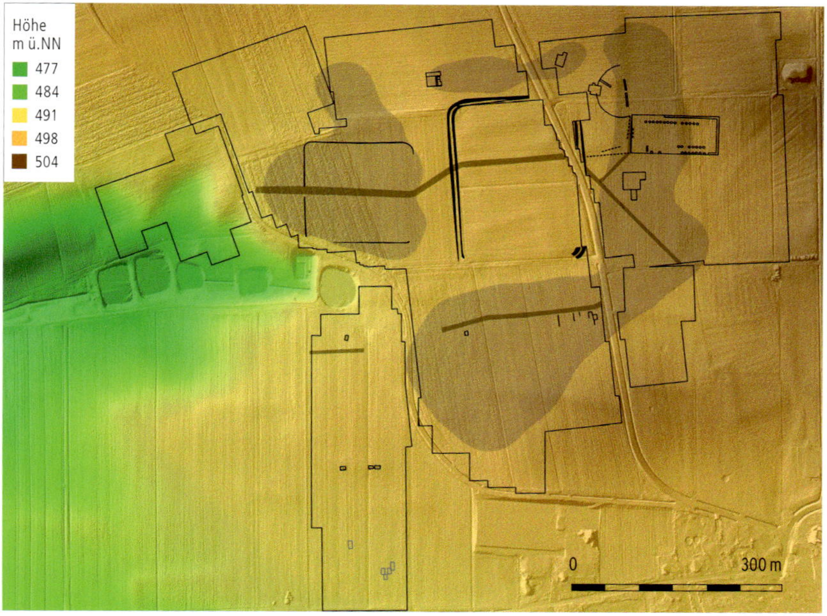

Digitales Geländemodell mit geophysikalisch gemessenen Flächen und Interpretation.

dessen *via praetoria* als Hauptstraße des *vicus* genutzt wurde. An diese reihten sich die Streifenhäuser des Dorfes, sie führte nach Norden abknickend zur *porta principalis dextra* des Steinkastells. Eine Besonderheit stellen die Befunde der seit 2010 durchgeführten geophysikalischen Untersuchungen östlich des Kastells dar, die als bisher einzigartig am ORL gelten können. Hier befand sich ein großes Theater vom gallorömischen Typus sowie eine südlich anschließende Forums- oder Campusanlage mit Basilika von insgesamt 124 m × 53 m Größe. Die zeitliche Einordnung sowie die Nutzungsdauer dieses Baukomplexes sind bisher nicht bekannt. Auf eine Umstrukturierung dieses Bereichs deuten sowohl eine ausgedehnte Schuttschicht nahe dem Theater als auch eine Gebäudestruktur über der *cavea* des Theaters hin. Kastell und *vicus* hatten vermutlich bis zum Ende des Limes Bestand, die jüngste Münze ist eine Prägung des Vibius Volusianus (251–253 n. Chr.). Das Kastell und auch der *vicus* wurden möglicherweise nach einem großflächigen Brand, der sich im Magnetogramm abzeichnet, aufgegeben. Der Kastellort von Theilenhofen kann mit dem Ort *Iciniaco* auf der Tabula Peutingeriana gleichgesetzt werden. *S. Sulk*

Reiterhelm aus Theilenhofen.

16 Ellingen

Blick auf die teilrekonstruierte Prätorialfront von Westen mit Nordtor in der Mitte.

Das Kastell Ellingen/*Sablonetum* liegt auf einer Hochfläche der südlichen Frankenalb und wurde als Holz-Erde-Kastell (0,7 ha) unter Kaiser Hadrian als vorgeschobener Stützpunkt des Kastells Weißenburg* errichtet. Der Limes verläuft in 1,8 km Entfernung nördlich des Kastells Ellingen ohne direkte Sichtverbindung, da eine Anhöhe den Blick versperrt. In Ergänzung zu einer ersten Ausgrabung der RLK 1895 durch W. Kohl im Bereich der Steinumwehrung wurde dieser Kastellplatz als einer von wenigen am Raetischen Limes auch modern ergraben. Die hölzerne Umwehrung, eine Bohlenwand mit angeschüttetem Erdwall, ist nur an wenigen Stellen unter der Steinumwehrung nachgewiesen, sodass die Anzahl der Tore unbekannt bleibt. Ebenso ist die früheste Innenbebauung nur schlecht erhalten. Um die Mitte des 2. Jhs.

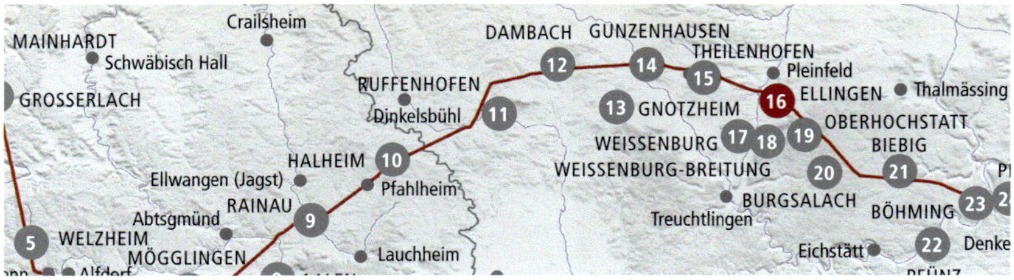

wurden erste Änderungen an der hölzernen Innenbebauung im Ostteil des Kastells vorgenommen. Von Bedeutung ist eine Bauinschrift des Jahres 182 n. Chr. aus Ellinger Sandstein, die bei den Grabungen von 1980–82 im Bereich des Südtores aufgefunden wurde und den antiken Namen *Sablonetum* – „Am Sand" überliefert. Als Erbauer werden vom Statthalter abgezogene *pedites singulares* genannt, die unter dem Kommando eines *centurio* der *legio III Italica* standen. Diese Baumaßnahme ist ähnlich wie auch in Pfünz* (183/84 n. Chr.) und Böhming* (181 n. Chr.) im Rahmen eines überregional wirksamen Bauprogramms des Kaisers Commodus zu sehen. Gleichzeitig zum Ausbau in Stein erfolgte auch ein Wechsel in der Innenbebauung. Das Steinkastell besaß nur zwei Zugänge im Norden und Süden sowie auf ein Fahnenheiligtum reduzierte *principia*. Da entsprechende Verwaltungsräume fehlen, kann auf eine nicht selbstständige Einheit geschlossen werden. Ebenso ungewöhnlich ist die riesige, als Fachwerkbau errichtete Doppel-Centurienbaracke (51 m × 17 m), die rund 190 Fußsoldaten Platz bot. Obwohl *pedites singulares* als bauende Einheit des Steinkastells überliefert sind, kann es sich bei der Besatzung auch um ein 250 Mann starkes Detachement einer *cohors* gehandelt haben, wie sie etwa im 5 km entfernten Theilenhofen* stationiert war. Möglich wäre als Besatzung auch ein *numerus*, jedoch sind diese aus raetischen Inschriften bislang unbekannt. Abfälle von Metall verarbeitenden Betrieben belegen Werkstätten innerhalb des Kastells, möglich erscheint auch eine Verbindung mit dem schon während der Antike genutzten Höttinger Steinbruch. Nach dem Bau der Limespalisade und der Einrichtung von Wachtposten um 160 n. Chr. dürfte die Besatzung des Kastells auch für den Wachtdienst am

Antiker Name
Kastellum Sablonetum (Bauinschrift von 182 n. Chr.)

Forschungsgeschichte

1895	Ausgrabungen durch W. Kohl an der Umwehrung und im *vicus* (RLK)
1980–82	Archäologische Ausgrabungen durch das BLfD (Nürnberg)
2011	geophysikalische Untersuchungen durch C. Mischka (CAU/FAU)

Kastell
Holz-Erde-Kastell, errichtet um 115/125 n. Chr.
Ausbau zum Steinkastell (80 m × 90 m; 0,7 ha) unter Kaiser Commodus (182 n. Chr.) mit zwei Kastelltoren, vier Ecktürmen, zwei Gräben
Principiagebäude ist auf das Fahnenheiligtum reduziert
jüngste Funde aus dem 1. Drittel des 3. Jhs. n. Chr.

Besatzung
ca. 250 Fußsoldaten

Sichtbare Überreste
Teilrekonstruktion der Nordfront

ORL
ORL A 7, Strecke 14 (1927) 81–82

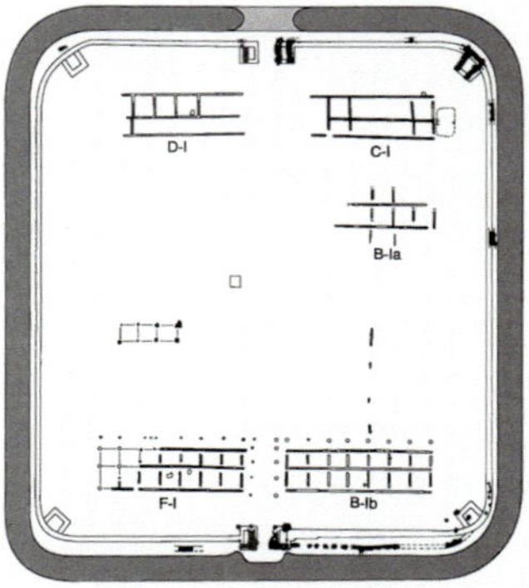

Plan des Kastells Ellingen in Periode 1 a
(älteste Bebauung, bis Mitte des 2. Jhs. n. Chr.).

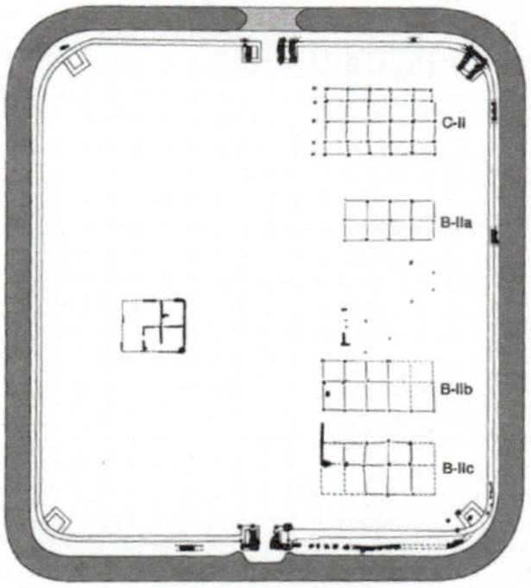

Plan des Kastells Ellingen in Periode 1 b
(erste Änderungen in der Innenbebauung um die
Mitte des 2. Jhs. n. Chr.).

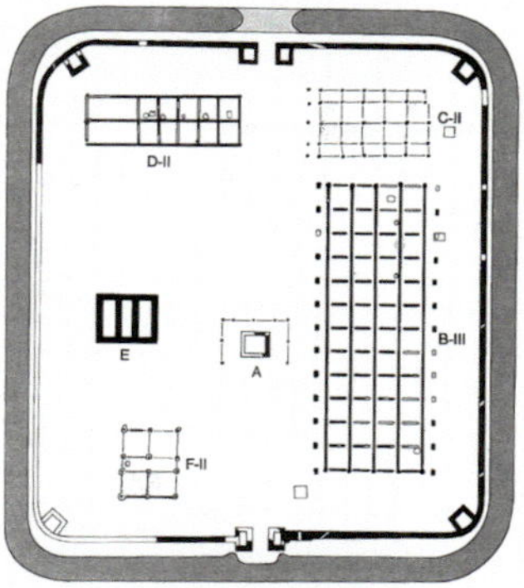

Plan des Kastells Ellingen in Periode 2
(jüngste Bebauung, ab 182 n. Chr.
[Ausbau zum Steinkastell] bis 1. Drittel des 3. Jhs.).

Luftaufnahme des Kastells Ellingen während der Ausgrabungen 1981.

Limes zuständig gewesen sein. Geophysikalische Prospektionen im Jahr 2011 zeigten, dass das vollständig ausgegrabene Kastell im Wesentlichen noch durch die Messungen erfasst werden konnte. Der Kastellplan konnte hiermit durch einen zweiten äußeren Graben ergänzt werden. Der *vicus* dehnte sich südlich und östlich vom Kastell aus. Das jüngste Fundmaterial aus dem Kastell datiert in das erste Drittel des 3. Jhs. Da die Kastelle am Raetischen Limes ab diesem Zeitpunkt nicht mehr regelmäßig mit Münzen und Feinkeramik (Terra Sigillata) versorgt wurden (vermutlich aufgrund der sinkenden Besatzungsstärken), bleibt offen, ob das Kastell vor der Mitte des 3. Jhs. geräumt wurde. *K. Ramstetter*

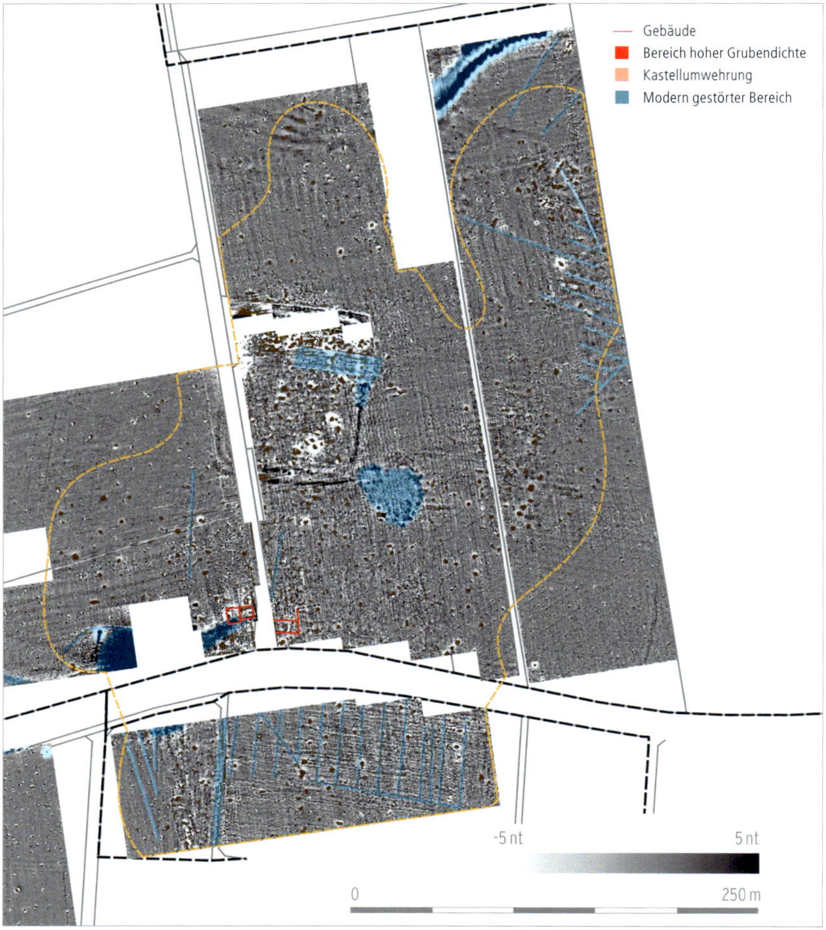

Ellingen. Gesamtplan mit magnetometrisch gemessenen Befunden.

17 Weißenburg

Virtuelle Idealrekonstruktion des römischen Nordtores von Weißenburg (2012). Im Vergleich zum zu niedrigen Tornachbau auf dem Kastellgelände wurde hier bei den Tortürmen ein Stockwerk ergänzt.

Teile des Schatzfundes von 1979.

Das als *Biricianae* überlieferte Weißenburg ca. 6,8 km hinter dem Limes ist heute einer der vielfältigsten Orte am Limes. Dabei beeindrucken einerseits die Funde, nicht zuletzt der einzigartige sog. Schatzfund von 1979 mit seinen Statuetten, Gefäßen, silbernen Votivtafeln und Vielem mehr, andererseits die teilweise im Originalbefund sichtbaren Ruinen genauso wie das als Park angelegte Kastell. Dazu kommen noch das Limesinformationszentrum zum Raetischen Limes in Bayern und die schöne mittelalterliche Stadt mit fast vollständig erhaltener Stadtmauer.

Das nach Süden orientierte Kastell auf einem Plateau oberhalb der Schwäbischen Rezat gehört zu den ersten Anlagen, die nördlich der Donau Anfang des 2. Jhs. n. Chr. errichtet wurden, und bildete das östliche Ende des Alblimes an einer Verlängerung der *Via Claudia Augusta*. Vielleicht in den 140-er Jahren wurde das Kastell in Stein ausgebaut. Als Besatzung ist die *ala I Hispanorum auriana* mehrfach belegt, vor allem auch mit einem schon 107 n. Chr. für einen Soldaten namens Mogetissa ausgestellten komplett erhaltenen und versiegelten Militärdiplom, das ihm, seiner Frau Verecunda und ihrer Tochter Matrulla das römische Bürgerrecht bescheinigte.

Antiker Name
Biricianae (Tabula Peutingeriana: *Biricianis*)

Forschungsgeschichte

1890–13	Grabungen durch W. Kohl und andere mit Weißenburger Altertumsverein und RLK im Kastell; Mauern blieben z. T. offen mit Rasensodenabdeckung oder unter Schutzdächern
seit 1914	Kastell in öffentlicher Hand, um Bebauung zu verhindern
1964/65	unsachgerechte Sanierung
1977	Entdeckung des Bades
1977, 1980–83	Ausgrabungen
1985	Eröffnung des großen Schutzbaus
1986/87	Untersuchung der Nordfront durch E. Grönke und W. Schmidt
1991	Modell des Nordtors im Maßstab 1:1
seit 2005	Neugestaltung des Kastellgeländes
seit 1867	bis heute immer wieder und besonders 1986–90 sowie 1997/98 baubedingte Ausgrabungen im Kastellvicus

Kastell
Größe 170–174 m × 179 m (2,8 bzw. 3,1 ha) mit drei Gräben
Holz- und etwas vergrößerte Steinbauphase
porta praetoria (nach Süden) und Prinzipaltore jeweils mit doppelter Durchfahrt, Nordtor einfach, in einer späten Ausbauphase mit halbrund vorspringenden Türmen, *principia* mit späten Veränderungen im rückwärtigen Bereich, *praetorium* westlich und *horreum* östlich davon, dicht gestellte Reiterbaracken

Besatzung
ala I Hispanorum auriana

Sichtbare Überreste
durch Mauern markierte Umwehrung, Tore und Türme, Modell des Nordtors im Maßstab 1:1 und Teile der anschließenden Mauer sowie der davorliegenden Gräben, Markierung der zentralen Gebäude, erläuternde Installationen
Badegebäude unter freitragendem Schutzdach konserviert, modernes Eingangsgebäude mit 3D-Einführung, im Parkplatzbereich Markierung einiger Gebäude des Kastellvicus

Museum
Römermuseum Weißenburg mit Limesinformationszentrum und Römische Thermen Weißenburg

ORL
ORL B 7, Nr. 72 (1906)

Nach den umfangreichen, nach heutigem Stand schlecht durchgeführten und dokumentierten Grabungen vor mehr als 100 Jahren und früheren problematischen Sanierungsarbeiten war es eine positive Überraschung, dass die geophysikalische Prospektion im Kastell eindeutige Aussagen zur Lage der Baracken liefern konnte – allerdings anders als nach den früheren Ausgrabungen rekonstruiert. Vielleicht hängt dies mit einem Brand, der starke Anomalien erzeugt, zusammen. Ein großes Feuer ist zumindest im *vicus* nachgewiesen. Völlig unklar ist, was den Unterschied der Weißenburger Reiter gegenüber den in Ruffenhofen*, Kösching und Pförring* stationierten Einheiten ausmachte, denn das Kastell hier war um ein Viertel kleiner und seine Baracken mit ca. 65 m Länge fast 10 m kürzer als diese dort.

Recht deutlich wird an den Markierungen im Kastell dessen stadtartige Gestaltung. Entlang der Hauptstraße (*via principalis*) waren Kommandantenwohnhaus im Westen und Speicher sowie ein Gebäude unbekannter Funktion im Osten von Säulenhallen (*porticus*) flankiert, die auf die mehr als 50 m lange Vorhalle der *principia* im Zentrum des Kastells hinführten.

Beschilderung im Kastell Weißenburg mit Silhouetten römischer Soldaten aus Cortenstahl.

Wahrscheinlich existierte jenseits der drei Gräben des Kastells ein etwa 60 m breiter Freiraum, der vermutlich als Truppenübungsplatz genutzt wurde, bevor im Westen, Süden und Osten der Kastellvicus begann. Lediglich im Norden an dem zum Tal abfallenden Hang fehlt eine Bebauung außerhalb des Kastells.

Im Osten kennen wir im Bereich der heutigen Bahn einen wahrscheinlich ausgedehnten Töpferbezirk. Im Westen fand sich entlang der aus dem Kastell nach Theilenhofen* führenden Hauptstraße eine dichte Bebauung mit bis zu 50 m langen Streifenhäusern. Reihenhausartig besaßen sie oft gemeinsame Längswände. In ihren offenen Fronten konnten Dienstleistungen und Waren, die nicht selten im rückwärtigen Teil produziert wurden, angeboten werden. Ein Brunnen im Straßenraum vor einer Parzellengrenze war sicher öffentlich.

Als offizielle Einrichtungen gab es nördlich der Straße möglicherweise ein Rasthaus (*mansio*) und am nordwestlichen Rand der Siedlung an der tiefsten Stelle direkt hinter den Häusern ein Bad. Mit insgesamt ca. 63 m

Gesamtplan Kastell und *vicus* in Weißenburg. Stand 2013.

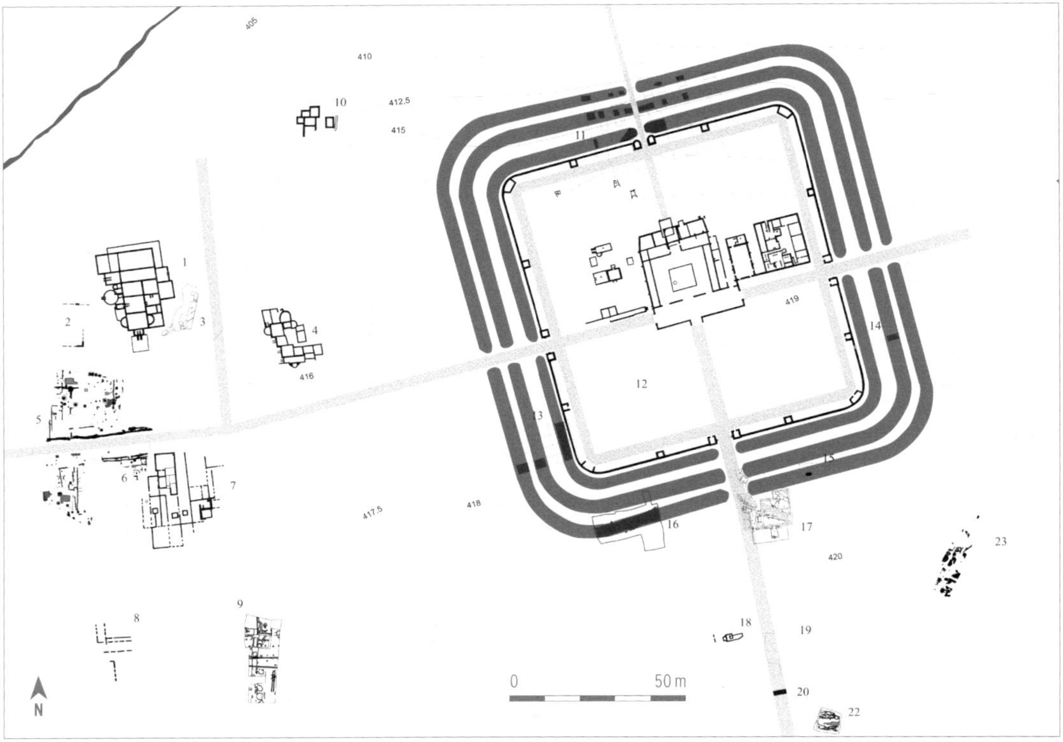

Länge ist es eines der größten bekannten römischen Gebäude überhaupt. Vielschichtige Schauprofile und mehrfach versetzte bzw. erhöhte Schwellen zeugen in ganz besonderer Weise von den Änderungen des Raumprogramms. Die benötigten Wassermengen wurden vermutlich von Süden über eine hölzerne Deichelleitung herangeführt und vielleicht in einem Tank über der Südostecke gespeichert. Gegen Ende seiner Nutzungszeit scheint das Bad deutlich verkleinert worden zu sein, vielleicht wegen nicht mehr zu reparierender Bauteile oder wegen eines Rückgangs der Nutzer im zweiten Drittel des 3. Jhs. Kastell und *vicus* waren bis zum Ende des Limes 254 n. Chr. zumindest eingeschränkt in Nutzung, dann wurden sie wohl zerstört. Jedenfalls konnten an verschiedenen Stellen abschließende Brandhorizonte beobachtet werden, auch ein Münzschatz mit Schlussmünze 252 n. Chr. deutet darauf hin. *C. S. Sommer*

Blick auf die Thermen unter dem Schutzbau.

Luftbild von Weißenburg mit Kastell und Bad (rechts unter dem Schutzdach).

Luftbild von Weißenburg mit Visualisierung von *principia* und *praetorium* sowie der Rekonstruktion des Nordtores.

18 Weißenburg – Auf der Breitung

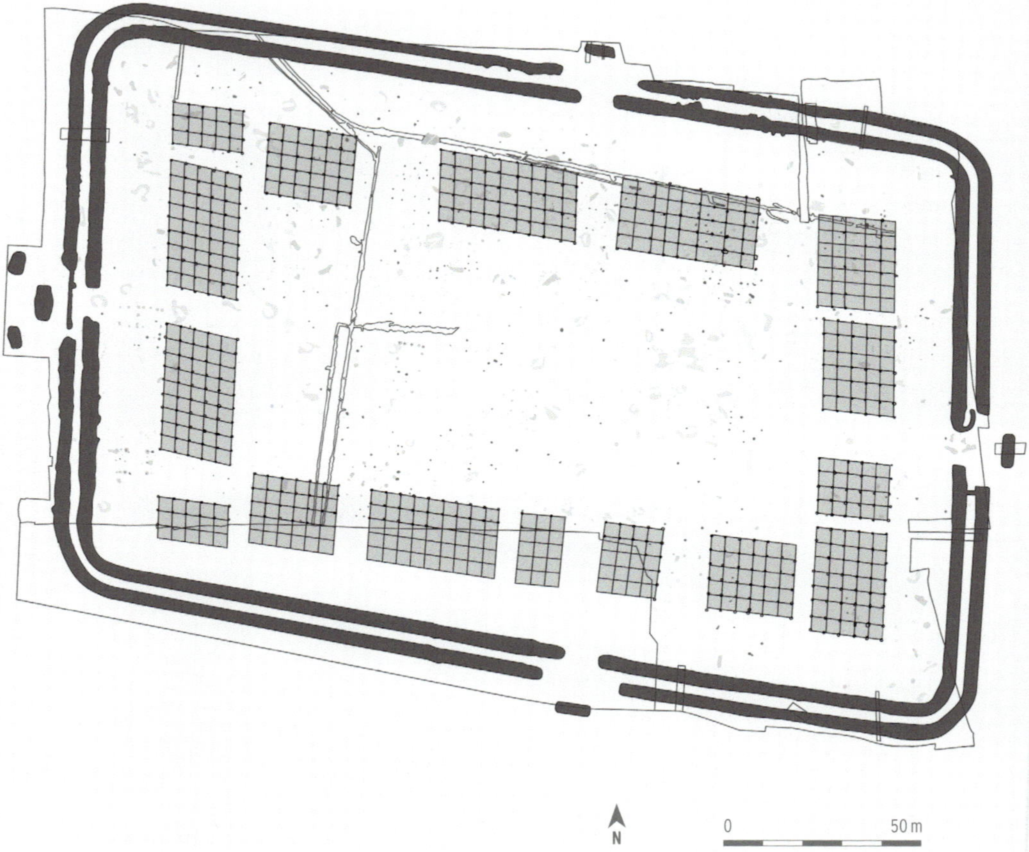

Weißenburg i. Bay., Flur „Breitung". Gesamtplan des Holz-Erde Lagers und der Spätlatène-Siedlung.

1976 entdeckte O. Braasch in Weißenburg, 1,6 km östlich des Steinkastells *Biriciana*, aus der Luft die Doppelgräben eines zweiten Lagers. In sechs Grabungskampagnen zwischen 1979 und 1991 ist das heute überbaute Holz-Erde-Kastell vollständig untersucht worden.

Das 3,0 ha große Lager war von zwei Spitzgräben umschlossen. Die vier doppelspurigen Tore wurden durch kurze vorgelagerte Gräben (*titula*) gesichert. Die Umwehrung bestand wahrscheinlich aus einer Rasensodenmauer mit aufgesetzter hölzerner Brustwehr.

Das Lager hatte eine umlaufende Innenbebauung aus 16 leichten Baracken (*hibernacula*), die für den vorübergehenden Aufenthalt einer Truppe errichtet wurden. In der Zentralfläche waren keine Gebäudespuren nachweisbar. Die Pfostenbauten waren nach einem gleichförmigen modularen Schema errichtet. Bei der Innengliederung der Bauten lassen sich zwei Varianten unterscheiden, die als Baracken für Fußsoldaten sowie Unterkünfte für *turmae* interpretiert werden können.

Die wenigen Funde sprechen für eine Errichtung und kurzfristige Nutzung des Lagers nach der Mitte des 2. Jhs. n. Chr., vielleicht im Zusammenhang mit den Ausbaumaßnahmen am Raetischen Limes oder als temporärer Standort einer Ersatztruppe für die zeitweise abgezogene *ala I Hispanorum Auriana* aus dem Weißenburger* Steinkastell. Als Besatzung kommt die *cohors VIIII Batavorum equitata milliaria exploratorum* in Frage, die auf einer Weihinschrift aus Weißenburg überliefert ist und in dieser Zeit vielleicht in Ruffenhofen* stationiert war. *C.-M. Hüssen*

Forschungsgeschichte
1976 Entdeckung des Kastells
1979–91 fast vollständige Ausgrabung durch C.-M. Hüssen (RGK)

Kastell
Holz-Erde-Kastell (240 m × 160 m; 3,0 ha), etwas schiefwinklig, nach Westen ausgerichtet, zwei Gräben mit *titula* vor den Eingangsunterbrechungen, Rasensodenmauer mit hölzerner Brustwehr, vier doppelspurige Tore, Innenbebauung aus 16 leichten Baracken
Errichtung nach Mitte 2. Jh. n. Chr.

Besatzung
cohors VIIII Batavorum equitata milliaria exploratorum (?)

Keine sichtbaren Überreste

19 Oberhochstatt

Blick über den Bereich der Kastelle in Oberhochstatt Richtung Weißenburg, links die Wülzburg.

Rund 1,3km südlich des Limes konnten 2009 und 2011 in Oberhochstatt zwei römische Kastelle mittels geophysikalischer Prospektion nachgewiesen werden. Bereits vier im Jahre 1833 aufgefundene 9cm hohe Bronzebuchstaben einer ehemaligen Bauinschrift ließen dort ein Kastell vermuten, das bei Probegrabungen 1920 durch F. Winkelmann jedoch nicht lokalisiert werden konnte. Das nördliche Steinkastell misst bei einer quadratischen Ergänzung des Grundrisses 60m×60m (mind. 0,36ha). Die Messungen mit dem Bodenradar konnten an der südöstlichen Kastellecke eine zum Teil in den Graben verstürzte Umwehrung wahrscheinlich machen. Bemerkenswert ist, dass auf der prospektierten Fläche im Umkreis von bis zu 150m keine Spuren einer Vicusbebauung nachgewiesen werden konnten. Bei Ausgrabungen im Jahr 2006 wurden 200m östlich des Steinkastells Reste eines Steingebäudes dokumentiert, die am ehesten einer Vicusbebauung zuzuschreiben sind. Bei einer 100m südlich des Steinkastells gelegenen rechteckigen Struktur könnte es sich um ein früheres Holz-Erde-Lager handeln. Die regelmäßige Anlage des Grabengevierts und eine identische Ausrichtung wie das Steinkastell würden diese These stützen. Da im Inneren der Struktur jedoch nur wenige Bebauungsspuren gemessen wurden, kann auch eine alternative Deutung als hallstattzeitlicher Herrenhof nicht grundsätzlich ausgeschlossen werden.

Im unmittelbaren Vorfeld konnten bis zu 14 ein- bis dreischiffige Pfostenbauten nachgewiesen werden, die sich teilweise überlagern und eine uneinheitliche Ausrichtung besaßen. Da diese Strukturen keinem römischen Bebauungsmuster entsprechen und weiter östlich latènezeitliches Fundmaterial aufgesammelt werden konnte, ist hier eher eine Siedlung der Latènezeit

Forschungsgeschichte

1833	Auffindung von Bronzebuchstaben einer Inschrift durch Bauer M. Hemeter
1920	Probegrabungen durch F. Winkelmann (RLK)
1983	irrtümliche Lokalisierung des Kastells durch O. Braasch
2006	Entdeckung eines Steingebäudes der Vicusbebauung bei Notgrabungen
2009	geophysikalische Prospektion im Bereich des Steinkastells durch J. Faßbinder (BLfD)
2011	geophysikalische Prospektion im Bereich des vermuteten Holz-Erde-Kastells durch C. Mischka (CAU)

Kastell

vermutlich römisches Holz-Erde-Kastell (mind. 80 m × 80 m; 0,64 ha) mit einfachem Graben
Steinkastell (ca. 60 m × 60 m; mind. 0,36 ha) mit Ecktürmen, im prospektierten Bereich jedoch keine Tore erkennbar
wenig datierendes Fundmaterial aus der Mitte des 2. Jhs. und der 1. Hälfte des 3. Jhs. n. Chr

Besatzung

unbekannt; evtl. Detachement einer *cohors* oder *ala*

Keine sichtbaren Überreste

anzunehmen. Wenige Oberflächenfunde von Terra Sigillata weisen eine römische Anwesenheit in Oberhochstatt spätestens ab der Mitte des 2. Jhs. nach. Die Bronzelettern waren ursprünglich Bestandteile einer Inschriftentafel. Vergleichbare Funde aus den obergermanischen Kastellen Holzhausen und Saalburg werden historisch mit einer Inspektionsreise Caracallas im Jahr 213 n. Chr. verknüpft, sodass eine Datierung dieser Funde aus Oberhochstatt in die erste Hälfte des 3. Jhs. wahrscheinlich ist. Beide Oberhoch-

Oberhochstatt. Magnetometrisch gemessene Flächen und interpretierte Befunde im Geländemodell.

statter Kastelle zählen mit Flächeninhalten von mindestens 0,4 ha bzw. 0,6 ha zur Kategorie der sog. Numeruskastelle, die sich in Raetien in geringer Entfernung zum Limesverlauf und im Vorfeld der größeren Alen- und Kohortenkastelle befanden. Die Anlage eines Militärstandortes auf der Albhochfläche war strategisch gewählt, da von dort eine Sichtverbindung zu den tiefer gelegenen Kastellen in Weißenburg*, Dambach* und Theilenhofen* möglich war. *K. Ramstetter*

Entzerrtes Luftbild mit Magnetogrammen. Blickrichtung von Nordosten.

20 Burgsalach

Das römische Gebäude „in der Harlach" aus der Luft.

An der wichtigen Straße von Weißenburg / *Biricianae** nach Pfünz / *Vetoniana** befanden sich auf der Albhochfläche das unter der Bezeichnung „Burgus in der Harlach" bekannte Gebäude und ein Holz-Erde-Lager. Die im Luftbild noch gut erkennbare Straßentrasse, die bis Kaldorf durchschnittlich in 1,5 km Entfernung parallel zum Limes verläuft, war in regelmäßigem Abstand von Steinwachttürmen gesäumt. Vermutlich war dieser Straßenabschnitt Teil eines zurückgenommenen Limesverlaufs des 3. Jhs., jedoch lässt sich dies aufgrund bislang fehlender Datierungsmöglichkeiten nicht belegen.

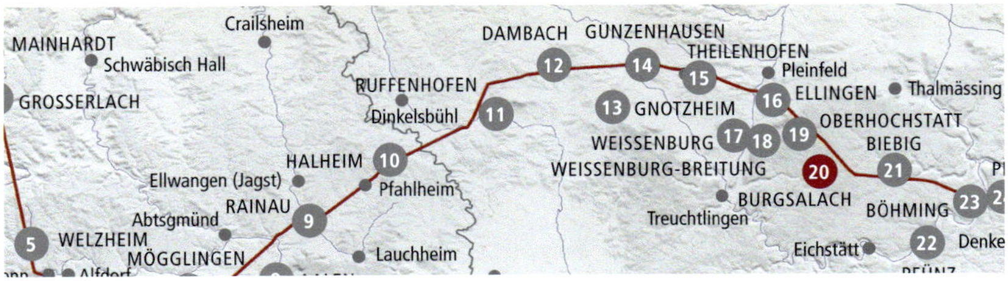

In der Flur Bauernschlag direkt an der römischen Straße liegt ein mehrphasiges Erdlager mit einer Größe von 1,0 ha, in dessen Nordwestecke sich ein kleineres Lager mit nur ca. 50 m Seitenlänge befindet. Beachtung verdienen vor dem Hauptgraben eingetiefte *titula* (vorgelagerte Grabenabschnitte), die vor jedem Lagerzugang gemessen wurden. Das Lager wurde 1978 anhand von Luftbildern erkannt und im Jahre 2008 per Magnetometermessung prospektiert. Die Befundleere im Inneren wie auch die *titula* sprechen am ehesten für die Deutung eines temporären Feldlagers. Diese kurzfristige Nutzung legt auch das Fehlen einer Vicusbebauung in dessen Umkreis nahe, wie weitere geophysikalische Messungen der Universität Kiel (2011) ergaben. Am Raetischen Limes hat nur noch das Holz-Erde-Lager in Weißenburg „Auf der Breitung"* *titula* im Vorfeld der Tore. 350 m nördlich des Erdlagers und 100 m nördlich der limeszeitlichen Straße liegt der sog. *burgus*, ein fast quadratisches Gebäude mit halbkreisförmigem Torhof (0,10 ha). Die etwa gleich großen Räume im Inneren wurden entlang der Außenmauer angebaut, das Zentrum der Anlage ist als offener Innenhof mit zwei Zisternen gestaltet. In der Sichtachse des Doppeltores befindet sich ein apsidialer Raum, der nachträglich eingebaut wurde, jedoch nicht zwingend als *aedes* eines Kleinkastells gedeutet werden muss. Ein Umwehrungsgraben

Burgsalach „in der Harlach"
Forschungsgeschichte

1790/1800	Untersuchungen durch I. Pickel und M. Redenbacher
1916–17	Ausgrabungen durch F. Winkelmann (RLK)
2008	Sondagen zur Klärung des Erhaltungszustandes der römischen Bausubstanz (BLfD)

burgus
Maße: 32 m × 32 m (0,1 ha) mit halbkreisförmigem Torhof und peristylartigem Innenhof
Datierung von der Mitte des 2. bis zur Mitte des 3. Jhs., Zerstörung durch ein Schadfeuer wahrscheinlich um die Mitte des 3. Jhs.
mögliche Interpretation als Unterkunftshaus (*mansio*), Beneficiarier-Station oder Kleinkastell an einer mit Wachttürmen befestigten Limesstraße
Sichtbare Überreste

1965	z. T. falsche Aufmauerung der römischen Mauerreste
2008	erneute Konservierungsmaßnahmen und Nachgrabungen durch das BLfD

Temporäres Feldlager in der Flur Bauernschlag
Forschungsgeschichte

1978	Entdeckung des Holz-Erde-Kastells durch Luftbilder
2008	geophysikalische Untersuchungen im Kastellbereich durch J. Faßbinder (BLfD)
2011	geophysikalische Untersuchungen im Außenbereich des Kastells durch C. Mischka (CAU)

Kastell
Holz-Erde-Kastell mit den Maßen 113 m (109 m) × 97 m (93 m) (1,0 ha), in der Nordwestecke kleineres Lager mit einer Seitenlänge von 50 m × 50 m; vor den Toren *titula*; Lage an der Verbindungsstraße zwischen Weißenburg* und Pfünz*
Datierung unbekannt
Keine sichtbaren Überreste

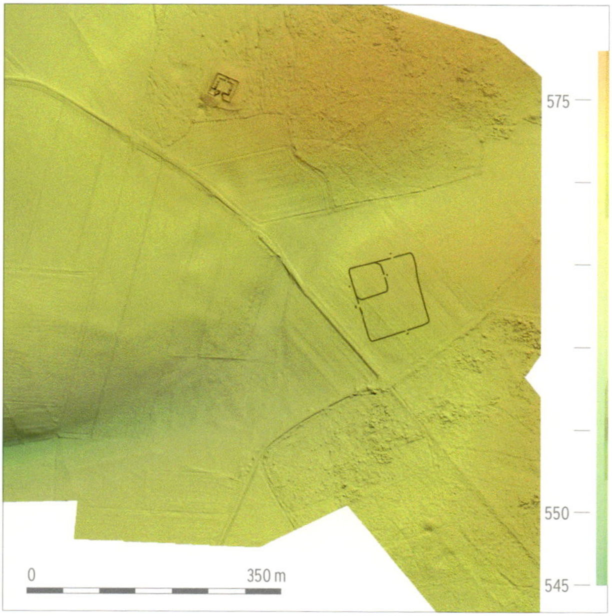

Digitales Geländemodell von Burgsalach mit dem Gebäude in der Harlach und dem Kastell in der Flur Bauernschlag.

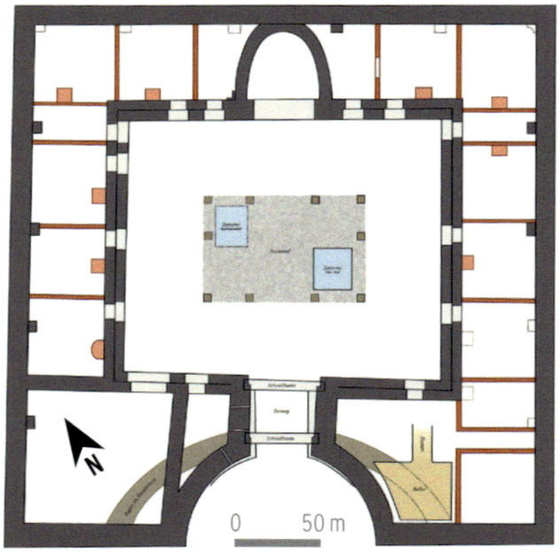

Plan des Gebäudes in der Harlach.

Erhaltungszustand des Gebäudes in der Harlach bei den Ausgrabungen im Jahre 1916. Im Vordergrund Apsis, dahinter Lichthof und Südflügel, Blick von Nordnordosten.

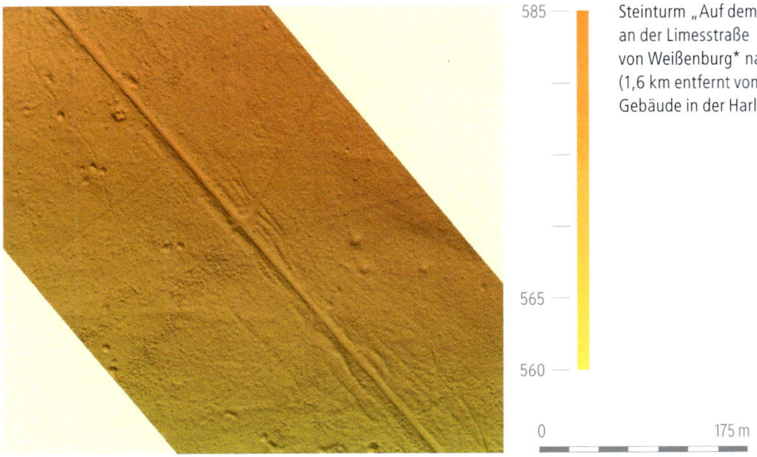

Steinturm „Auf dem Steinbuck" an der Limesstraße von Weißenburg* nach Pfünz* (1,6 km entfernt vom Gebäude in der Harlach).

konnte bei den Ausgrabungen F. Winkelmanns in den Jahren 1916–17 nicht nachgewiesen werden. Zu einem späteren Zeitpunkt wurden der Torhof verengt und Herdstellen in den einzelnen Räumen angelegt. Auf historischen Aufnahmen sind die Mauern noch bis zu 3 m hoch erhalten, sodass von einer Zweigeschossigkeit ausgegangen werden darf. Wegen Ähnlichkeiten mit militärischen Anlagen in Nordafrika und im Nahen Osten wurde die Errichtung des sog. Kleinkastells bisher im Zusammenhang mit Truppenverschiebungen gesehen. Jüngste Untersuchungen durch J. Peuser zeigen, dass bauliche Elemente wie der Torhof und der peristylartige Innenhof auch in der zivilen Architektur vorkommen. Im direkten Kontext zur Straße mit Wachttürmen und Limesverlauf ist eine Funktion im öffentlichen oder militärischen Bereich jedoch am wahrscheinlichsten, z. B. als Unterkunftshaus (*mansio*) des *cursus publicus*, Beneficiarier-Station oder Kleinkastell. Solche Wechselstationen waren nur ausgewählten Personen im Staatsdienst vorbehalten, die mit der Übermittlung von Nachrichten und dem Gütertransport beauftragt waren. Zumindest lassen die Einbauten von Herdstellen in den gleich großen Raumeinheiten an eine mögliche Umnutzung des Gebäudekomplexes durch das Militär denken. Da Funde aus den Altgrabungen der RLK weitgehend fehlen, kann nur eine allgemeine Datierung von der Mitte des 2. bis zur Mitte des 3. Jhs. gegeben werden. Brandschutt und verkohlte Holzreste in der Türlaibung sprechen für ein Ende der Anlage durch ein Brandereignis. In einiger Entfernung zum Limes befand sich auf einer flachen Anhöhe mit guter Sicht in das Vorgelände der Wachtposten WP 14/48. Wenige Meter von den konservierten Resten eines jüngeren Steinturms (4,7 m × 4,7 m) entfernt wurde an der Originalfundstelle eines hölzernen Wachtturms 1971/72 ein Nachbau in Blockbauweise rekonstruiert. Die fachgerechte Rekonstruktion des Holzwachtturms ist nach heutigem wissenschaftlichem Maßstab anzuzweifeln. *K. Ramstetter*

21 Limes bei Biebig (Titting)

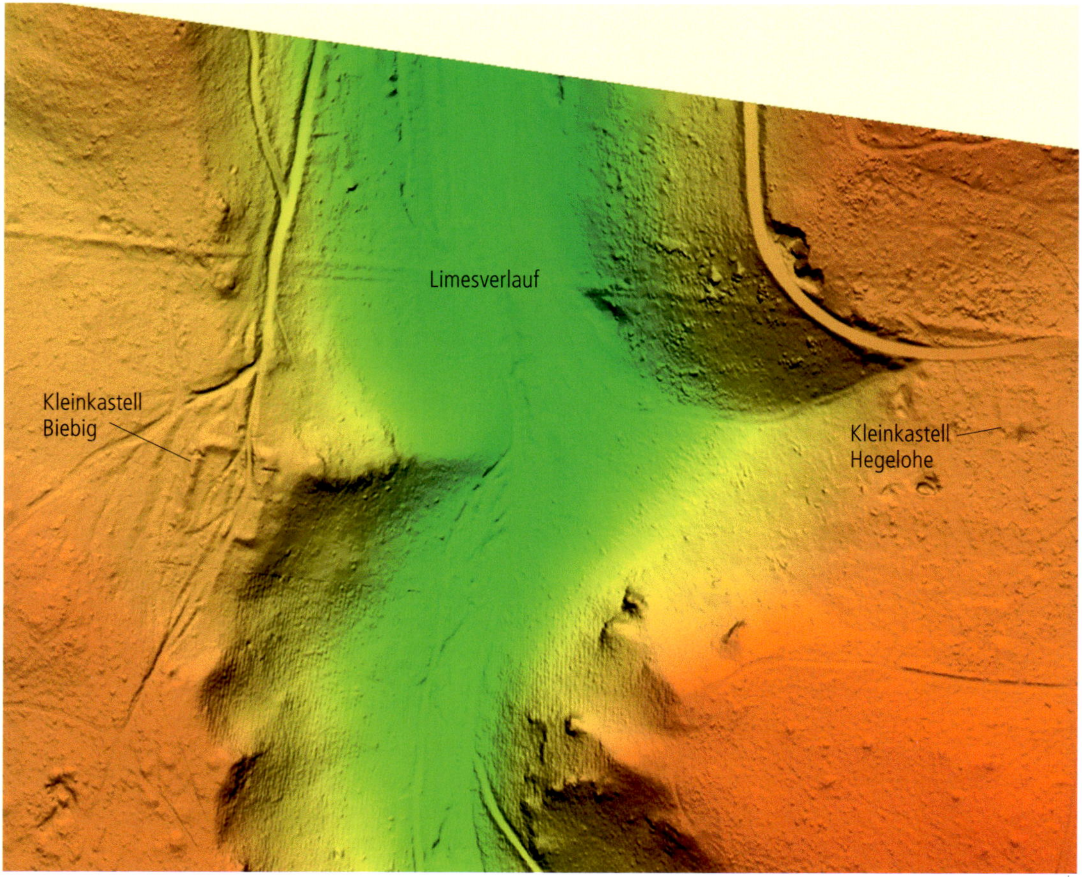

Digitales Geländemodell mit sichtbarem Wallgeviert des Kleinkastells Biebig. Am rechten Bildrand ist das Kleinkastell Hegelohe auf der östlichen Seite des östlichen Wassertals noch schemenhaft zu erkennen.

Zwischen dem heutigen Kaldorf und Hirnstetten zieht die Raetische Mauer geradlinig über die Albhochfläche hinweg, die durch das östliche und westliche Wassertal, Seitentälern des Anlauter Bachs, zergliedert ist. Am Ortsrand von Erkertshofen vermutet man den Wachtposten 14/63, der heute als dreigeschossiger Steinturm aus Kalkbruchsteinen rekonstruiert ist. 950 m weiter östlich befand sich der Wachtposten 14/64, eine sog. Doppelturmstelle mit relativ guter Erhaltung, an der ein älterer Holzturm durch einen Steinturm ersetzt wurde. Im Inneren konnte E. Fabricius 1926 noch zwei Feuerstellen im Erdgeschoss des Steinturms nachweisen, der jedoch – wie bei Wachttürmen üblich – nicht über einen ebenerdigen Eingang verfügte, sondern nur vom Obergeschoss aus zu erreichen war. Der Holzturm war von einem viereckigen Graben umgeben und wird von der späteren Limesmauer geschnitten. 600 m östlich schließt Wachtposten 14/65 an, der sich an den westlichen Hang des westlichen Wassertals schmiegt. Die Ausgrabungen an dieser Turmstelle reichen in das Jahr 1846 zurück, als S. Mutzl erste Feldforschungen unternahm. Der Steinturm befindet sich 18 m hinter der Mauer und wies ebenerdig zwei Feuerstellen auf. Die Stelle des älteren Holzturms war 1926 noch als 1,7 m hoher Hügel sichtbar und lag 7 m hinter dem Limesverlauf. Durch das rund 80 m tiefere Wassertal zieht die Raetische Mauer geradlinig und ist im bewaldeten Gelände noch gut erhalten. Im westlichen wie auch im östlichen Wassertal wird diese im abschüssigen

Forschungsgeschichte

um 1800	Forschungen durch M. Redenbacher
um 1816	Forschungen durch F. A. Mayer
1846	Ausgrabungen am WP 14/65 durch S. Mutzl
1918–19, 1926	Forschungen und Ausgrabungen des Streckenkommissars F. Winkelmann im Raum Eichstätt (RLK)

Turmstellen

WP 14/63 archäologisch nicht nachgewiesen, am östlichen Ortsrand von Erkertshofen, einziger rekonstruierter Steinturm am Raetischen Limes

WP 14/64 älterer Holzturm (4,6 m × 4,6 m) mit viereckigem 0,5 m tiefem Graben von der Mauer überlagert; Steinturm (6,4 m × 7,8 m)

WP 14/65 Holzturm als 1,7 m hoher Hügel mit 0,6 m tiefem Ringgraben im Gelände erkennbar; Steinturm (6,4 m × 5,6 m) 18 m freistehend hinter der Raetischen Mauer

WP 14/66 Steinturm (4,9 m × 6,9 m) 8,5 m freistehend hinter der Raetischen Mauer; 1926 Graben der Holzturmstelle noch erkennbar

WP 14/67 vermutet

WP 14/68 Holzturm (ca. 4 m × 4 m) wird durch die spätere Mauer geschnitten; 8 m davon entfernt Steinturm (6,1 m × 5,4 m) eingebunden in Limesmauer

Kleinkastell Biebig

100 m hinter dem Limes Kleinkastell (39 m [36 m] × 42 m; 0,16 ha) mit abgerundeten Ecken

Kleinkastell Hegelohe

20 m hinter dem Limes
quadratisches Steingeviert (20 m × 20 m; 0,04 ha) mit spitzwinkligen Ecken

ORL

ORL A, Strecke 14 (1927) 100–108

Gelände an der Innenseite im durchschnittlichen Abstand von 6,8 m durch 0,7 m zurückspringende Pfeiler verstärkt. An der Talsohle weist der Mauerzug drei Wasserdurchlässe auf, um ein Abfließen des Hangwassers bei Starkregen oder Schneeschmelze zu ermöglichen.

Auf der Hochfläche zwischen beiden Tälern befinden sich im Waldbezirk Biebig am Rande zum östlichen Wassertal Wachtposten 14/66 und das Kleinkastell Biebig, das mit 100 m Entfernung zum Limes bereits erstaunlich weit in rückwärtiger Position lag. Von der Doppelturmstelle 14/66 aus war das östliche Wassertal zu überblicken. Das Kleinkastell (0,16 ha) mit einer 2,3 m starken, nicht gemörtelten Umwehrung aus Bruchstein diente wahrscheinlich dazu, eine Verkehrsverbindung in das Barbaricum zu kontrollieren. Die Bedeutung dieses Verkehrsweges unterstreicht auch ein weiteres Kleinkastell bei Hegelohe auf der gegenüberliegenden Seite des östlichen Wassertals. Das Kleinkastell Hegelohe (0,04 ha) ist quadratisch mit spitzwinkligen Ecken und besitzt einen 3,2 m breiten Eingang, der von Wangenmauern eingefasst ist. Das Kleinkastell liegt rund 20 m hinter der Raetischen Mauer und ist schräg zu dieser orientiert. Unweit des Kleinkastells wird heute der bislang nur hypothetisch angenommene Wachtposten 14/67 lokalisiert. Ungefähr 700 m östlich hiervon liegt Wachtposten 14/68 auf einer kleinen Anhöhe. Der Steinturm ist in die Limesmauer eingebunden, der als Erhebung noch im Gelände sichtbare Holzturm liegt unter der Raetischen Mauer. *K. Ramstetter*

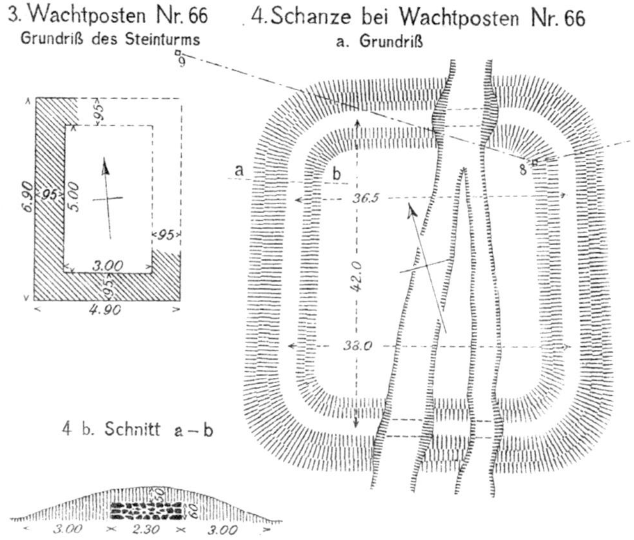

Plan des Kleinkastells Biebig und des direkt am Limes liegenden Wachtpostens 14/66.

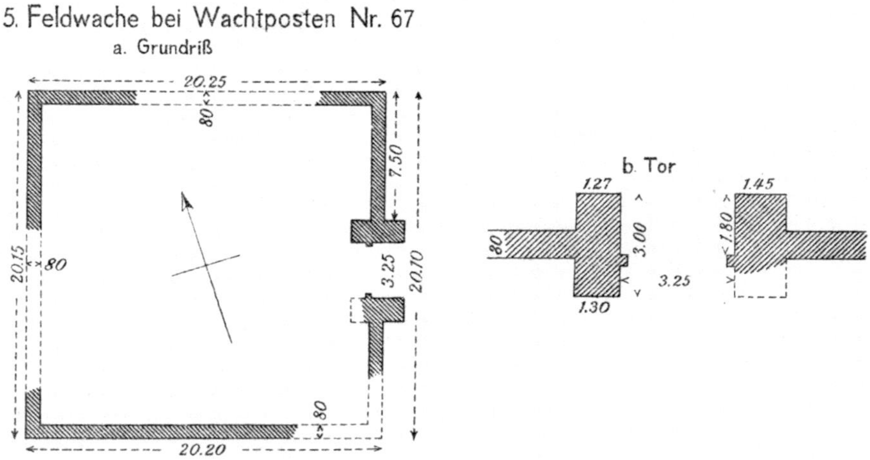

Plan des Kleinkastells Hegelohe.

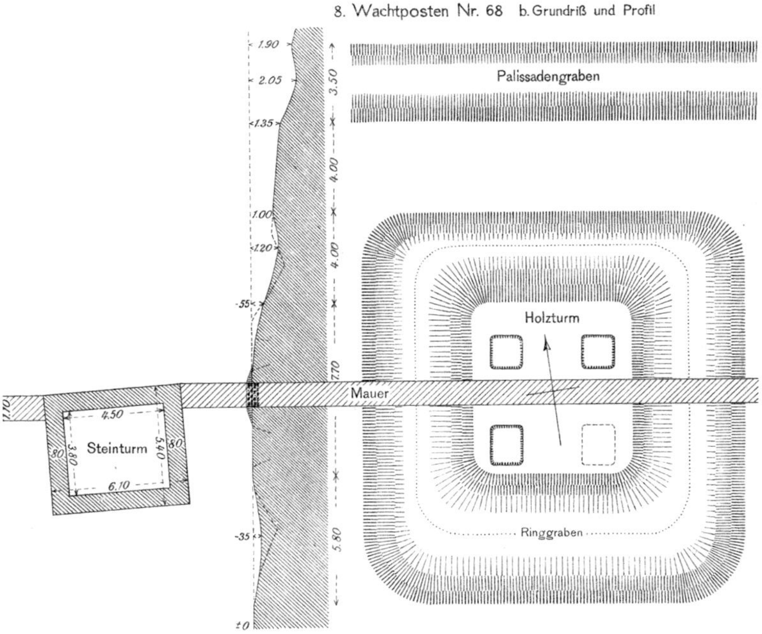

Plan der Doppelturmstelle WP 14/68.

22 Pfünz (Walting)

Luftbild des Kastells Pfünz mit teilrekonstruierter Prätorialfront. Blick von Süden.

Bauinschrift für Antoninus Pius (138–161), gefunden 1888 zwischen dem Schutt in der *porta principalis sinistra* (Umschrift: *Imp(eratori) Cae(sari) Tito Ael(io) Hadr(iano) Antonino Aug(usto) Pio coh(ors) I Br(eucorum) c(ivium) R(omanorum)*).

Das Kastell wurde auf einem Sporn der Albhochfläche, der im Westen von der Altmühl und im Osten vom Pfünzer Bach umschlossen wird, um 120 n. Chr. errichtet. Pfünz befand sich in 11 km Entfernung zum Limes an einer wichtigen Straßenkreuzung zwischen Weißenburg* und Kösching, nach Norden konnte das Kastell Böhming* erreicht werden. Das Kastell ist aufgrund eines Messfehlers als Parallelogramm mit den Maßen 187–189 m × 144–145 m (2,5 ha) angelegt worden. Es wird von zwei teilweise in den Jurakalk eingeschlagenen Wehrgräben umgeben. Die Grabungen F. Winkelmanns konnten unter der nördlichen *porta praetoria* sowie unter der *porta decumana* im Süden Reste eines hölzernen Vorgängerbaus mit gleicher Ausrichtung und Größe feststellen. Der Steinausbau datiert in die Regierungszeit des Kaisers Antoninus Pius (138–161), wie eine Inschrift aus dem Schutt der *porta principalis sinistra* zeigt, die als bauende Einheit die teilberittene und 500 Mann starke *cohors I Breucorum civium Romanorum* nennt. Eine weitere Bauinschrift derselben Einheit stammt auch aus dem Jahre 183/184 n. Chr., ohne genaue Nennung der Baumaßnahme. Diese Einheit war zusammen mit Soldaten der *legio III Italica* aus Regensburg* auch am Steinausbau des Kastells Böhming* im Jahre 181 n. Chr. beteiligt. Bei den Grabungen der Jahre 1884–1900 wurden die Umwehrung, die *principia*, wie auch ein *horreum* ausgegraben, in dem sich noch Reste von verkohltem Getreide befanden. Ebenso waren Spuren gewaltsamer Zerstörung in einer flächigen Brandschicht fassbar, die auch im *vicus* nachgewiesen werden

Antiker Name
Vetoniana (?) (Tabula Peutingeriana)

Forschungsgeschichte

1809	erste Ausgrabungen durch J. N. von Raiser
1884–1900	flächige Ausgrabungen des Kastells und im *vicus* durch F. Winkelmann
2000	Magnetometermessungen durch H. Becker (BLfD), Auswertung 2007 durch J. Faßbinder (BLfD)
2011	Magnetometermessungen durch C. Mischka im *vicus* (CAU)

Kastell
Holz-Erde-Kastell unter Hadrian errichtet
Steinkastell (187–189 m × 144–145 m; 2,5 ha), Ausbau unter Antoninus Pius mit vier Kasteltoren
Lage an einer wichtigen Straßenkreuzung zwischen Weißenburg* und Kösching, und Verbindung nach Böhming*
gewaltsame Zerstörung durch ein Schadfeuer, jüngste Münze von 235 n. Chr., Auflassung im Zuge der Aufgabe des Raetischen Limes um die Mitte des 3. Jhs.

Besatzung
Nennung der teilberittenen und 500 Mann starken *cohors I Breucorum civium Romanorum* auf einer Bauinschrift für Kaiser Antoninus Pius (138–161) und einer weiteren Inschrift des Jahres 183/184 n. Chr.

Sichtbare Überreste
Wall und Gräben im Gelände sichtbar

1992–94	Wiederaufbau der Nordfront auf den antiken Mauerresten

ORL
ORL B 7, Nr. 73 Pfünz (1901)

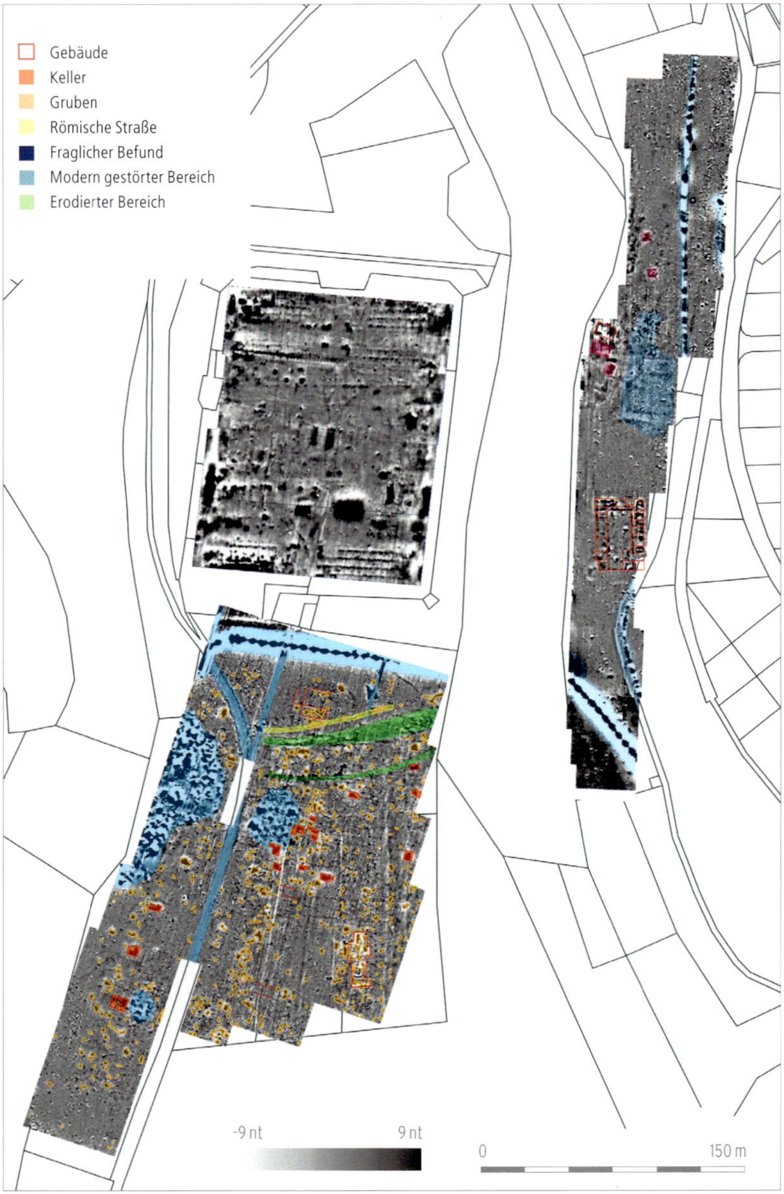

Pfünz. Magnetogramm des Kastell- und Vicusbereiches mit Interpretation der Messungen.

Pfünz. Magnetometrisch gemessene Flächen und interpretierte Befunde im Geländemodell.

Blick über das Kastell von Süden.

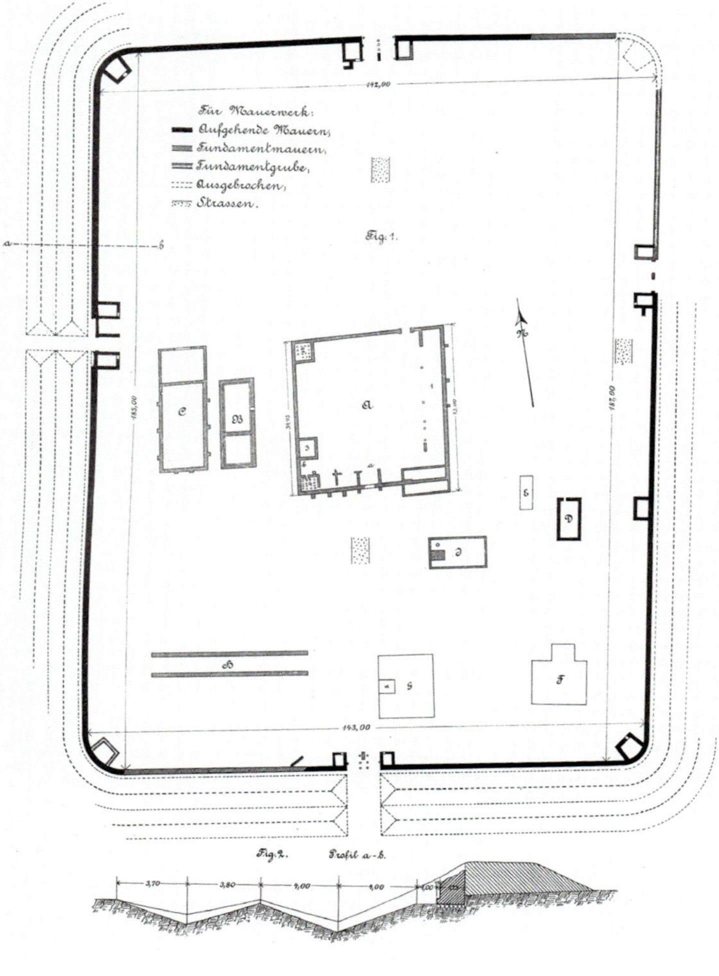

Kastellplan mit Befunden der Grabungen F. Winkelmanns.

konnte. Im Graben vor der *porta principalis sinistra* konnten zwei Brandschichten festgestellt werden, die jedoch nicht datiert werden können. Bemerkenswert ist, dass diese Tordurchfahrt mit 70 cm starkem Bruchsteinmauerwerk verschlossen war. Magnetometermessungen des Jahres 2000 lieferten Erkenntnisse zu sechs Mannschaftunterkünften, die gut mit Baracken aus Theilenhofen* und Pförring* verglichen werden können. Der *vicus* erstreckte sich 400 m südlich des Kastells entlang der Straße und im Osten auf einer Niederterrasse des Pfünzer Baches. Im Südvicus konnten ein Heiligtum für Iupiter Dolichenus mit Inschriften und Votivblechen, die den aus dem Orient stammenden Kult für den Soldatengott dort bezeugen, sowie zwei weitere Heiligtümer ausgegraben werden. Auf dem Kirchberg befand sich in exponierter Lage ein römischer Rundtempel, der zu Beginn des 13. Jhs. mit einer Kapelle überbaut wurde.

Im Osten wird ein Handwerkervicus verortet, jedoch sind dort nur ein Badegebäude und eine *mansio* bekannt, die sich im Luftbild und bei Magnetometermessungen (2011) abzeichneten. Das Badegebäude wurde wahrscheinlich im 3. Jh. durch die Vermauerung mehrerer Räume nur noch in geringem Umfang genutzt und dürfte das Zeugnis einer schwindenden Vicusbevölkerung sein. Die jüngste Münze wurde unter Maximinus Thrax (235/236 n. Chr.) geprägt, ein Hortfund aus dem Dolichenum endet mit einer Münze des Severus Alexander (232 n. Chr.). Eine Zerstörung des Kastells und seines Umfeldes wird um die Mitte des 3. Jhs. angenommen.
K. Ramstetter

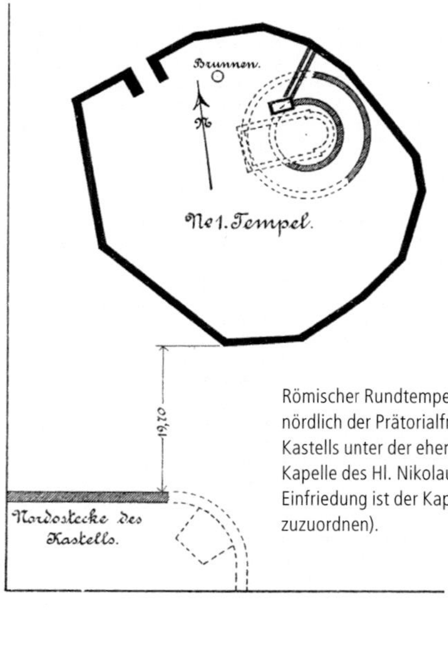

Römischer Rundtempel nördlich der Prätorialfront des Kastells unter der ehemaligen Kapelle des Hl. Nikolaus (die Einfriedung ist der Kapelle zuzuordnen).

Votivblättchen mit einpunktierter Inschrift aus dem Dolichenus-Tempel: I(ovi) o(ptimo) m(aximo) Doloceni Demittius sacerdos d(onum) d(edit).

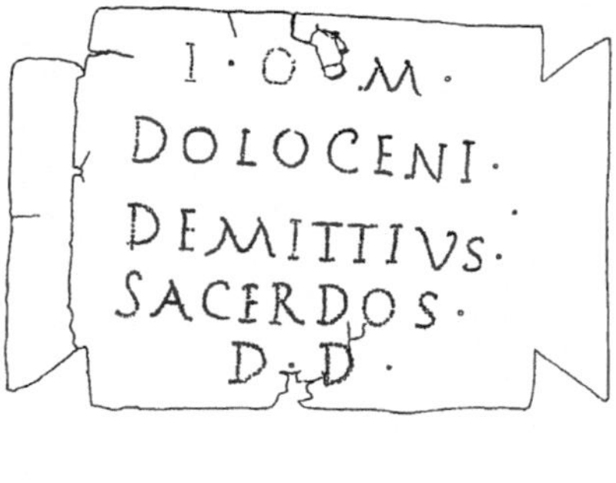

23 Böhming (Kipfenberg)

In den Ruinen der *principia* des Kastells wurde im Mittelalter die erste Ortskirche von Böhming errichtet. Der Verlauf der Kastellmauern ist durch deutliche Geländeerhöhungen noch gut erkennbar.

Bauinschrift des Steinkastells mit Angaben der ausführenden Truppen und der unterschiedlichen Baulose.

Das Kastell Böhming wurde kurz nach der Mitte des 2. Jhs. n. Chr. in Holz-Erde-Bauweise 0,9 km südlich des Limesverlaufs im Altmühltal errichtet. Historische Überlegungen legen die Kastellgründung um 160 n. Chr. noch vor dem Palisadenbau im Jahre 165 n. Chr. nahe. Reste des Holz-Erde-Kastells wurden 1905 durch F. Winkelmann als Ascheschicht unter dem Wall der Steinbauphase erfasst. Dieses Kastell maß, wie auch das Steinkastell, 78 m × 95 m (0,74 ha) und war mit der *porta praetoria* Richtung Nordwesten orientiert, besaß aber im Gegensatz zur Steinbauphase einen hölzernen Wehrgang ohne Wallanlage. Den Ausbau des Lagers in Stein belegt eine commoduszeitliche Inschrift aus dem Jahr 181 n. Chr., die mit großer Wahrscheinlichkeit auf ein zuvor erfolgtes Brandereignis zurückzuführen ist. Als den Umbau ausführende Einheiten werden eine Vexillation der in Regensburg ansässigen *legio III Italica* und die teilberittene in Pfünz stationierte *cohors I Breucorum* genannt. In diesem Zusammenhang sei auch auf Bauinschriften aus dem Kastell Ellingen/*Sablonetum** des Jahres 182 n. Chr. und Pfünz* von 183/184 n. Chr. hingewiesen, die unter Kaiser Commodus (180–192 n. Chr.) eine vermehrte Bautätigkeit an raetischen Limeskastellen bezeugen. Das Steinkastell besaß vier Tore und war von zwei Gräben umgeben. Da Teile des Kastells durch die Kirche und den Friedhof überdeckt sind, konnte das Kastell nicht vollständig geophysikalisch prospektiert werden. Bei den Magnetometermessungen im Jahr 2008 konnten drei Mannschaftsunterkünfte festgestellt werden. Im Friedhofsgelände kann eine

Kastell Böhming

Forschungsgeschichte

1818	ortskundiger Pfarrer F. A. Mayer vermutet ein Kastell in Böhming
1898, 1905	Forschungen F. Winkelmanns
1940	Grabungen im Bereich der *principia* und im Gräberfeld durch A. Gäck
1974	Grabungen im *vicus* durch K.H. Rieder
2007–08	baubegleitende Beobachtungen im Kastellbereich und im *vicus*
2008	Magnetometermessungen durch J. Faßbinder (BLfD)

Kastell

Errichtung des Holz-Erde-Kastells um 160 n. Chr.
Zerstörung der Holz-Erde-Phase durch ein Schadfeuer 170–180 n. Chr.
Ausbau zum Steinkastell (78 m × 95 m; 0,74 ha) unter Commodus (181 n. Chr.), vier Kastelltore, vier Ecktürme, zwei Gräben
Zerstörung des Kastells und vermutliche Aufgabe um die Mitte des 3. Jhs.

Besatzung

unbekannter 200 Mann starker *numerus* oder Detachement der in Pfünz stationierten teilberittenen *cohors I Breucorum*

Sichtbare Überreste

bis zu 1,5 m hoher Wall im Gelände sichtbar; das Kastell ist teilweise von der heutigen Kirche mit Friedhofsareal überdeckt

Museum

Römer- und Bajuwarenmuseum Burg Kipfenberg

ORL

ORL B 7, Nr. 73a (1907)

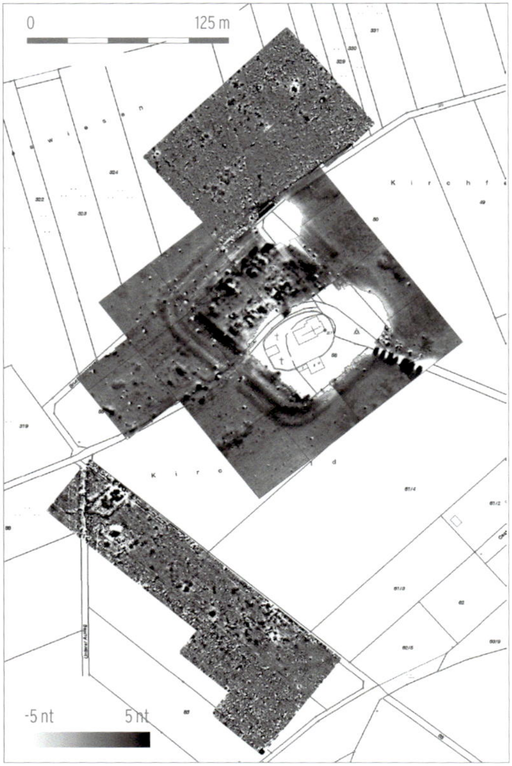

Böhming. Magnetogramm des Kastellbereichs und des *vicus*.

Gesamtplan der römischen Befunde von Böhming basierend auf Ausgrabungen und geophysikalischen Prospektionen.

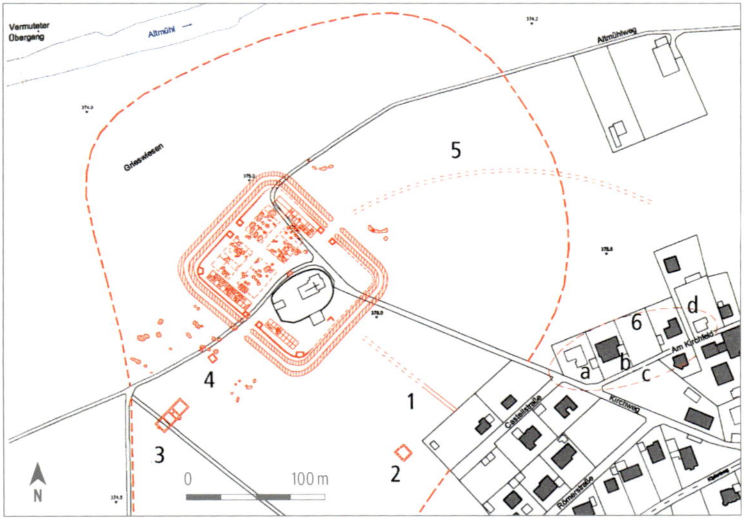

1 Straße
2 hypokaustierter Raum
3 Kastellbad
4 Tempelchen Bau A
5 Straße
6 a–d Gräberfeld „Am Kirchfeld".

- Ausdehnung des *vicus* nach Lesefunden
- Römische Befunde
- Römische Straße
- Römische Straße vermutet
- Gräberfeld „Am Kirchfeld"
- Flächen mit beobachteten Gräbern

vierte Baracke ergänzt werden. Beiderseits der *via praetoria* wurden vier in etwa gleich große Gebäudestrukturen prospektiert, die durch ein Brandereignis stark magnetisiert waren. Verbranntes Fundmaterial des 3. Jhs. wie auch Brandspuren an der Bauinschrift lassen auf ein gewaltsames Ende schließen. Reliefverzierte Terra Sigillata aus Rheinzabern der Zeit um 240 n. Chr. ist in Böhming noch vertreten, weshalb die Zerstörung um die Mitte des 3. Jhs. anzusetzen ist. Als Besatzung wird entweder ein unbekannter 200 Mann starker *numerus* oder ein Detachement der benachbarten Pfünzer *cohors I Breucorum* angenommen, die auch auf einem Weihealtar von 215 n. Chr. für Fortuna Redux in Böhming genannt wird. Der *vicus* konnte südlich und südwestlich des Kastells festgestellt werden und nahm eine Fläche von vermutlich 10–13 ha ein. Bislang sind dort das Kastellbad und ein Tempelgebäude ergraben. Das südöstlich des Kastells gelegene Gräberfeld „Am Kirchfeld" umfasste 25 Brandbestattungen. *K. Ramstetter*

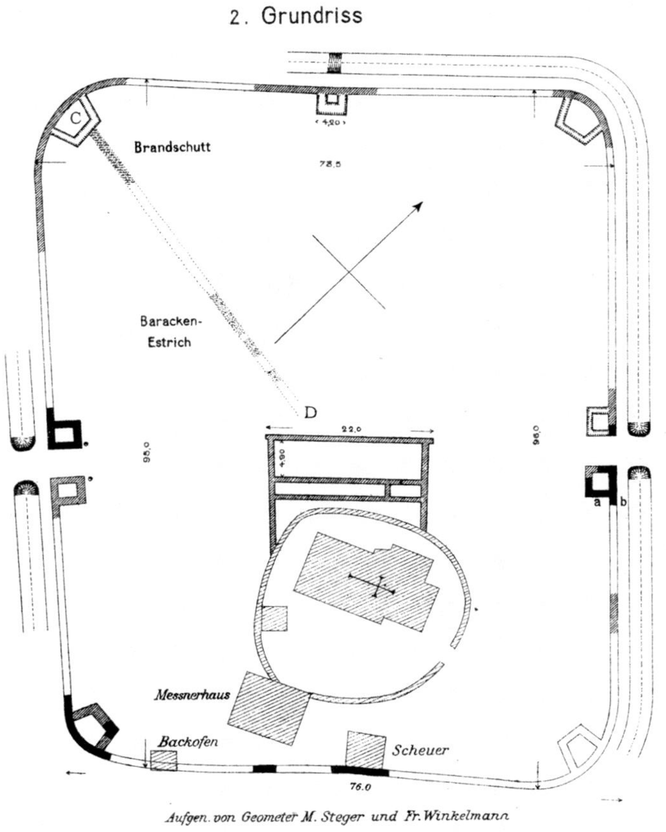

Befunde der Grabungen F. Winkelmanns (1898, 1905).

24 Limes bei Kipfenberg – Auf dem Pfahlbuck

Limesmauer am Pfahlbuck bei WP 14/77.

Auf dem westlichen Hochufer der Altmühl befand sich der Wachtposten 14/77 im Bezirk Taferlschlag, wo ein Steinturm bekannt ist, wie auch ungefähr 500 m östlich davon die auf dem Pfahlbuck gelegene Holz- und spätere Steinturmstelle 14/78.

Neubau des hölzernen Limesturms.

WP 14/77 im Bezirk Taferlschlag
Steinturm (5,95 m × 5,25 m [5,35 m]), 60–65 cm starke Mauern, 1933 noch 1,30 m hoch erhalten, ebenerdiger Eingang, östlich daneben Holzturm

Wp 14/78 auf dem Pfahlbuck bei Kipfenberg

Forschungsgeschichte
1894 Ausgrabungen durch K. von Popp (RLK)

Holzturm
Holzturm (4,20 m × 5,00 m) mit in den Fels gehauenen Pfostenlöchern, umgeben von einem 2 m breiten und 50 cm tiefen Graben, in dem sich ein weiteres 40 cm breites und 60 cm tiefes in den Fels gehauenes Gräbchen befand

Steinturm
an der Nordostecke des Steinturms (5,05 m [5,35 m] × 6,00 m [6,07 m]) setzt die 1,50 m starke Limesmauer mit einer deutlichen Baufuge an und vollzieht hier einen Knick von 30° Richtung Nordost, 1933 noch bis zu 1 m hoch erhalten

Limes
westlich von WP 14/78 befindet sich der 1,0 m tiefe und 0,5 m breite, in den anstehenden Fels gehauene Palisadengraben 11 m nördlich in der Flucht der Mauer; dieser ist teils noch im Gelände sichtbar, östlich von WP 14/78 wird er von der Limesmauer geschnitten, die nach Nordosten abknickt

Sichtbare Überreste
vier Pfostengruben des Holzturms und umgebender Graben, konservierte Fundamentreste des Steinturms mit anschließender Limesmauer, Palisadengraben

ORL
ORL A 7, Strecke 14 (1927) 112–114

Limesverlauf zwischen WP 14/77 und WP 14/78.

Der Holzturm (4,20 m × 5,00 m) mit vier Pfostenstellungen war in den anstehenden Fels gehauen. Im digitalen Geländemodell ist noch deutlich der 2 m breite und 50 cm tiefe Graben erkennbar, in den ein weiteres 60 cm tiefes Gräbchen mit senkrechten Wänden in den Fels gehauen war, das zur Aufnahme einer Palisade gedient haben könnte. Der nur wenige Meter westlich liegende Steinturm von WP 14/78 war nicht ganz rechteckig mit den Maßen

5,05 m (5,35 m) × 6,00 m (6,07 m) und 1933 noch 1 m hoch erhalten. Eine Besonderheit der Turmstelle 14/78 ist der 11 m vor der Flucht der Mauer verlaufende Palisadengraben, der 1 m tief und 0,5 m breit mit senkrechten Wänden in den Fels gehauen wurde. Dieser ist heute noch im Gelände erkennbar, wie das digitale Geländemodell zeigt. Die Limesmauer endet am Steilabhang zum Altmühltal, wo sie entweder der Erosion zum Opfer fiel oder der Abhang selbst die schützende Funktion der Mauer wahrnahm.
K. Ramstetter

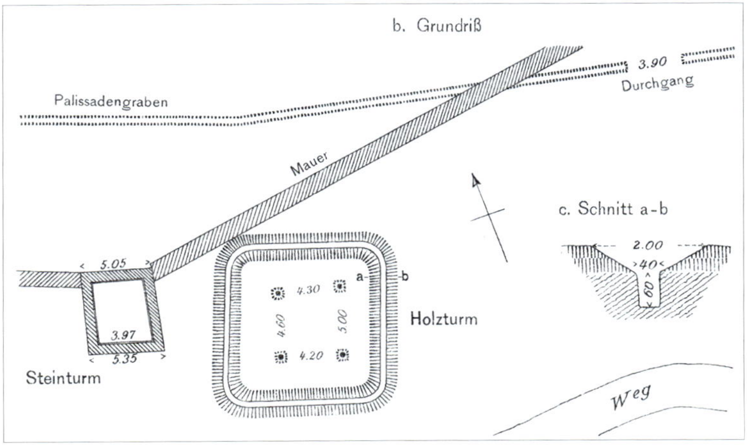

Plan der Ausgrabungen durch K. Popp (1894) beim Wachtposten 14/78 auf dem Pfahlbuck.

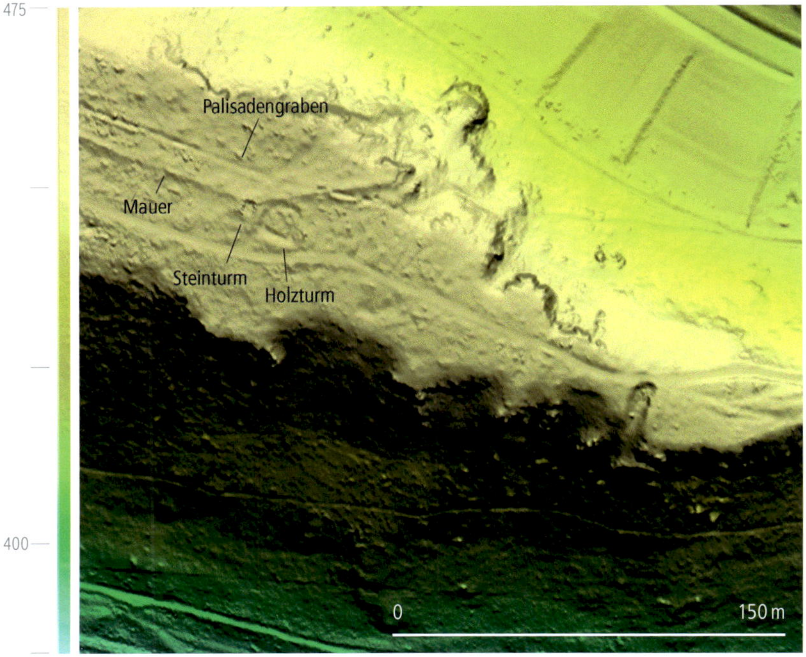

Digitales Geländemodell der Doppelturmstelle 14/78 am Pfahlbuck.

25 Limes bei Zandt (Denkendorf)

Aufnahme der Grabungsfläche von Westen.

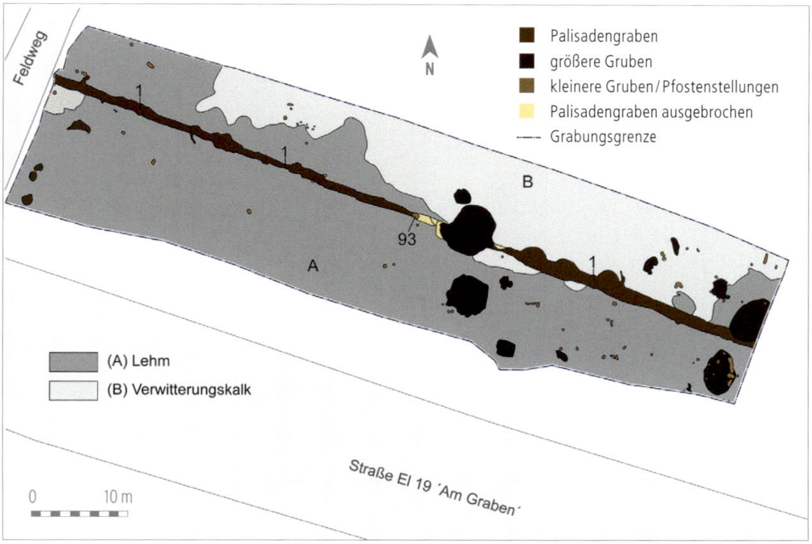

Gesamtplan der Befunde in Zandt mit Limespalisade.

In Denkendorf-Zandt konnten nach einem bauvorgreifenden Oberbodenabtrag auf einer Fläche von 80 m × 20 m die Befunde der Limespalisade dokumentiert werden. Eine Ausgrabung erfolgte jedoch nicht, da die Bauplanung nach dem Oberbodenabtrag eingestellt wurde. Die hölzerne Palisade des Limes durchzieht die gesamte Grabungsfläche und verläuft annähernd parallel zur südlich gelegenen Straße mit dem bezeichnenden Namen „Am Graben“, unter der wohl die Raetische Mauer liegt. Der dunkelbraun-graue, lineare Befund zeigt den Graben an, in dem die Pfosten der Palisade standen. Im Profil weist dieser recht gerade Kanten auf und war rund 65 cm breit. Die nur noch als dunkelbraune, holzkohlehaltige Verfärbungen erhaltenen Pfosten besaßen einen Durchmesser von ca. 40 cm. An einer Stelle befanden sich außerdem große Kalksteine, die zur Verkeilung und Stabilisierung der Pfosten dienten. Ob die Unterbrechung des Palisadengrabens im zentralen Bereich (östlich der Pfostengrube Bef. 93) einen ehemaligen Durchgang anzeigt oder lediglich von der Befunderhaltung herrührt, ist unklar. In der Grabungsfläche wurden außerdem zahlreiche größere, dunkelbraun-humos verfüllte Verfärbungen, wohl Gruben, festgestellt. Einige davon überlagern den Palisadengraben und sind daher chronologisch später als dieser einzuordnen. Es könnte sich dabei um Materialentnahmegruben für den Bau der Raetischen Mauer handeln. Für die Datierung der Palisade oder der Gruben gibt die Fundstelle aber aufgrund des sehr geringen Fundanfalls und der fehlenden Ausgrabung der Befunde keine weiteren Anhaltspunkte. *S. Hüdepohl*

Palisadenabschnitt
WP 15/13–WP 15/14

Forschungsgeschichte

1894 Untersuchungen durch J. Fink (RLK): Feststellung des Palisadengrabens 14 m nördlich der Raetischen Mauer

2009 Oberbodenabtrag und Dokumentation der Befunde durch Fa. ArcTron

Keine sichtbaren Überreste

ORL

ORL A 7, Strecke 15 (1932) 32–33 Taf. II,7 a–b

26 Wachtposten bei Zandt (Denkendorf)

Graben des Holzturms WP 15/15 von Westen.

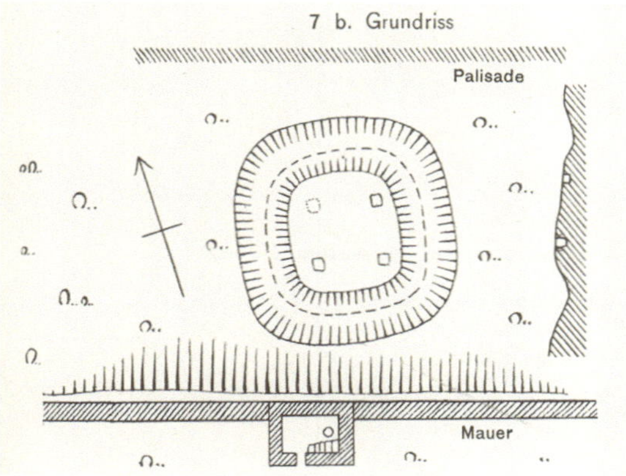

Plan des WP 15/15 mit Holzturm, Steinturm, Limesmauer und Palisade.

Östlich Zandt führt der Limes über den Fuchsberg. Ab halber Höhe ist der Wall gut erkennbar. Bisher unbeachtet blieb eine Stelle, wo er über eine Felsrippe führt und der untere Teil der Mauer streckenweise aus dem Fels herausgearbeitet wurde. Nördlich davon ist der Palisadengraben über einen längeren Abschnitt leicht zu verfolgen; er führt durch eine vielleicht künstlich erweiterte Lücke im Fels.

Auf der Höhe, leider nur über einen größeren Umweg erreichbar, bildet der Bereich um WP 15/15 eine Stelle, wo sich die verschiedenen Phasen des Limes sehr gut nachvollziehen lassen: Vor dem mehr als einen halben Meter tief erhaltenen Graben des Holzturms, von dem sich auch die vier Pfostengruben deutlich abzeichnen, verläuft der Palisadengraben. Unmittelbar südwestlich des Holzturms befinden sich die Reste des späteren Steinturms, weitgehend in dem Zustand, in dem ihn die Ausgräber der RLK verlassen haben. Im von außen zugänglichen Erdgeschoss fanden sich eine Feuerstelle und ein Treppenansatz. Die Limesmauer ist so angelegt worden, dass die Vorderkanten des Turms eingebunden sind. Ihr Schuttwall ist hier und in der Fortsetzung nach Osten sehr gut ausgeprägt. An beiden Seiten wird die Mauer von vielen heute noch bis zu 1 m tiefen Gruben begleitet; daraus wurde der anstehende Plattenkalk für den Mauerbau gewonnen. Einige Gruben scheinen den Palisadengraben zu überlagern.

Für den außergewöhnlichen Erhaltungszustand dieses Limesabschnitts im natürlichen Buchenhochwald sind die Abgelegenheit und die besonderen Eigentumsverhältnisse verantwortlich: seit mehr als 800 Jahren ist der Wald in herzoglicher Hand. *C. S. Sommer*

Forschungsgeschichte

1895 (?)	Untersuchung der Turmstellen durch die RLK
2015	Forschungsgrabung der Universität Bamberg im Bereich des Limes östlich WP 15/15

Turmstelle

Holzturm (4,8 m × 4,5 m) in Graben (8,8 m × 8,25 m) (Grabenspitze), unmittelbar südwestlich des Grabens der Steinturm (6,2 m × 4,9 m) mit Eingang im Süden.

Sichtbare Überreste

Holzturm mit Graben, Pfostengruben, Steinturm, Limesmauer, 25 m davor Palisadengraben, sehr viele Materialentnahmegruben

ORL

ORL A 7, Strecke 15 (1932) 33

27 Oppidum Manching

Das Oppidum von Manching um 1813, rot markiert die Funde der mittleren Römischen Kaiserzeit.

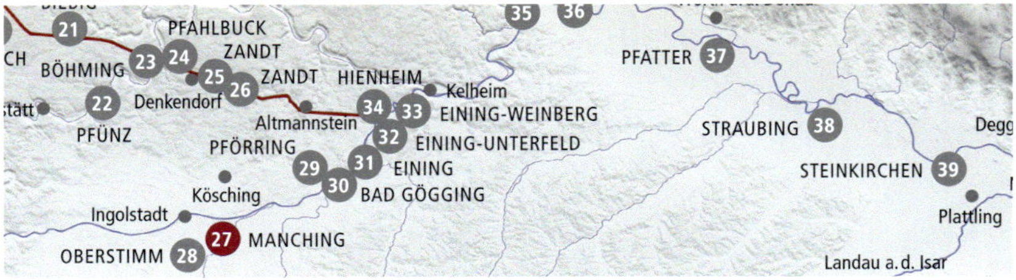

Im 3.–1. Jh. v. Chr. befand sich nahe der Mündung der Paar in die Donau eine der größten keltischen Siedlungen Mitteleuropas. Die unmittelbar östlich eines Paarüberganges am einstigen Donausüdufer gelegene Großsiedlung lag verkehrsgeographisch günstig am Kreuzungspunkt wichtiger Fernrouten. Der südlich entlang der Donau verlaufende Ost-West-Weg, der mitten durch das Oppidum führte, wurde in römischer Zeit zur Donausüdstraße ausgebaut.

Monumentale Zeugen des Oppidums sind die heute noch streckenweise als mächtiger Wall erhaltenen Reste einer aus Holz, Erde und Steinen errichteten, annähernd kreisförmigen Stadtmauer, die eine Innenfläche von ca. 380 ha einschloss. Erbaut um 130 v. Chr. in der Technik eines *murus gallicus* wurde sie gegen Ende des 2. Jhs. v. Chr. durch das Vorsetzen einer Mauer in Pfostenschlitztechnik erneuert. Nach einer zweiten Erneuerung der Stadtmauer ging ab ca. 80/70 v. Chr. die Besiedlung zurück. Das Areal des Oppidums dürfte zwischen 50 und 30 v. Chr. größtenteils aufgelassen worden sein. Der weitgehende Siedlungsabbruch dürfte dafür verantwortlich sein, dass der vorrömische Name des Oppidums nicht tradiert wurde.

Forschungsgeschichte

1417	erstmalige urkundliche Erwähnung des Ringwalls als „der Pfahl", später lange als römisches Bauwerk angesehen
1892/93	erste Grabungen im Bereich der Tore durch J. Fink (im Auftrag der „Kommission zur Erforschung der Urgeschichte Bayerns bei der Bayerischen Akademie der Wissenschaften")
1903	Brief P. Reineckes an J. Déchelette: der Ringwall von Manching umschließe ein keltisches Oppidum
1936–38	erhebliche Zerstörungen der archäologischen Substanz durch Bau des Militärflugplatzes
1937–38	Untersuchungen des Walls durch H. Beck und K. H. Wagner (RGK)
seit 1955	wissenschaftliche Bearbeitung und Ausgrabungen unter Leitung der RGK (W. Krämer, F. Schubert, F. Maier, S. Sievers), in Kooperation mit BLfD und ASM
2006	Eröffnung des kelten römer museum manching als staatliches Zweigmuseum der ASM

Kurzinformation zum Fundplatz

Siedlungsspuren aus Jungneolithikum, Bronzezeit, Hallstatt- und Frühlatènezeit, am besten erforschtes Oppidum Mitteleuropas, Ringwall (Länge 7,3 km, Dm. 2,2–2,3 km; ca. 380 ha); Datierung 3.–1. Jh. v. Chr., Auflassung etwa 50–30 v. Chr., römische Nutzung des Areals ab dem frühen 1. Jh. n. Chr.
mittelkaiserzeitliche Siedlung im Zentrum des Ringwalls evtl. Straßenstation *Vallatum* aus *Itinerarium Antonini;* in *Notitia Dignitatum* genanntes spätantikes Kastell *Vallatum* entweder unweit des Paarüberganges bei St. Peter bzw. dem Burgstall „Schlössl" oder im Norden des Oppidums bei Donauübergang vermutet

Sichtbare Überreste

gut erhaltene Reste des Ringwalls im Süden und Osten des Oppidums mit zwei Zangentoren (Süd- und Osttor); keltischer Hafen mit Verbindung zur Donau in der „Dürren Au"; Streckenführung der römischen Donausüdstraße auf Ost-West-Achse durch das Oppidum (Geisenfelder Straße); Burgstall „Schlössl"

Museum

kelten römer museum manching mit bedeutenden Funden aus dem Oppidum und dem römischen Kastell Oberstimm*, darunter die Wracks zweier Flusspatroullienboote aus trajanischer Zeit.

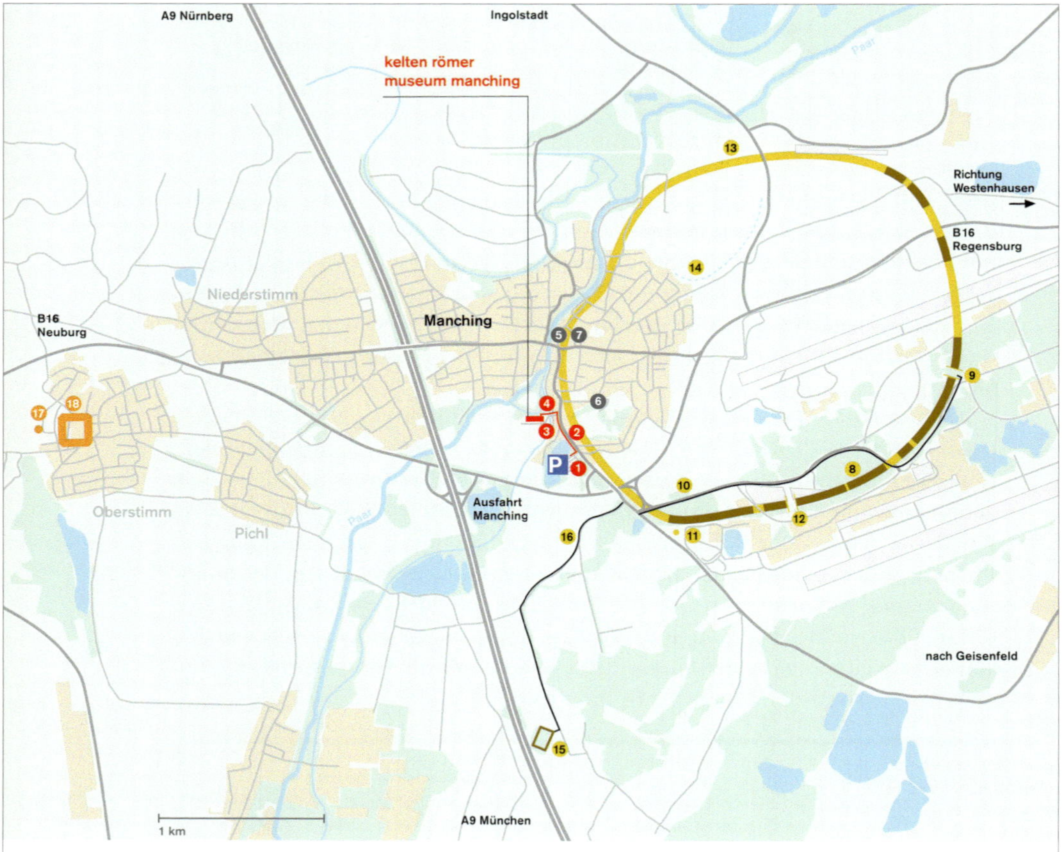

kelten römer museum manching

1. Parkplatz
2. Fußweg Parkplatz – Museum
3. Behindertenparkplatz
4. „Steg der Zeit"

Manching

5. Heimatmuseum im Bürgerhaus
6. Friedenskirche von O. A. Gulbransson
7. Kirche St. Peter

Kelten in Manching

8. Überreste Keltenwall
9. Osttor Keltenstadt
10. Weg zu Osttor
11. Kulisse des Osttores
12. Südtor Keltenstadt
13. ehemaliger Verlauf der Stadtmauer der Keltenstadt
14. „Dürre Au" (Hafen der Keltenstadt
15. Überreste Viereckschanze
16. Weg zu Viereckschanze

Römer in Manching

17. Fundort Römerschiffe
18. Römerlager Oberstimm (keine obertägigen Reste)

Wegweiser zum Römerlager von Oberstimm und zum keltischen Oppidum von Manching (Stand bis 1970).

Aufgrund der in der frühen Kaiserzeit einsetzenden Münzreihe wird mit römischer Präsenz im umwallten Areal des ehemaligen Oppidums bereits für die erste Hälfte des 1. Jhs. n. Chr. gerechnet. Im Jahre 2002 wurde in der Nähe des Walls ein römischer Brunnen entdeckt, der im ersten Drittel des 2. Jhs. verfüllt wurde und demnach zu einem bereits im 1. Jh. errichteten Gehöft gehören könnte. Mehrfach wurden in der Wallruine außerdem römische Kalkbrennöfen festgestellt, von denen ein im Jahre 2003 untersuchter Ofen bereits in den Jahrzehnten um die Zeitenwende angelegt worden war. Dort, wo von der Donausüdstraße möglicherweise eine Straße ins Limesgebiet abzweigte, wird eine ländliche Siedlung oder eine Straßenstation *(mansio)* der mittleren Kaiserzeit vermutet. Außer spärlichen Bauresten sind mit dieser Siedlung aus dem 2./3. Jh. einige bedeutende Funde in Verbindung zu bringen. Außer der bereits vor 1848 „beim Ackern" entdeckten reliefgeschmückten Silberschale sei hier lediglich der berühmte Schatzfund eines silbernen Tafelgeschirrs erwähnt, der 1955 zum Vorschein kam. Aufgrund ihrer Lage innerhalb der Wallruine wird die mittelkaiserzeitliche Straßensiedlung in der Regel mit der im *Itinerarium Antonini* aufgeführten Straßenstation *Vallatum* identifiziert.

Die kontinuierliche Münzreihe bricht innerhalb des Oppidums mit Prägungen des Severus Alexander ab und aus dem Areal der mittelkaiserzeitlichen Siedlung sind keine spätrömischen Funde bekannt. Jedoch wurde im Mauerausbruch des Osttores des Oppidums eine Zwiebelknopffibel (350–380 n. Chr.) gefunden. In der *Notitia Dignitatum* erscheint *Vallatum* als Garnison eines Präfekten eines Teils der 3. italischen Legion und eines Präfekten einer Reitereinheit. Die zugehörige Militärbasis konnte allerdings noch nicht lokalisiert werden. Ein Standort in unmittelbarer Nähe des Paarüberganges nahe der heutigen Pfarrkirche St. Peter, die auf leicht erhöhtem Gelände liegt, erscheint aber nicht nur wegen einiger spätantiker Grabfunde denkbar. *W. David*

Römische Silberschale („Neoptolemosbecher") aus dem Oppidum von Manching (Kopie im kelten römer museum manching, Original in Staatlicher Antikensammlung München).

Schatzfund römischen Tafelgeschirrs aus dem Oppidum von Manching (ASM).

28 Oberstimm

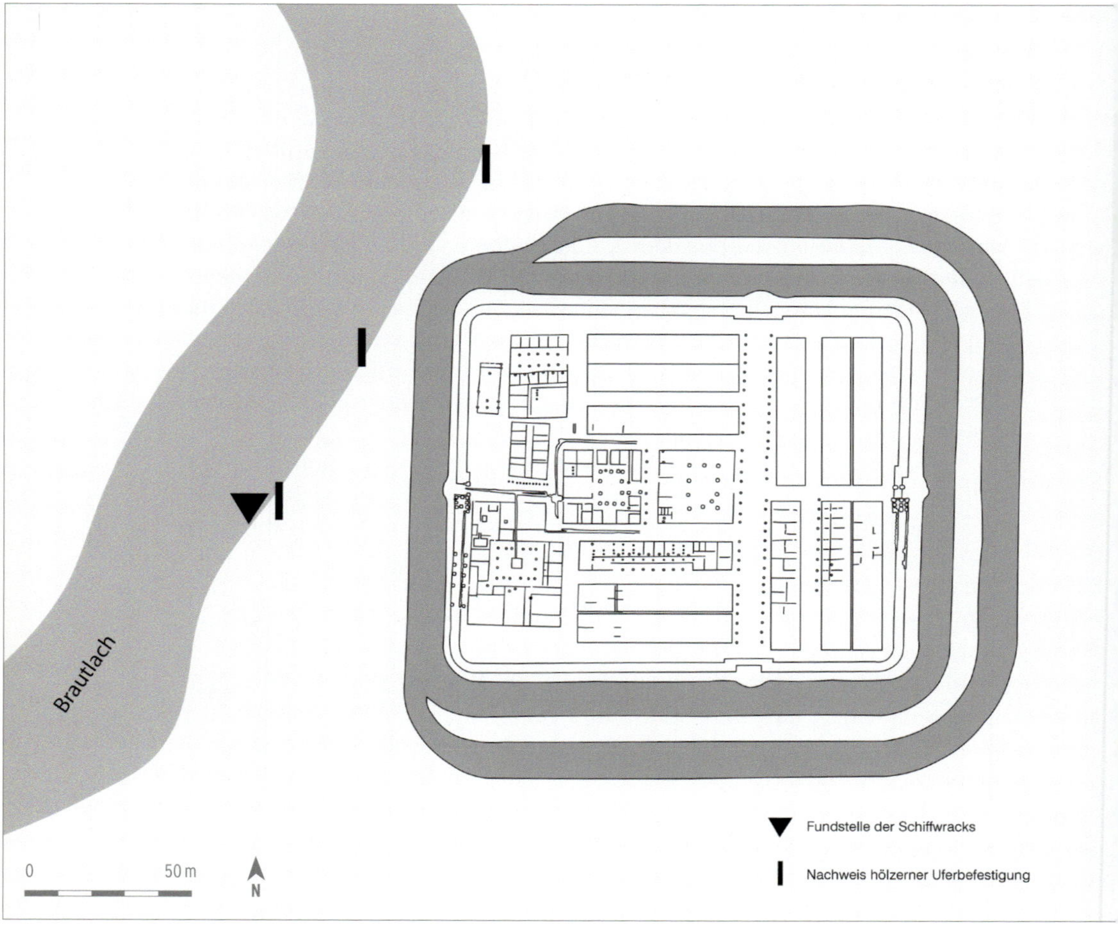

Kastell Oberstimm in Periode 1 mit dem rekonstruierten Verlauf der Brautlach in römischer Zeit und den nachgewiesenen hölzernen Uferbefestigungen.

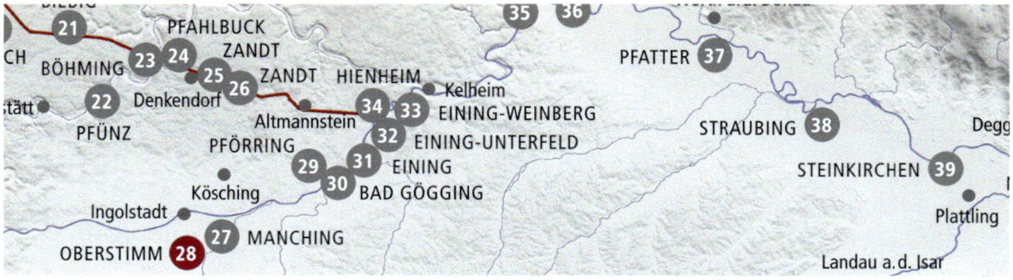

Für das Verständnis der römischen Okkupation des Donauraums im 1. Jh. n. Chr. spielt das Kastell von Oberstimm eine zentrale Rolle. Errichtet wurde es in den 40er-Jahren auf hochwasserfreiem Areal. Etwa 30 m westlich floss das Flüsschen Brautlach, welches nach wenigen hundert Metern in die Donau mündete und einen idealen Flusszugang bot. Das Kastell lag außerdem an dem Verkehrsknotenpunkt der Straße von Augsburg und der Donausüdstraße. Bis in neronische Zeit bildete Oberstimm den östlichsten Abschluss der donausüdlichen Kastellkette.

Es können drei Bauphasen nachgewiesen werden, in denen das Kastell stets eine Holz-Erde-Umwehrung besaß. In der letzten Periode wurden die *principia* sowie das *praetorium* in Stein ausgebaut und die *retentura* um 20 m nach Osten erweitert. Auffällig sind ein ungewöhnlich großes *valetudinarium* sowie Einrichtungen zur Lebensmittelkonservierung (Räucherkammer). Später wurde das *praetorium* zugunsten weiterer *fabricae* aufgegeben

Forschungsgeschichte

1866–1919	erste Fundmeldungen und vereinzelte Grabungsaktivitäten
1957	Aufarbeitung bisher bekannter Fundstücke und Nachweis der Kastellgründung in den 40er-Jahren des 1. Jhs. durch G. Ulbert
1968–71	Grabungen durch H. Schönberger (RGK), Untersuchung von fast einem Drittel der Kastellinnenfläche
1981	Ausgrabung zweier großer Speicherbauten nördlich des Kastells
1984–85	Grabungen auf der Ost- und Westseite des Kastells durch das Grabungsbüro Ingolstadt/BLfD
1986	Entdeckung zweier Schiffswracks sowie Hölzer einer Uferbefestigung westlich des Kastells durch Jürgen Köhler (RGK)
1990	Grabungen an der Südostecke des Kastells durch das BLfD
1994	Bergung der beiden Schiffswracks in Kooperation mit dem RGZM in Mainz (H. Schaaf) sowie des BLfD und der RGK
2010/14	geophysikalische Untersuchungen im Umfeld des Kastells durch D. Burger, C.-M. Hüssen, G. Rasbach und H. Wendling (RGK)

Kastell

1,4–1,66 ha Fläche (132,50 m × 109 m),
Ausrichtung der *porta praetoria* nach Osten
Holz-Erde-Umwehrung mit Wall und Doppelgraben sowie Toren an allen vier Seiten, auf der Westseite nur mit einem einfachen Spitzgraben
drei Bauperioden zwischen Kastellgründung und -aufgabe nachgewiesen, in letzter Phase Errichtung von *principia* und *praetorium* in Stein, Umwehrung im Osten um 20 m vorverlegt

Besatzung

vermutlich berittene Kohorte, Name nicht bekannt

Keine sichtbaren Überreste

Schiffe ausgestellt im kelten römer museum manching

Rekonstruktion von Schiff 2. Modell im Museum für Antike Schiffahrt, Mainz.

und zusätzlich sind drei Turmspeicher errichtet worden. Die Gebäude weisen auf einen logistischen Auftrag der Kastellbesatzung hin. Im Zusammenhang mit dem Grenzschutz entlang der Donau lassen sich die beiden westlich des Kastells geborgenen Schiffswracks sehen, bei denen es sich um ausgemusterte Patrouillenboote handelt und die dendrochronologisch um 100 n. Chr. datiert werden.

Mit dem Beginn der Aufsiedlung nördlich der Donau um 120 n. Chr. wird das Kastell verlassen. Der bisher weitgehend unbekannte Lagervicus besteht nach Terra Sigillata Funden mindestens bis ins 3. Jh. *D. Burger*

Die beiden römischen Patrouillenboote auf dem heutigen Barthelmarktgelände während der Ausgrabung 1994.

29 Pförring

Kastell und *vicus* im Luftbild.

Ergebnisse der Geophysik, eingefügt in ein Luftbild von 1988.

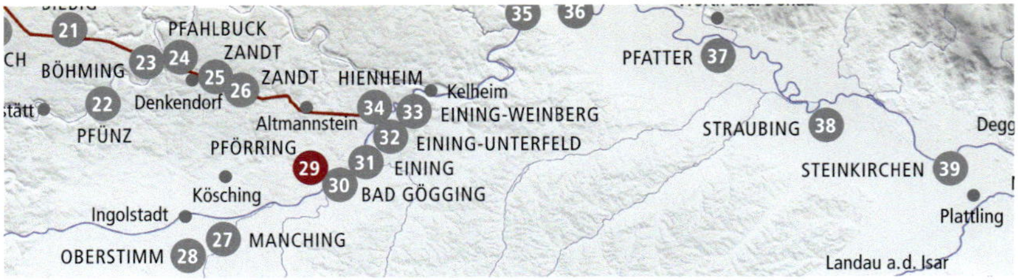

Das fast quadratische Kastell liegt auf einer durch die römischen Bauten, insbesondere die Kastellmauer, zusätzlich akzentuierten Anhöhe am Rand einer als Teil des Donautals ausgeprägten Tallandschaft. Anscheinend war das Gelände schon in der Vorgeschichte, vor allem in der Hallstattzeit, mehrfach genutzt worden. Im Mittelalter errichtete man in den Ruinen auf dem Hügel auch eine kleine, lange wieder abgegangene Kirche. Nach Nordwesten ausgerichtet nimmt das Kastell mit der hindurchlaufenden Querachse (*via principalis*) die von Eining* unter einem heutigen Feldweg von Osten kommende sog. Donaunordstraße auf. Diese Straße setzt sich von der *porta praetoria* nach Nordwesten, als leichter Damm im Gelände sichtbar, in Richtung Kösching fort. Luftbilder zeigen, dass es zwischen den beiden Straßen auch eine außerhalb des Kastells laufende schräge Verbindung gab. Im Norden im Bereich der heutigen Hopfenfelder lag auch ein großer, heute leider durch Pflug und unfachmännische Grabungen weitgehend zerstörter Friedhof. Der mindestens auf etwa 20 ha ausgedehnte Kastellvicus liegt im Osten, Süden, Westen und wohl auch im Norden. Wahrscheinlich ist, dass ein Teil der heute im Gelände südlich des Kastells sichtbaren Terrassen von römischen Steinbauten mit bedingt ist.

Das von insgesamt vier Gräben unterschiedlicher Zeitstellung umgebene Kastell besaß anfangs eine Holz-Erde-Umwehrung. Nach einer Inschrift, die auch die damalige Besatzung *ala I singularium pia fidelis civium Romanorum*

Antiker Name

Celeusum (Tabula Peutingeriana)

Forschungsgeschichte

seit dem frühen 16. Jh. als römischer Platz bekannt

1891–93	Grabungen durch J. Fink (RLK), dabei Feststellung der Umwehrung, der vier Tore und eines Grabens sowie des Zentralgebäudes
frühes 20. Jh.	Versuch der Teilrekonstruktion des Westtors
1977, 2007	baubedingte Grabungen im Kastellvicus
1980er-Jahre	Luftbilder
seit 2005	geophysikalische Untersuchungen
2009	Nachuntersuchung des Osttors
2012/13	nach dem Zerfall Sanierung und Installation der Kubatur in Stahl und bedruckten Planen

Kastell

Größe 201 m × 194 m (3,9 ha) mit vier Gräben und Holz-Erde-Umwehrung

ab 141 n. Chr. in Stein ausgebaut mit vier großen Doppeltoren

Innenbauten im Mittelstreifen teilweise untypisch angelegt, evtl. Freiraum hinter dem Zentralgebäude

Kastell vermutlich abgebrannt

Besatzung

ala I Flavia singularium civium Romanorum pia fidelis (141 n. Chr.), Grabstein eines Soldaten der *ala I Hispanorum auriana* (Weißenburg*)

Sichtbare Überreste

Verlauf der Kastellmauer deutlich hervorgehoben, Tore teilweise durch Schuttansammlungen, Osttor als ca. 12 m hohe weithin sichtbare Installation, Terrassen im Süden des Kastellvicus durch Steinbebauung

Informationspavillon mit Kopien von Inschriften, Erläuterungstafeln, Originalinschriften bei der Kirche im Ort

ORL

ORL B 7, Nr. 75 (1902)

12 m hohe Stahlvisualisierung des Osttors.

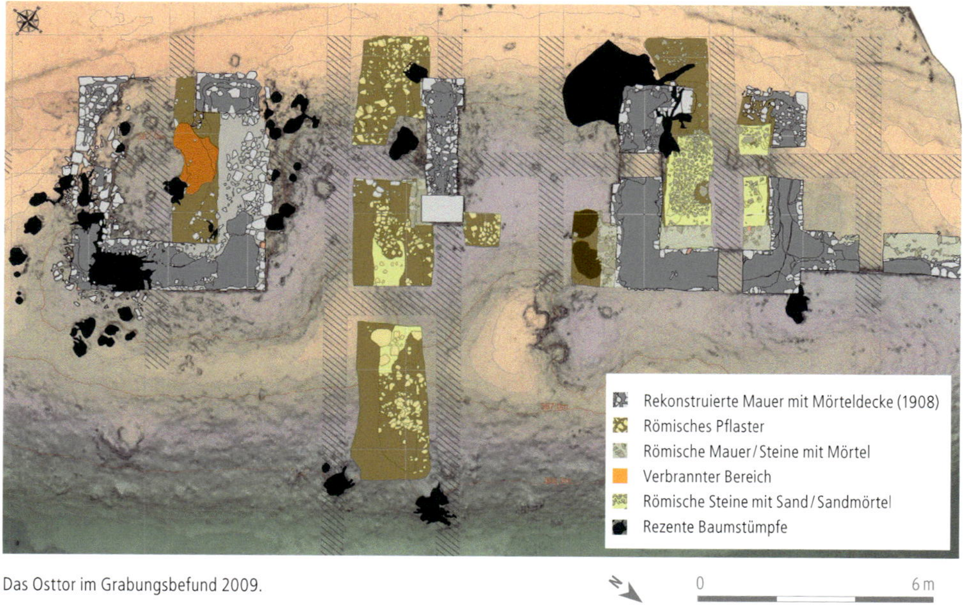

Das Osttor im Grabungsbefund 2009.

nennt, wurde die Umwehrung 141 n. Chr. durch eine Mauer mit Steintoren und -türmen ersetzt. Zumindest das Osttor war nicht nur durch eine Bauinschrift, sondern auch durch eine ausdifferenzierte Architektur und dekorative Elemente, z. B. rhombische Ziegel, reich verziert. Ohne dafür mehr als nur punktuell in die archäologische Substanz einzugreifen, vermittelt heute eine über den Torresten errichtete begehbare Installation aus Stahl und bedruckten Planen einen Eindruck davon, wie hoch solche Anlagen einstmals waren und wie imposant sie gewirkt haben müssen.

Das Innere wird nach den Erkenntnissen von frühen Grabungen, Luftbildern und geophysikalischer Prospektion durch die Hauptstraßen T-förmig aufgeteilt. Zentral lag die Kommandantur (*principia*), deren gewaltige Vorhalle mit ca. 56 m × 13 m die davorliegende Straße überdeckte. Nicht zu entscheiden ist, ob der 45 m breite und 54 m lange übrige Baukörper zweiphasig ist oder aus einer Mischung aus Fachwerk- und Steinbau bestand. Rechts daneben befand sich das villaartige ca. 36 m × 47 m große Kommandantenwohnhaus (*praetorium*). Den Zwischenraum bis zum Osttor nahm zeitweise ein Speicherbau ein, zeitweise ein langgestreckter barackenartiger Bau. Die Bebauung nach Westen ist unsicher; vielleicht lag hier ein Lazarett, gefolgt von einer weiteren Baracke in untypischer Längsrichtung.

In der üblichen Anordnung lagen im Süden zwei und im Norden vielleicht vier Doppelbaracken für die Reiter und ihre Pferde jeweils quer zur Ausrichtung des Kastells. In deren Kammern lassen sich Hinweise auf Feuerstellen in den hinteren Raumfluchten und davor gräbchenartige Befunde erkennen. Letztere sind als Jaucherinnen der Pferdeställe zu interpretieren.

Ein Freiraum außerhalb der Gräben diente als Übungsplatz für die Reiter. Für deren Schutzgötter, die *Campestres*, und die Pferdegöttin *Epona* hat der Kommandant, Aelius Bassianus, hier für seine Truppe einen Weihestein aufgestellt. Vom Kastellvicus zeigen sich jenseits einer ringförmig umlaufenden Erschließungsstraße im Luftbild und in der Geophysik viele Steingebäude, meist mit unklarer Funktion.

Erstaunlich ist, dass sich die Marketendersiedlung nach Süden bis weit jenseits der heutigen Straße erstreckte und auch nach Westen bis in die Niederung reichte. Dass ein Teil der Menschen hier oder in den umgebenden landwirtschaftlichen Gütern große wirtschaftliche Möglichkeiten hatte, zeigen die Reste von reich ausgestatteten Grabmälern, die in den letzten Jahren in sekundärer Lage zwischen Kastell und heutigem Ort gefunden wurden.

Das Kastell scheint etwas später als Kösching und Heidenheim in hadrianischer Zeit angelegt worden zu sein. Wahrscheinlich wurde die letzte Truppe Anfang des 3. Jhs. n. Chr. abgezogen. Das Fundmaterial aus dem *vicus* deutet darauf hin, dass dieser noch bis um 230 n. Chr. weiter existierte.

Beim Pipelinebau angeschnittene Gräben im Südosten belegen, dass es in Pförring noch eine zweite, wahrscheinlich nur kurzfristig belegte militärische Anlage gab. *C. S. Sommer*

30 Heilbad Bad Gögging

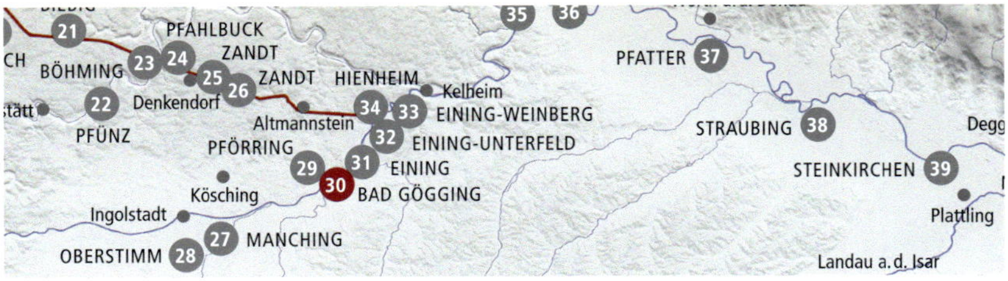

Unter der romanischen St.-Andreaskirche mit ihrem eindrucksvollen Portal im alten Ortskern von Bad Gögging befindet sich eine römische Badeanlage. Ihre Ausdehnung, die Vielzahl von beheizten Räumen und Wasserbecken sowie die im Ort austretenden Schwefelquellen machen wahrscheinlich, dass es sich um ein Heilbad handelt, eine in Raetien einmalige Ruine. Ziegelstempel der *legio III Italica* deuten darauf hin, dass erholungsbedürftige Soldaten aus Regensburg* ab dem späten 2. Jh. hierher zur Kur geschickt wurden. In der Größe etwa dem Kirchenbau entsprechend lag zentral ein 11 m × 8 m großes beheiztes Wasserbecken, seitlich begleitet von Einzelwannen. Weitere Becken, z. T. heizbar, z. T. kalt, und verschiedene Serviceräume ergeben einen vielgliedrigen komplexen Grundriss, für den mehrfache Umbauten und Ergänzungen erkennbar sind. Funde belegen eine Nutzung schon in der ersten Hälfte des 2. Jh. und noch im 4. Jh. Ob sich die zu vermutenden Unterkünfte der Nutzer und der hier Tätigen in mehreren nur randlich angeschnittenen Gebäuden verbergen, ist bisher unbekannt.

Portal der Kirche St. Andreas über dem zentralen Wasserbecken des Bades in Bad Gögging.

Antiker Name
Aquae (?)

Forschungsgeschichte

1959/75	Grabungen durch A. Radnóti und H. U. Nuber
2006	Grabung im Straßenbereich durch H. U. Nuber

Heilbad
großer vielgliedriger Thermenkomplex (mind. 50 m × 36 m) mit zentralem großen Wasserbecken, vielen kalten und heizbaren Räumen und Becken sowie Wannenbädern; weitere Gebäude ansatzweise erkennbar

Sichtbare Überreste
unter der romanischen Kirche im Römischen Museum für Kur- und Badewesen zentrales beheizbares Wasserbecken sowie die Reste von vier Wannen

Museum
Römisches Museum für Kur- und Badewesen

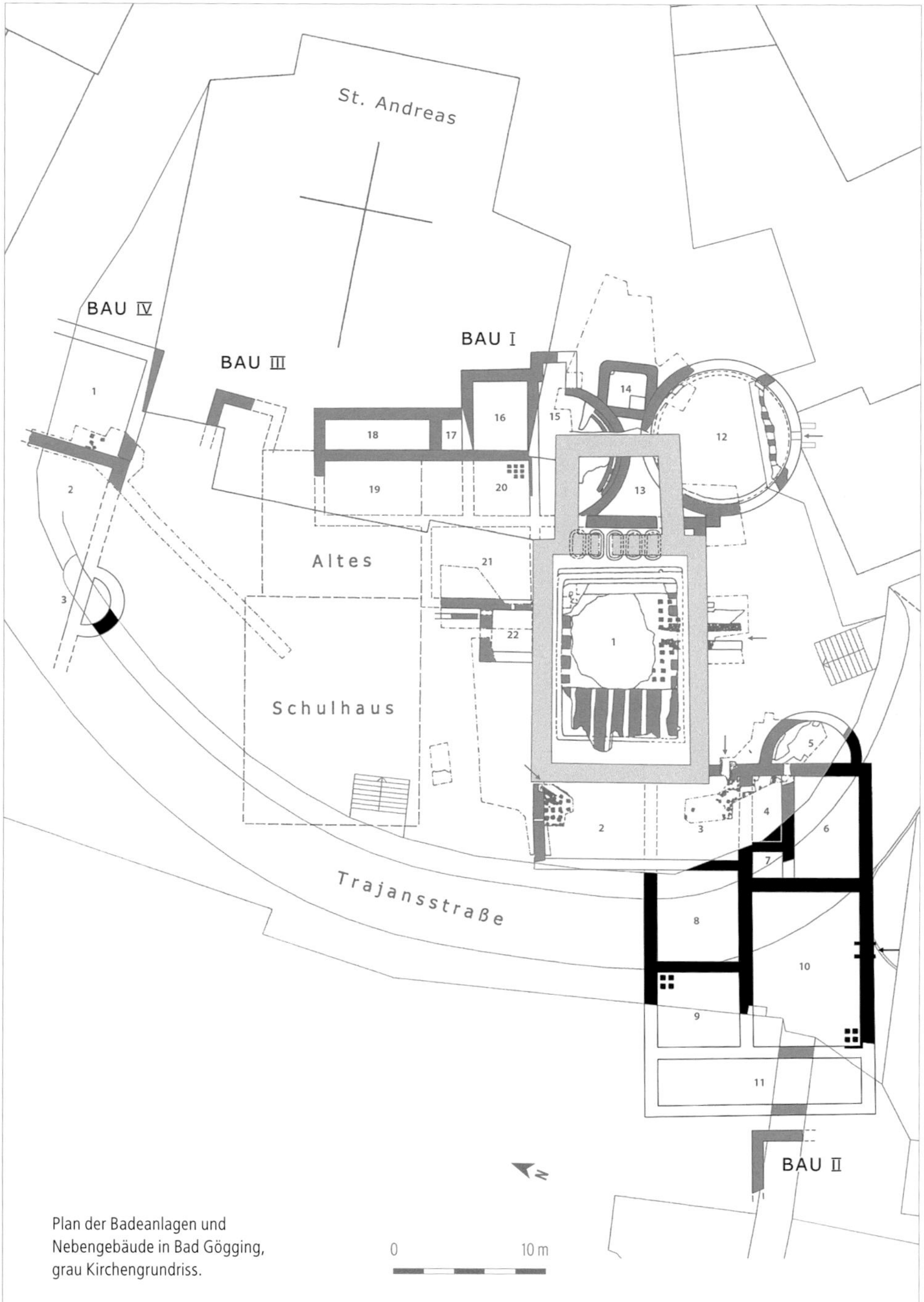

Plan der Badeanlagen und Nebengebäude in Bad Gögging, grau Kirchengrundriss.

Die in den ersten Ausgrabungen gefundenen zahlreichen eisernen Steckkreuze deuten darauf hin, dass die seinerzeit wohl noch teilweise hoch aufragenden Ruinen des Zentralbereichs im frühen Mittelalter kultisch genutzt wurden. Wann die christliche Nutzung einsetzte, ob sie sich vielleicht schon aus der römischen Bevölkerung heraus entwickelt hat und wie viele Vorläufer der heute noch stehende Kirchenbau hatte, lässt sich im Moment nicht sagen. *C. S. Sommer*

Unterbau des Wasserbeckens in Bad Gögging.

31 Eining

Kastell Eining und *vicus* von Südosten. Sehr gut zu sehen sind die sich an den Bewuchsmerkmalen abzeichnende Straßenführung und ein Großbau, bei dem es sich wahrscheinlich um eine *mansio* handelt.

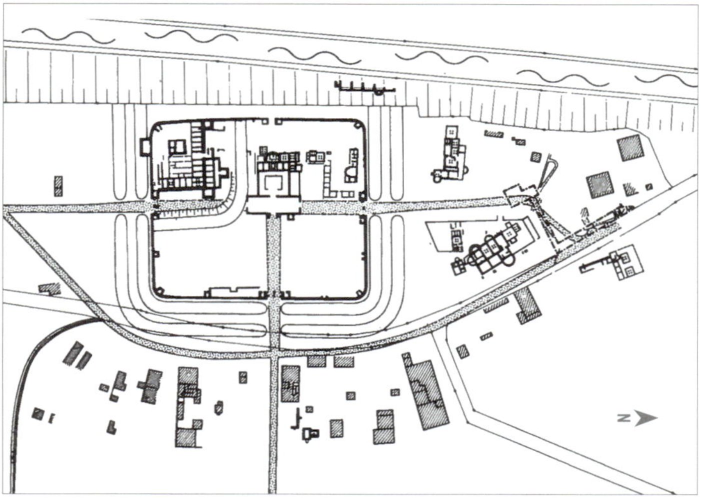

Übersichtsplan des Kastells Eining mit Befunden der Steinbauphase und umgezeichneter Luftbildbefunde (schraffiert).

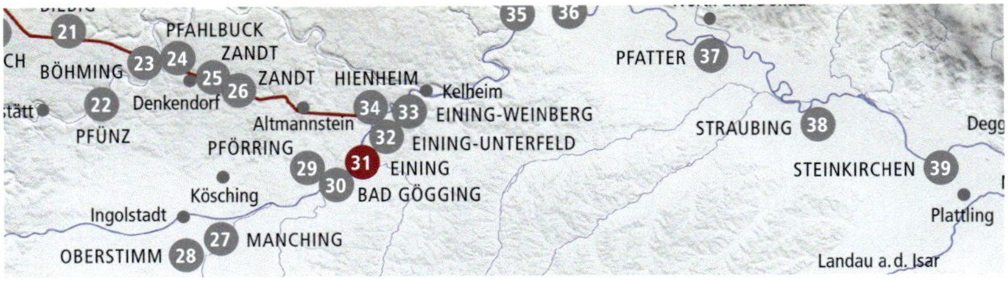

Das Kastell Eining befindet sich südlich der Donau am Flüsschen Abens. Nach Westen ist das Kastell durch einen steil zur Abens abfallenden Hang, gegen Norden, Osten und Süden durch einen Doppelgraben geschützt. Die Erbauung des Kastells (147 m × 125 m, 1,8 ha) durch die teilberittene und 500 Mann starke *cohors IV Gallorum* ist inschriftlich für das Jahr 79/81 n. Chr. überliefert. Abweichend vom Bebauungsschema mittelkaiserzeitlicher Kastelle befindet sich die *porta praetoria* auf der östlichen Breitseite der Umwehrung. Stratifiziertes Fundmaterial aus dem Nutzungs- und Zerstörungshorizont des Holz-Erde-Kastells ist in die flavische bis trajanische Zeit zu weisen. *Praetorium* und *principia* waren in dieser frühesten Phase aufgrund des beim Bau der Gräben anfallenden Steinmaterials bereits als Steinfachwerkbauten ausgeführt, während die Mannschaftsunterkünfte in Lehm-Fachwerk-Bauweise gehalten waren. Bei den Ausgrabungen der Jahre 1912/13 wurden in Baracke 1 – in der südöstlichen Ecke des Kastells – Jauchegruben dokumentiert, die für die dortige Unterbringung des berittenen Teils der Einheit sprechen. Der Ausbau des Kastells in Stein erfolgte frühes-

---

Antiker Name
Abusina (*Itinerarium Antonini*, Tabula Peutingeriana und *Notitia Dignitatum*)

Forschungsgeschichte
seit dem 16. Jh. römische Fundstelle bekannt
ab 1830 erste Forschungen
1879 erste Probegrabungen im Kastellbad durch Pfarrer W. Schreiner
ab Mitte der 80er des 19. Jhs. Freilegung der Nordfront des Auxiliarkastells
1911–20 Ausgrabungen (mit Unterbrechungen) unter Leitung von P. Reinecke

Frühe und mittlere Kaiserzeit
möglicher vorflavischer Stützpunkt zwischen den Kastellen Oberstimm* und Linz
Errichtung des Holz-Erde-Kastells (147 m × 125 m; 1,8 ha) um 79/81 n. Chr.
Ausbau zum Steinkastell mit gleichem Bebauungsschema nach 125 n. Chr.
angenommene Zerstörung des Kastells und des *vicus* Mitte des 3. Jhs.

Besatzung
je eine teilberittene 500 Mann starke *cohors quingenaria equitata: cohors IV Gallorum; cohors III Britannorum*

Spätantike
Reduktionskastell (Innenfläche: 33,6 m × 44,8 m; 0,18 ha) in der Südwestecke des mittelkaiserzeitlichen Kastells, darin: ein freistehendes Verwaltungsgebäude (*principia cum praetorio*, 9,4 m × 11,7 m; 110 m²) und ein später angebautes *horreum* (9,5 m × 19,0 m; 180 m²)
Aufgabe des spätantiken Kastells in Eining im 2. Drittel des 5. Jhs.

Besatzung
Nennung der auf ca. 140 Mann reduzierten *cohors III Britannorum* in der *Notitia Dignitatum* im 5. Jh.

Sichtbare Überreste
Aufmauerung des spätrömischen Reduktionskastells um 1900, rekonstruiertes Mauerwerk liegt um 0,5 m verschoben nicht in der ursprünglichen Flucht
Instandsetzungsarbeiten und Aufmauerung der Überreste des mittelkaiserzeitlichen Kastells in den 1950er-Jahren (oberirdisch keine römische Originalsubstanz); im Bereich der *principia* teilweise fehlerhafte Aufmauerung; Wehranlagen sind nur noch im Kern römischen Ursprungs, da an der Nord- und Ostseite die Außenschale komplett ausgebrochen wurde; gut erhaltenes Mauerwerk im Thermenkomplex

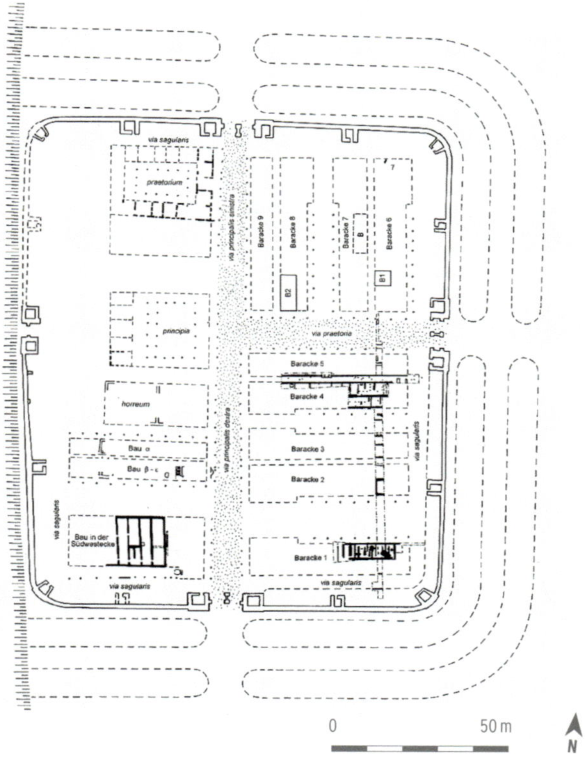

Befunde der flavisch-trajanischen Holz-Erde-Periode (Bauperiode 1) des Kastells Eining mit Idealrekonstruktion der Umwehrung.

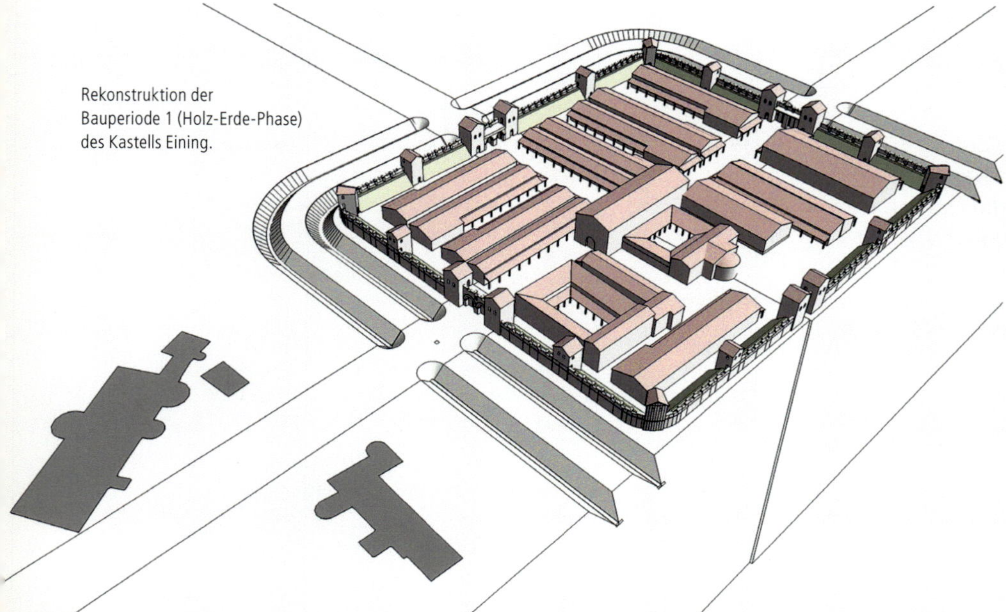

Rekonstruktion der Bauperiode 1 (Holz-Erde-Phase) des Kastells Eining.

Konservierte Grundmauern des Kastellbads vom Aussichtsturm aus.

tens nach dem Jahr 125 n.Chr., wobei das Bebauungsschema und die Lehm-Fachwerk-Bauweise für Mannschaftsbaracken und Unterkünfte für Reittiere beibehalten wurden. Im Verlauf der ersten Hälfte des 2.Jhs. fand auch ein Wechsel der hier stationierten Einheit statt, da die *cohors IV Gallorum* von der ebenfalls teilberittenen *cohors III Britannorum* abgelöst wurde. Ein direkter Zusammenhang zwischen Truppenwechsel und Neubau des Kastells ist nicht zwingend gegeben, da beide Truppen denselben Platzbedarf hatten.

Für das 3.Jh. ist die Situation in Eining vage, da Inschriften ab der Zeit nach 213 n.Chr. fehlen und zwei Münzschätze mit Schlussmünzen des Severus Alexander keinen direkten Bezug zum Limesfall von 254 n.Chr. aufweisen. Die reduzierte Nutzung der Badeanlage nördlich des Kastells nach einer ersten Brandzerstörung kann im Zusammenhang mit einer sich verringernden Vicusbevölkerung und Besatzung gesehen werden. Die im Norden, Osten und Süden fächerförmig um das Kastell gelegene Zivilsiedlung wurde nach der Mitte des 3.Jhs. nicht wieder aufgebaut. Die verbliebene Zivilbevölkerung zog sich in die noch intakten Mauern des Steinkastells zurück, nachdem die auf ein Viertel verkleinerte *cohors III Britannorum* das 0,18ha große Reduktionskastell in der Südwestecke bezogen hatte. Der

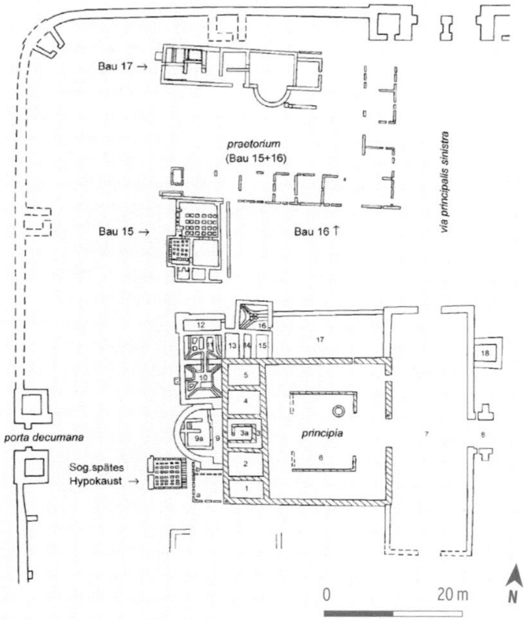

Mittelkaiserzeitliche und spätrömische Steinbauten im Nordwestteil des Auxiliarkastells. a–b Überreste der *principia* der Periode I; 1–6 Kernbau der *principia* der Periode II (schraffiert); 7–18 jüngere Anbauten und Gebäude.

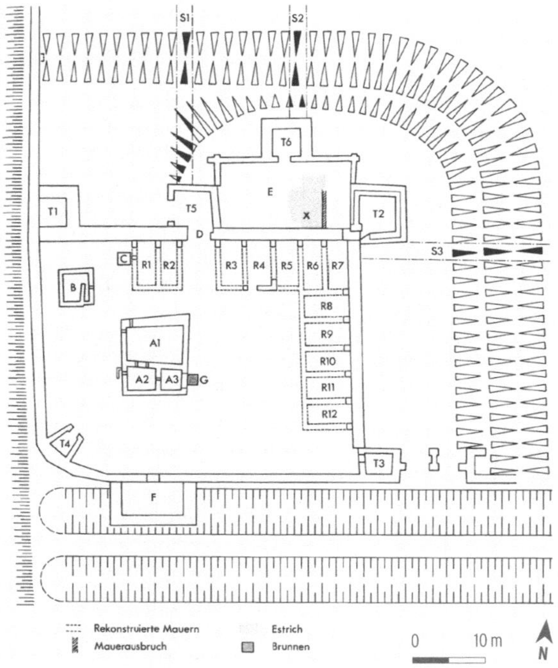

Plan des spätrömischen Reduktionskastells in der Südwestecke. Periode 1 (unter Verwendung der Süd- und Westmauer des mittelkaiserzeitlichen Kastells und des Doppelgrabens vor der Südmauer) mit teilweise rekonstruierter Innenbebauung; Periode 2 mit jüngeren Anbauten (Südvorbau [F]?, Torturm [T5], Nordvorbau [E und T6] sowie Wall-Graben-System).

Bereich des *vicus* ist bisher nur durch Luftaufnahmen und geophysikalische Messungen untersucht. Hervorzuheben ist ein sich durch Bewuchsmerkmale abzeichnender Großbau im östlichen Vicusbereich, der als Unterkunftshaus (*mansio*) angesprochen wird. Die Wiedereinrichtung eines militärischen Stützpunktes um 300 n. Chr. in Form eines Reduktionskastells ist in Eining im Kontext des tetrarchischen Bauprogramms am Donau-Iller-Limes in der *Raetia secunda* zu sehen. Hierbei wurden die intakten Außenmauern im Südwesten zusammen mit dem westlichen Torturm des Südtores mitverwendet. Das mit Kanalheizungen ausgestattete 9,4 m × 11,7 m (110 m²) große freistehende Gebäude ist als spätantikes Verwaltungsgebäude mit Unterkunft für den Kommandanten (*principia cum praetorio*) anzusprechen. Die Unterkünfte für die Soldaten befanden sich in zwei Etagen entlang der Kurtine. Bei einem nördlichen Anbau handelt es sich um ein später angebautes *horreum*, das im Kontext des valentinianischen Bauprogramms zu sehen ist. Die Aufgabe des in der *Notitia Dignitatum* genannten Kastells fällt in das zweite Drittel des 5. Jhs. *K. Ramstetter*

„Tore in die Vergangenheit" als Informationsträger im Kastell Eining.

32 Eining-Unterfeld

Luftbild des Kommandobereichs des Vexillationslagers mit *praetorium* und *principia*.

Kurz nach ihrer Aushebung in der Mitte der 160er-Jahre wurde die *legio III Italica* nach Raetien verlegt, wo die Markomannenkriege (166–180 n. Chr.) ein Eingreifen des Militärs erforderten. Im Eininger Unterfeld, knapp 1 km vom Kohortenkastell *Abusina* / Eining entfernt, bezogen etwa 3.000 Legionäre das vermutlich etwas mehr als 11 ha große Lager und nutzten es, bis das Legionslager in Regensburg im Jahr 179 n. Chr. fertig gestellt war. Von hier aus wurden möglicherweise in die Provinz eingefallene Germanen bekämpft. Dafür spricht auch die Ausrichtung der Praetorialfront in Richtung Nordwesten, also über die Donau hinweg in das Barbaricum. Die gesamte, der Donau zugewandte Seite ist durch den Fluss weggespült worden, der erhaltene Teil von 328 m × 320 m wird von drei Gräben eingefasst. Eine steinerne Umwehrung besaß das Lager nicht, es wurde vermutlich von einer Rasensodenmauer umgeben. Von der Innenbebauung sind Reste der 70 × 70 m

großen *principia* aus Grabungen und vor allem Luftbildern bekannt, zudem lässt sich ein repräsentatives Gebäude mit einer 50 m langen Front als *praetorium* ansprechen. Ungewöhnlich ist hier der Grundriss, der an eine *villa rustica* erinnert. Beide Gebäude wurden trotz der kurzen Nutzungsdauer des Lagers in Stein gebaut. Von den sonstigen Innenbauten des Lagers ist fast nichts bekannt. Nach dem Ende der Markomannenkriege wurde das Lager aufgegeben. *S. Sulk*

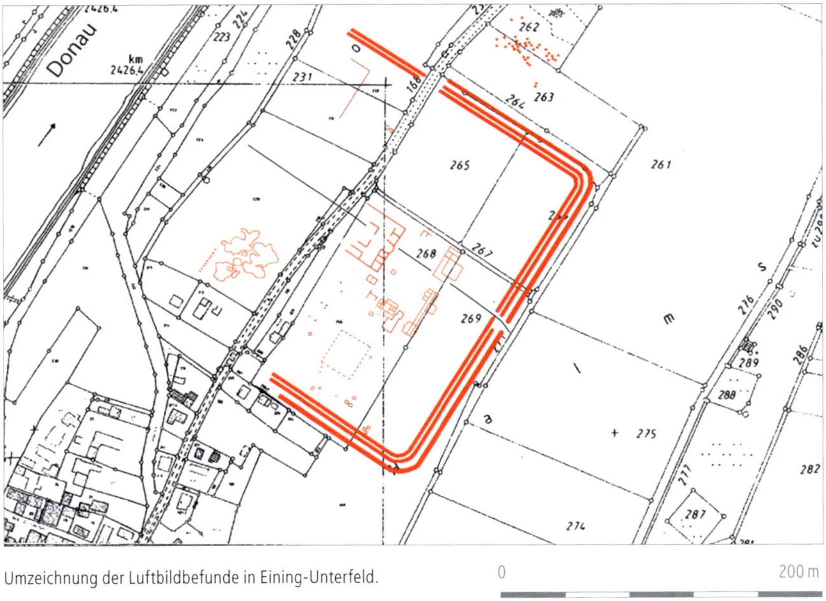

Umzeichnung der Luftbildbefunde in Eining-Unterfeld.

Forschungsgeschichte

1900/04	Untersuchungen durch K. von Popp
1968	Untersuchungen durch H. Schönberger
1977	Luftbilder durch O. Braasch

Kastell

(temporäres) Legionslager mit Rasensodenumwehrung.
328 m × 329 m, die Nordwestseite fehlt aufgrund von Erosion
errichtet um 170 n. Chr., aufgegeben um 179 n. Chr.

Besatzung

Vexillation der *legio III Italica* vermutet

Sichtbare Überreste

äußerer Graben im Nordosten als Geländemulde

33 Heiligtum Eining – Weinberg

Überreste des Heiligtums auf dem Weinberg. Zu sehen sind die Spuren der Ausgrabungen Anfang des 20. Jh.

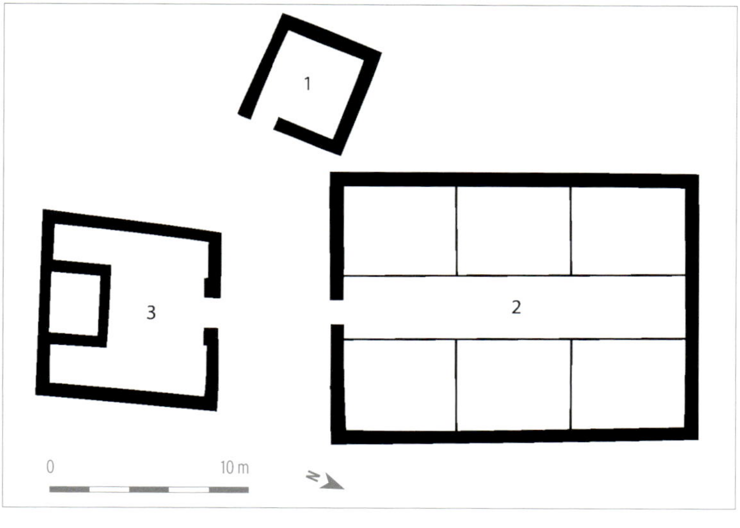

Gebäude auf dem Weinberg.
1 Wachtturm
2 Unterkunftshaus
3 Heiligtum

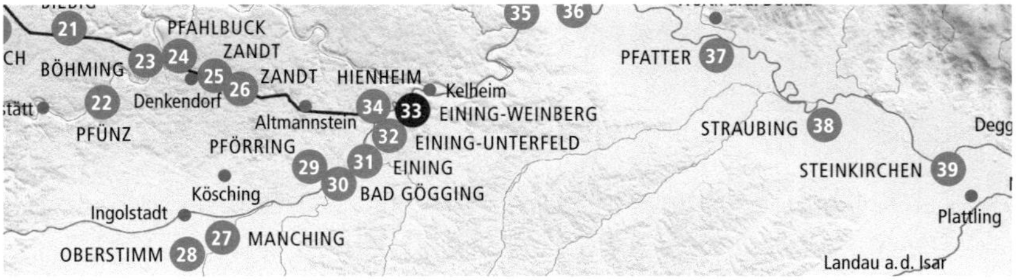

Um die Sichtverbindung vom Ende des Limes bei Hienheim zum Kastell Eining zu gewährleisten, wurde auf dem 1.900 m nordöstlich von Eining/*Abusina* gelegenen Weinberg ein Wachtturm errichtet. Ausgrabungen fanden von 1916 bis 1918 unter P. Reinecke statt. Er dokumentierte die Grundfläche des Wachtturms sowie zweier weiterer Steingebäude. Den Funden nach wurde zuerst der vermutlich hölzerne Turm mit Steinsockel gebaut, während man die beiden anderen Gebäude, einer fragmentarisch erhaltenen Bauinschrift nach, im Jahr 226 oder 229 n. Chr. errichtete. Eines dieser Gebäude ist ein kleiner Tempel für Mars und Victoria, deren Kultbilder bei den Grabungen gefunden wurden. Der Kultbau war podiumsartig erhöht und von einer niedrigen Temenosmauer umgeben. Diesem Kultbezirk gegenüber befand sich ein weiteres Gebäude mit einer Grundfläche von 14 m × 19 m. Untergliedert war es durch einen Flur und jeweils drei Räume zu jeder Seite. Es diente vermutlich als Unterkunftshaus für Gläubige oder die Besatzung des Wachtturms. Das Ende von Heiligtum und Wachtturm dürfte mit der Aufgabe des Raetischen Limes zusammenfallen. Im frühen Mittelalter wurde der Platz durch eine christlich geprägte Bevölkerung genutzt, was die große Zahl an Funden mit christlichem Bezug beweist. *S. Sulk*

Forschungsgeschichte
1916–18 Ausgrabung durch P. Reinecke

Gebäude
Wachtturm: wohl Steinsockelbau mit Aufgehendem aus Holz, 6 m × 6 m
kleiner Podiumstempel: Steinbau (3,5 m × 4,3 m), Kultbilder für Mars und Victoria, mit Temenosmauer
„Unterkunftshaus“: Steinbau (14 m × 19 m), Gang mit je drei Räumen an den Seiten

Datierung
Tempel und „Unterkunftshaus“ laut Bauinschrift wohl 226 oder 229 n. Chr.
Wachtturm: etwas früher
Ende mit Aufgabe des Raetischen Limes?
Weiternutzung durch christliche Bevölkerung im frühen Mittelalter

Sichtbare Überreste
Grundmauern der Gebäude als deutliche Geländeerhebungen

34 Limes bei Hienheim

Neubau eines Limeswachtturms in modernen Formen westlich WP 15/46.

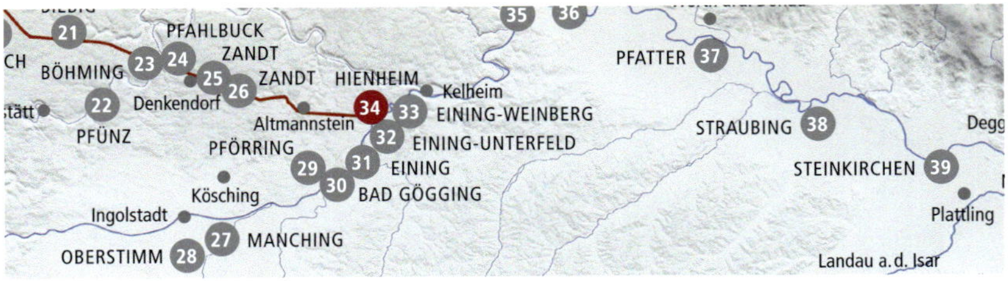

1,2 km vor dem östlichen Ende des ORL liegt ein Kleinkastell bei Hienheim, das ca. 50 m südlich des Limesverlaufs errichtet wurde. Bislang fanden hier keine Ausgrabungen statt, allerdings konnten durch Luftbildprospektion und Geophysik umfassende Erkenntnisse zu seinem Grundriss mit steinerner Umwehrung und hölzerner Innenbebauung gewonnen werden. Eine Besonderheit ist der zum Limes hin ausgerichtete um Nord-, West- und Ostseite angelegte, vorgelagerte Wehrgraben, der im südlichen Bereich nachweislich nicht vorhanden war. Ob dies so geplant war oder der Graben nicht fertig gestellt werden konnte, ist nicht geklärt. Auch die Datierung des Kleinkastells ist unklar; vom Gelände stammt lediglich etwas mittelkaiserzeitliche Keramik, die während der 1970er-Jahre beim Pflügen zutage kam.

Etwa 0,5 km östlich des Kleinkastells befindet sich WP 15/46 auf einer leichten Anhöhe. Es handelt sich um den vorletzten Wachtturm an diesem

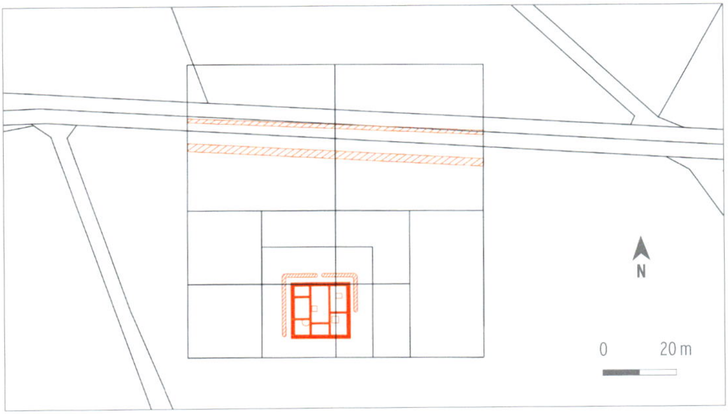

Ergebnisse der geophysikalischen Untersuchungen am Kleinkastell.

Forschungsgeschichte

1975	Entdeckung eines „Mauerquadrats" beim Pflügen
1979	erste Luftbildbefunde und fälschliche Interpretation als WP 15/45
2007	Luftbildentzerrung stützt Interpretation als Kleinkastell
2007	Magnetometer- und Widerstandsprospektion
2012	Bodenradarprospektion

Kleinkastell

quadratischer Steinbau mit 1 m breiter Außenmauer, im Norden Durchgang, evtl. mit zwei Torwangen

Größe: 16 m × 16 m, Nutzfläche 200 m², an Ost-, West- und Nordseite ca. 1 m breiter vorgelagerter Graben mit Erdbrücke, Eingang im Norden

hölzerne Innenbebauung: entlang der Außenmauer U-förmig um einen Innenhof angelegt

ORL

ORL A 7, Strecke 15 (1932) 49

Kleinkastell im Luftbild. Blick nach Osten.

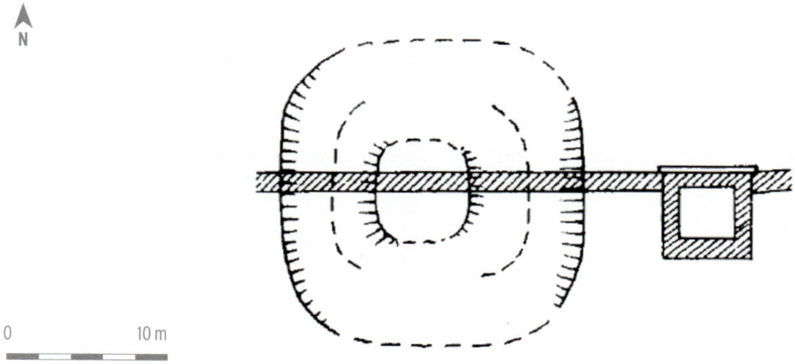

WP 15/46.

Ende des ORL. Von hier aus reichte der Blick im Süden über das Donautal bis zum Kastell *Abusina*/Eining; nach Westen hin waren das Kleinkastell und der folgende WP 15/44 in Sichtweite. Die Vorderseite des im Gelände noch sichtbaren Steinturms liegt in einer Linie mit der zu beiden Seiten anstoßenden Limesmauer. Auffällig ist dabei die deutlich geringere Stärke der Nordmauer des Turms von nur 0,65 m. Der frühere Holzturm lag ein wenig weiter westlich und wird von der Raetischen Mauer geschnitten. Im Jahr 2014 wurde 140 m westlich der originalen Turmstelle ein abstrakter Neubau des Wachtturms eröffnet.

An der Kreuzung des Limes mit der Straße nach Essing ließ 1861 König Maximilian II. einen Gedenkstein errichten. Von hier aus führt der unter einer Baumreihe gut erhaltene Schuttwall der Limesmauer bis kurz vor die heutige Donau. Weder RLK noch neuere geophysikalische Untersuchungen konnten eine besondere Gestaltung des Limesendes feststellen: Die Raetische Mauer scheint in einem unspektakulären stumpfen Abschluss aufzuhören, vielleicht durch eine Reparatur nach innen verstärkt. *S. Hüdepohl*

Limessäule auf dem Ende der Limesmauer vor dem Abstieg zur Donau.

Forschungsgeschichte

im 19. Jh.	Feststellung des Turmhügels durch J. A. Buchner und J. A. Maier
1975	Nachbau des Holzturms ca. 140 m westlich des Turmstandortes
2009	Zerstörung des Nachbaus durch Brand
2014	Errichtung eines neuen Holzturmnachbaus an selber Stelle

Turmstelle

Holzturm mit Graben: 10,7 m × 10,7 m (von Grabensohle zu Grabensohle), wird von Limesmauer mittig geschnitten. Steinturm 15 m östlich: 4,55 × 4,85 m, nördliche Mauer mit Sockel 0,65 m, übrige Mauern 0,90 bis 1 m stark; Palisadengraben an dieser Stelle ca. 5,4 m nördlich der Limesmauer

Sichtbare Überreste

Turmstelle von Feldweg geschnitten, zwei Mulden im Grabenbereich des Holzturms und 15 m östlich die Nordmauer des Steinturms im Verlauf der Mauer als erhöhter Bereich erkennbar

ORL

ORL A 7, Strecke 15 (1932) 49

35 Regensburg-Großprüfening

Luftbild des Kastells.
Blickrichtung Nordwest.

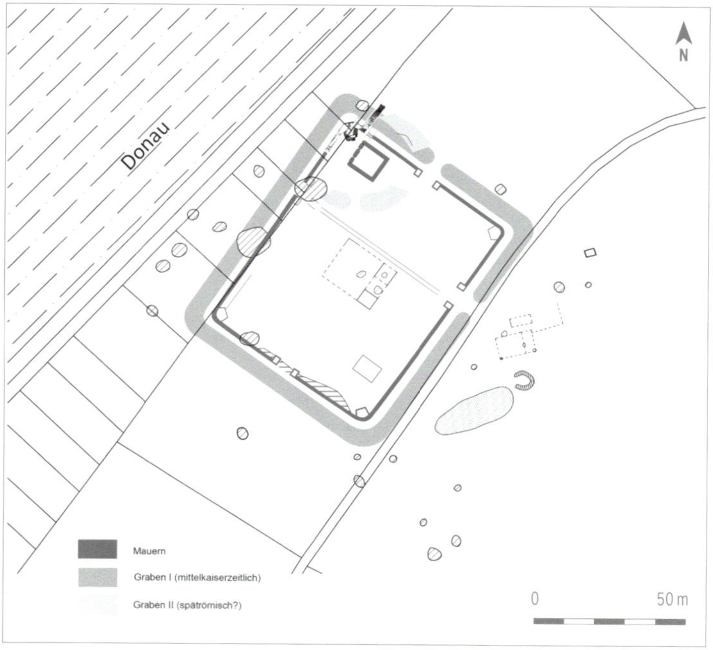

Grundriss des Kastells mit Einbauten in der Nordecke, basierend auf den Ausgrabungen, den Luftbildern und den geophysikalischen Messungen.

Als in den 70er-Jahren des 2. Jhs. Regensburg* im Zuge der Markomannenkriege zum Legionsstandort wurde, schien es nötig, auch die Mündung der Naab und die Uferstraße entlang der Donau militärisch zu sichern. Dies geschah durch ein Steinkastell von 0,47 ha Größe. Entlang der Uferstraße entstand auf etwa 1.000 m Länge ein zugehöriger *vicus*, von dem bisher hauptsächlich Handwerksbetriebe sowie zwei Gräberfelder bekannt sind. Vermutlich bestand die Garnison aus Abkommandierungen der Regensburger Legion oder anderer Einheiten. Von der Innenbebauung sind Räume der *principia* durch Grabungen und geomagnetische Prospektionen sowie Hinweise auf Speichergebäude und Mannschaftsunterkünfte bekannt. Das Kastell war mit einer etwa 4,5 m hohen Mauer befestigt und mit einem etwas mehr als 5 m breiten und rund 1,9 m tiefen Graben umgeben. Dieser wurde zu einem späteren Zeitpunkt neu angelegt. Möglicherweise steht dies in Zusammenhang mit der Zerstörung und vermuteten Auflassung des Kastellvicus in der Mitte des 3. Jhs. Das Kastell bestand wohl bis in die 80er-Jahre des 3. Jhs. weiter. Nach einer planmäßigen Niederlegung des Kastellgeländes wurde in der Nordecke des Kastells ein befestigter Turm, ein sog. *burgus* errichtet. Dies geschah vermutlich im 4. Jh. Er besaß eine Höhe von mindestens 9 m, was sich aus dem Versturz einer Mauerseite rekonstruieren lässt. Zudem war er von einem Graben umgeben. Funde belegen, dass die römische Präsenz an diesem Ort bis an das Ende des 4. Jhs. andauerte. *S. Sulk*

Antiker Name
unbekannt (ebenfalls *Reginum*, wie das Legionslager und seine Zivilsiedlung?)

Forschungsgeschichte

Anfang	
19. Jh.	erste Fundmeldungen
1899/1900	Entdeckung von Brandgräbern
1909–13	Untersuchungen durch G. Steinmetz und J. B. Mehler
1973/74	Untersuchungen durch Th. Fischer, L. Breinl und U. Osterhaus (BLfD)
1977	Entdeckung im Luftbild durch O. Braasch
1978/79	Untersuchungen durch U. Osterhaus (BLfD)
1989	Untersuchungen durch U. Osterhaus (BLfD)
2010	geophysikalische Untersuchungen durch J. Faßbinder (BLfD)

Kastell
Steinkastell (ca. 79 m × 62 m; 0,47 ha) mit vier Toren, Ausrichtung parallel zur Donau
Errichtung zeitgleich oder kurz nach dem Bau des Legionslagers, Zerstörung im letzten Viertel, möglicherweise in den 80er-Jahren des 3. Jhs. n. Chr.
in spätrömischer Zeit Überbauung des Geländes durch einen *burgus*, der jedoch nicht näher datiert werden kann

Besatzung
vermutlich Vexillation der *legio III Italica* oder anderer Verbände

Sichtbare Überreste
konservierte Grundmauern eines *vicus*-Gebäudes mit Brunnen, Darre und anderen Einrichtungen unter einem Schutzbau, evtl. eine ehemalige Brauerei

36 Regensburg

Luftbild der Stadt Regensburg. Die Struktur des Legionslagers spiegelt sich im Stadtbild wider.

Gegenüber der Mündungen der Flüsse Naab und Regen in die Donau, die hier ihren nördlichsten Punkt erreicht, liegt ein strategisch bedeutsamer Siedlungsplatz. Das Donautal ist hier durch Ausläufer des Bayerischen Waldes (NO), die Hügel des tertiären Donau-Isar-Landes (SO) und die Fränkische Alb (NW, W, SW) begrenzt. Von hier konnte der Weg nach Mainfranken und Böhmen kontrolliert werden. Auch schon in den Jahrhunderten v. Chr. wurde der Verkehrsweg mit Sicherheit genutzt. Eine keltisch-indigene Vorgängersiedlung konnte jedoch bisher nicht nachgewiesen werden, auch der keltisch anmutende Name *Radaspona* bietet keinen Beleg dafür, da er erstmals um 770 n. Chr. in der *Vita Sancti Haimhrammi* des Freisinger Bischofs Arbeo den Herzogssitz der Agilolfinger bezeichnet. Ebenso ist die vermutete Anlage eines Kleinkastells in claudischer Zeit noch ungesichert. Es würde sich aber sehr gut in die strategische Linie von Osterhofen, Oberstimm*

Antiker Name

Legio/Reginum (Kaiserzeit), *Castra Regina* (Spätantike), *Radaspona* (?)

Forschungsgeschichte

Anf. 16. Jh.	erste Beschreibungen durch J. Turmair, genannt Aventinus
18. Jh.	Lokalisierung von Kastell Kumpfmühl und Legionslager durch G. G. Plato
Anf. 19. Jh.	Forschungen zu Inschriften und dem großen Gräberfeld durch R. Zirngibl und B. Stark
2. H. 19. Jh.	Grabungen im Gräberfeld, in Kumpfmühl und in der Altstadt durch J. Dahlem
1895–1935	Untersuchungen durch G. Steinmetz
1924–30	Grabungen im Kastellareal von Kumpfmühl durch P. Reinecke
1963–68	Grabungen im Inneren des Lagers unter dem Niedermünsterkloster durch K. Schwarz
ab 2. Hälfte 20. Jh.	Grabungen und Baubeobachtungen im Zuge von Stadtkernarchäologie
1989	Entdeckung des Schatzfundes von Kumpfmühl
1994–95	Ausgrabungen im Kastell Kumpfmühl

Legionslager

Legionslager in Stein 179 n. Chr. ausgebaut (542 m × 453 m), Ausrichtung nach Norden zur Donau und zur Mündung der Regen, vier Toranlagen mit Doppeltoren, vier Ecktürme und 18 Zwischentürme, mehrere Zerstörungsschichten erkennbar, Nutzung der Befestigung bis in das Mittelalter hinein

Besatzung

legio III Italica

Sichtbare Überreste

porta praetoria teilweise im mittelalterlichen Bau des Bischofshofs integriert und erhalten (zu besichtigen in Straße „Unter den Schwibbögen"), Teile der Lagermauern konserviert

„document Legionslagermauer": Mauer des Legionslagers an drei Stellen in größeren Teilen erhalten, längere Partie der Ostfront im Parkhaus am Dachauplatz mit Informationszentrale zu allen drei Bereichen, Südostecke am Ernst-Reuter-Platz, Nordostecke am Hunnenplatz

„document Neupfarrplatz": Mauerzüge und Reste eines Ziegelplattenbodens von einem Wohnhaus eines hochrangigen Offiziers an der *via principalis*; außerdem Teile des mittelalterlichen Judenviertels (Zutritt nur mit Führung, Informationen auf Website der Stadt Regensburg)

„document Niedermünster": unter dem Niedermünster Teile von Mannschaftsbaracken (nördliche *praetentura*) und weitere Befunde bis zum Bau der romanischen Niedermünsterkirche im 12. Jh. n. Chr. konserviert (Zutritt nur mit Führung, Information auf Website der Stadt Regensburg)

Museum

Historisches Museum Regensburg

und weiter nach Passau* einfügen. Die früheste fassbare Stationierung römischen Militärs datiert in flavische Zeit. Am Ende der Regierungszeit des Kaisers Vespasian (69–79 n. Chr.) oder kurz darauf entstand auf dem Königsberg im Stadtteil Kumpfmühl ein Kastell für eine Hilfstruppenkohorte. Davor entwickelte sich ein typisches Lagerdorf mit Wohn- und Handwerksbauten sowie einem Badegebäude. Im Verlauf des 2. Jhs. wurde das Kastell in Stein ausgebaut und noch im ersten Drittel des 2. Jhs. von 2,1 ha auf 2,8 ha Größe erweitert. In dieser letzten Ausbaustufe bot es Platz für etwa 500 Mann, von denen ein Teil beritten war. Das Kastell diente zur Überwachung der Verkehrswege in das Barbaricum und in Richtung Süden zur Provinzhauptstadt Augsburg / *Augusta Vindelicum.*

Direkt am Ufer der Donau befand sich eine Siedlung, die scheinbar zu einer weiteren militärischen Anlage gehörte. Den archäologischen Funden zufolge existierten beide Plätze zeitgleich vom Ende des 1. Jhs. n. Chr. bis zu den Markomannenkriegen unter Kaiser Marc Aurel (161–180 n. Chr.). In den Wirren dieser Aufstände der germanischen Stämme nördlich der Donau

Römische Fundplätze im heutigen Stadtgebiet Regensburgs.

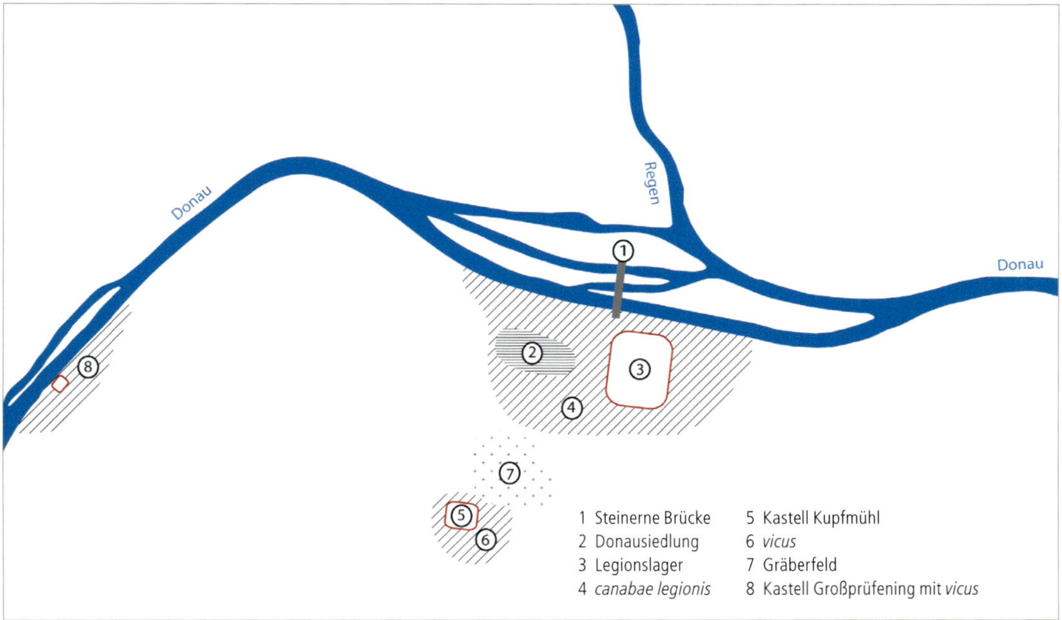

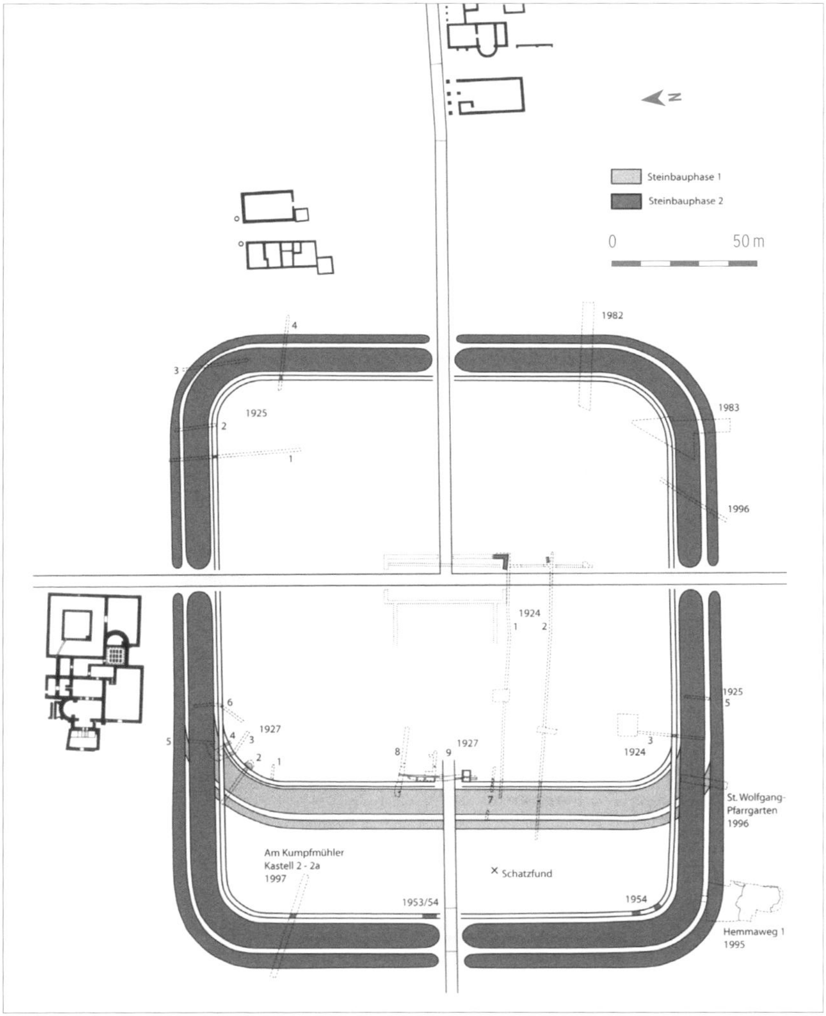

Plan des Auxiliarkastells im Stadtteil Kumpfmühl.

Auxiliarkastell Kumpfmühl
älteres Holzkastell um 80 n. Chr. errichtet, in der Spätzeit Trajans oder dem Beginn der Herrschaft Hadrians in Stein ausgebaut
Steinkastell (183 m × 150 m), vier Toranlagen, Ausrichtung nach Norden
Zerstörung während der Markomannenkriege wohl in den 170er-Jahren

Besatzung
cohors III Britannorum quingenaria equitata vermutlich in trajanischer Zeit nach Eining versetzt, Nachfolgeeinheit *cohors II Aquitanorum quingenaria equitata civium Romanorum*
inschriftlich bekannt, eine Stationierung in Detachements jeweils möglich: *cohors I Flavia Canathenorum milliaria sagittariorum, ala I Flavia singularium civium Romanorum pia fidelis, cohors III Thracum civium Romanorum equitata bis torquata.*

wurden sowohl die Donauufersiedlung als auch Kastell und *vicus* in Kumpfmühl zerstört. Ein Hinweis auf diese Krise ist unter anderem der Schatzfund aus dem Kastell, dessen 25 Gold-, 610 Silber- und 3 Bronzemünzen einen *terminus post quem* von 166/167 n. Chr. angeben.

Als Konsequenz verlegte man die erst in den 60er-Jahren des 2. Jhs. ausgehobene *legio III Italica* an die Donau. Zunächst in Eining-Unterfeld* stationiert, baute sie Regensburg zum größten militärischen Stützpunkt Raetiens

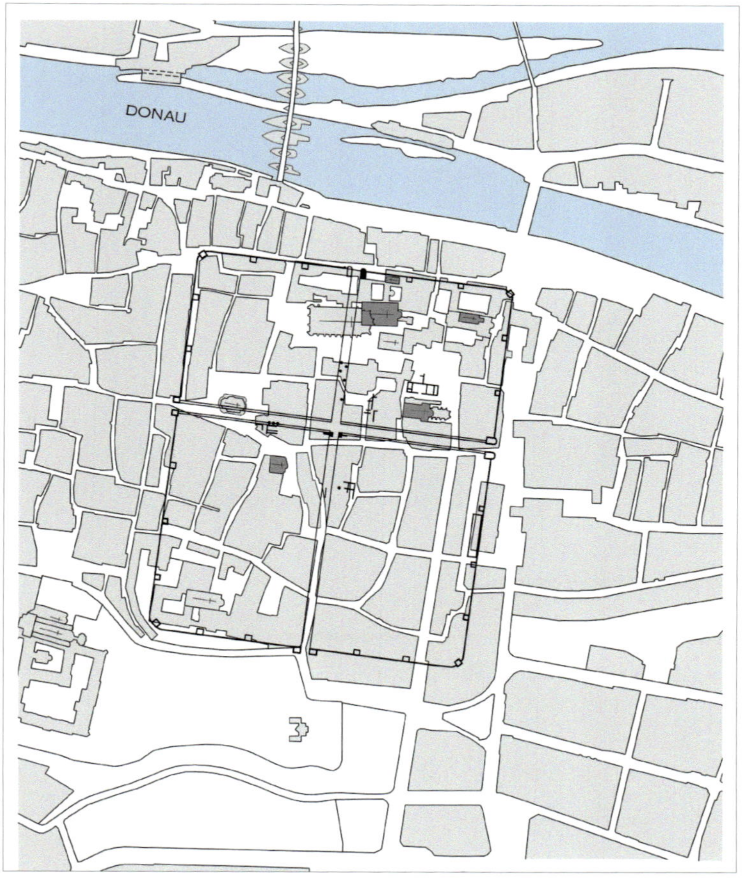

Plan des Legionslagers.

aus. Als Standort wurde der Donaubogen gewählt, die dort befindlichen Überreste der Donauufersiedlung planierte man ein. Die Bauarbeiten an dem 24,5 ha großen Legionslager dauerten sicherlich mehrere Jahre. Die Kalksand- und Kalksteine der Mauer wurden bei Kapfelberg nördlich der Donau gebrochen und direkt zur Baustelle verschifft – ein großer Vorteil der Topographie des Legionslagers. Fertig gestellt wurde es im Jahr 179 n. Chr., was ein Fragment der ehemals 8–10 m langen Bauinschrift über dem Osttor bezeugt. Vier Tore mit Türmen, jeweils ein Turm an den Ecken sowie 18 Zwischentürme wirkten zusammen mit den etwa 6 m hohen Mauern sicherlich sehr imposant. Der Umwehrungsgraben war 7 m breit und 3 m tief. Durch die mittelalterliche Überbauung des Lagers ist von dessen Innenbebauung wenig bekannt, die Mannschaftsbaracken der etwa 6.000 Soldaten waren in Holzbauweise errichtet und wurden im 3. Jh. in Fachwerk ausgeführt. Die Centurionen wohnten in komfortableren Steinbauten am Kopf der Baracken, die höheren Offiziere in luxuriösen Wohnhäusern. Vom palastartigen *praetorium* des Legionskommandanten sowie von dem Verwaltungsgebäude (*principia*) sind nur wenige Mauerreste dokumentiert. Im 3. Jh. wurde eine *fabrica* oder *armamentaria* entlang der Ostmauer eingebaut. Außerdem sind einige Brunnen zur Wasserversorgung bekannt. Vor allem westlich und östlich des Lagers bestanden die *canabae legionis*, die Lagervorstadt. Auch hier ist die Weiternutzung des Areals bis in heutige Zeit Grund für die geringe Kenntnis über die Struktur der Siedlung, in der schätzungsweise 10.000 bis 15.000 Menschen lebten. Der Begräbnisplatz für die Bewohner befand sich hauptsächlich an der Straße nach Süden in Richtung Augsburg. Aus der Zeit um 200 n. Chr. sind die Namen „*Legio*" und „*Reginum*" für Lager bzw. Siedlung überliefert.

Bauinschrift des Osttores.

Weiter westlich befand sich bei Großprüfening* eine weitere Ansiedlung, die zu einer kleinen Militärstation gehörte. Die Versorgung der Truppen wurde durch zahlreiche ländliche Siedlungen im Umfeld von Regensburg gesichert, wie z. B. die *villae rusticae* in den heutigen Stadtteilen Burgweinting und Harting. Als sich Mitte des 3. Jhs. die Konflikte an den Reichsgrenzen ausweiteten, blieben auch Regensburg und sein Umland nicht davon verschont. Ein eindrucksvolles Zeugnis ist der Fund von 13 gewaltsam zu Tode gekommenen Individuen in einem Brunnen bei der *villa rustica* von Regensburg-Harting. Es scheint, als wären die Bewohner um die Mitte des 3. Jhs. Opfer eines Überfalls geworden. Zerstörungsschichten zeigen, dass die Besiedlung des römischen Regensburg auch nach der Auf-

Die Südostecke der Lagermauer am Ernst-Reuter-Platz.

gabe des Raetischen Limes um 254 n. Chr. nicht endete. So kann die Brandzerstörung der Centurionenunterkünfte des Legionslagers in der heutigen Grasgasse um 280 n. Chr. datiert werden. Ähnliche Zerstörungsschichten wurden in unterschiedlichen Arealen des Lagers dokumentiert. Die Besatzung wurde verringert und die Zivilbevölkerung zog sich hinter die schützenden Mauern des Legionslagers zurück. Bis um die Mitte des 5. Jhs. hinein war *Castra Regina*, so der in der *Notitia Dignitatum* überlieferte Name, noch besetzt, wie vor allem die Ausgrabungen unter dem Niedermünster zeigen. Das Legionslager selbst wurde bis in das Mittelalter hinein weiter als Befestigung genutzt, Teile der Umwehrung haben sich so bis heute im Stadtbild erhalten. *V. Fischer und S. Sulk*

Die *porta praetoria* des Legionslagers integriert in den Bau des Bischofshofes.

Schnitt der Legionslagermauer bei „Unter den Schwibbögen 2" mit Erhaltung des Wehrganges.

37 Pfatter

Ergebnis der Magnetometer-prospektion (2005) eingefügt in Luftbild (2001).

Fragment eines hadrianischen Militärdiploms für die Auxiliartruppen Raetiens (Außenseite) aus Pfatter (Abbildung in Originalgröße).

Das Kleinkastell (ca. 0,42 ha) mit *vicus* liegt ca. 1,6 km östlich von Pfatter auf der Donauniederterrasse zwischen Straubing* und Regensburg*, gegenüber von einem Passweg bei Wörth a.d. Donau in den Bayerischen Wald. Die nördliche Kastellhälfte ist von dem modernen Hochwasserdamm überprägt.

Nachdem vermehrt römische Streufunde aus dem Areal bekannt wurden, konnte das Kastell 2001 durch Luftbilder lokalisiert werden. 2005 ergänzte eine Magnetometerprospektion die Erkenntnisse.

Das Kastell weist einen Doppelgraben mit Erdbrücken im Süden auf, die auf ein Tor hinweisen. In der Südwestecke wurden Anzeichen für ein nicht näher definierbares Steingebäude gemessen. Weiter sind diverse Befunde sichtbar, die z. B. von Feuerstellen und Gruben stammen können. Im Kastell ist primär von Holzbebauung auszugehen. Im *vicus* zeichnen sich viele Befunde ab, vermutlich Keller, Gruben, Brunnen und Herdstellen. Eine fast befundfreie, mittige Linie zeigt wohl den Straßenverlauf.

Aus Pfatter liegen nur Streufunde vor. Sie werden ab um 100 n. Chr. bis in die zweite Hälfte des 3. Jhs. n. Chr. datiert. Wenige Funde stammen aus dem 4. und vielleicht frühen 5. Jh. n. Chr. Hervorzuheben sind die Fragmente von sechs Militärdiplomen. 1996 wurde ein Münzdepot der frühen 70er-Jahre des 3. Jhs. ca. 4 km westlich des Kastells entdeckt. Als mögliche Besatzung gilt das Detachement einer Auxiliareinheit. Besonders nach den Markomannenkriegen ist ein Teil der *cohors I Canathenorum sagittariorum* aus Straubing* denkbar. *V. Fischer*

Forschungsgeschichte

1930 von P. Reinecke in Analogie zu Kleinkastell Steinkirchen* bereits vermutet
ab 1978 regelmäßige Befliegung des Gebietes
1990er-Jahre Bekanntwerden vieler Lesefunde
2000–01 regelmäßige Begehung und Befliegung durch G. A. Wood
2001 erste eindeutige Luftbilder durch G. A. Wood sowie Klaus Leidorf (BLfD)
2005 Magnetometerprospektion durch BLfD

Kleinkastell

Holz-Erde-Bauweise mit Doppelgraben, ab um 100 n. Chr.
Größe ca. 0,42 ha, Südseite ca. 60 m lang (Graben innen) wird nach Norden etwas schmaler
Tor im Süden an Grabenunterbrechungen erkennbar
7 km entfernt von Donausüdstraße (Verbindungsstraße unbekannt), gegenüber von Passweg in Bayerischen Wald
Ende der Nutzung zunächst 2. Hälfte 3. Jh. n. Chr., wenige Funde des 4./frühen 5. Jhs. n. Chr.

vicus

Holzbebauung auf ca. 200 m × 50 m geophysikalisch prospektiert, mit einigen Metern Abstand zum Kastell, mittig verläuft Straße

Besatzung

vermutlich Teileinheit von Auxiliareinheit

Keine sichtbaren Überreste

38 Straubing

Teile des Schatzfundes in der Ausstellung des Gäubodenmuseums Straubing.

Der Siedlungskern des römischen Straubing lag auf dem sog. Ostenfeld, einer südlich der Donau gelegenen Niederterrasse. Seine Lage ermöglichte die Überwachung der Kinsachsenke mit einem Handelsweg nach Böhmen.

Einige wenige Fundstücke von dem Kirchhügel St. Peter, unweit westlich des Ostenfeldes, mögen ein Hinweis auf frühkaiserzeitliche Militärpräsenz sein.

Das älteste bekannte Kastell ist das sog. Westkastell IV, welches in frühflavischer Zeit errichtet und zur Zeit der Markomannenkriege zerstört wurde. Die genaue Größe dieses Kohortenkastells, welches zwei Holzbauperioden und eine Steinbauphase aufwies, ist unbekannt. Die für das Westkastell angenommene Besatzung ist die *cohors II Raetorum*.

Wohl ab dem späten 1. Jh. n. Chr. existierte als unmittelbar benachbartes Kastell das sog. Ostkastell I. Neben einem Abschnitt des südlichen Wehrgrabens und dem Südtor sind nur wenige Befunde der Innenbebauung ergraben, sodass die Ausdehnung des Holz-Erde-Kastells unbekannt ist. Dies gilt auch für das etwa in domitianischer Zeit nachfolgende sog. Ostkastell II, von dem ein Teil des nördlichen Wehrgrabens mit Unterbrechung für die Durchfahrt und wenige weitere Befunde dokumentiert wurden.

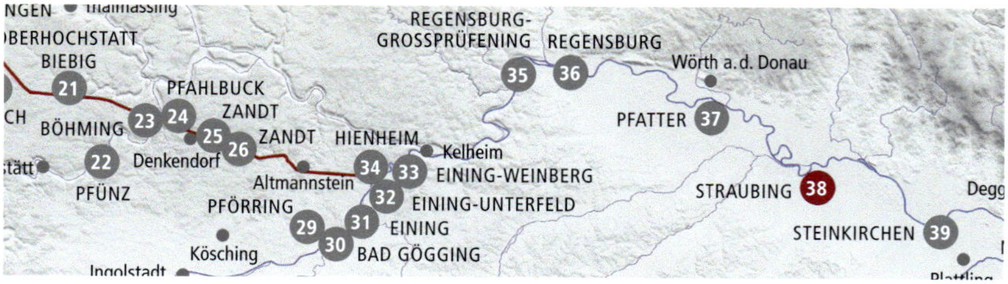

Spätestens in hadrianischer Zeit wurde es durch das größte Kastell von Straubing, Ostkastell III, ersetzt. Mit ca. 3,2 ha bot es der teilberittenen *cohors I Flavia Canathenorum milliaria sagittariorum* Raum. Etwa um die Mitte des 2. Jhs. n. Chr. erfolgte der Umbau in Stein (Phase III b). Eine doppelte Tordurchfahrt mit *spina* ist für die *porta decumana* im Norden und die *porta praetoria* im Süden gesichert. Insbesondere durch eine Magnetometerprospektion des BLfD (2013) ist die nahezu vollständige Rekonstruktion der Innenbebauung möglich. Das Straßennetz und ein Kanalsystem zur Entwässerung sind hervorragend zu erkennen. Anhand der guten Sichtbarkeit der Jaucherinnen von den Pferdeställen lassen sich die Reiterbaracken in

Antiker Name

Sorviodurum (Tabula Peutingeriana)

Forschungsgeschichte

1898–1913	Ausgrabungen auf dem Ostenfeld durch den Historischen Verein für Straubing und Umgebung
1909	Lokalisierung des Kastells III durch F. Ebner
1950	Entdeckung des Straubinger Schatzfundes
1960, 1968, 1970	Ausgrabungen auf dem Hügel von St. Peter im Bereich des spätantiken Kastells durch N. Walke und W. Sage
1976–78	Ausgrabungen am Nordtor von Kastell III durch J. Prammer
1978	Einrichtung der Stadtarchäologie Straubing besetzt durch J. Prammer, darauf folgen zahlreiche Ausgrabungen im römischen Stadtgebiet
1981, 1984	Auffindung der spätantiken Gräberfelder Azlburg I und II
1984	Entdeckung des Westkastells IV
1986	Entdeckung des römischen Hafens
1993, 1997–2000	weitere Grabungen unter St. Peter
2009	geophysikalische Messungen im Bereich des Kastells III durch die TU Weihenstephan
2013	Magnetometerprospektion auf dem Areal von Kastell III durch das BLfD

Ostkastelle

Kastell I

Holz-Erde-Bauphase, spätes 1. Jh. n. Chr.

Einheit und Größe unbekannt, abgelöst durch Kastell II

Kastell II

Holz-Erde-Bauphase, ca. domitianisch–trajanisch

Einheit und Größe unbekannt

Kastell III

Holz-Erde-Bauphase III a, trajanisch/hadrianisch gegründet (ca. 3,2 ha)

ein Wehrgraben, hölzernes Nordtor sowie Teil des Wehrganges ergraben

Steinbauphase III b, ca. Mitte 2.–Mitte 3. Jh. n. Chr. oder etwas länger, ca. 190 m × 170 m (ca. 3,2 ha)

Steinumwehrung mit vier Gräben (je zwei gleichzeitig)

gemischte Innenbebauung (durch Geophysik 2013 auf Mittelstreifen von West nach Ost erkennbar: evtl. *valetudinarium, principia,* evtl. *fabrica, praetorium*)

Einheit: *cohors I Flavia Canathenorum milliaria sagittariorum*

Westkastelle

Kastell IV

Holz-Erde-Bauphase, frühflavisch gegründet

Steinbauphase, ca. Mitte 2.– Ende 3./Anfang 4. Viertel 2. Jh. n. Chr., genaue Größe unbekannt

Einheit: *cohors II Raetorum*

Hafen

zeitgleich mit Kastell IV errichtet

Kaianlagen und zwei Piers ausgegraben

Nutzung dieser Anlagen mindestens bis in trajanische Zeit, zumindest als einfache Schiffslände wohl bis ins 8./9. Jh. n. Chr. in Betrieb

Sichtbare Überreste

Teilrekonstruierte Grundmauern eines Vicushauses im „Archäologischen Park" an der Schlesischen Straße, Bepflanzung der südlichen Kastellgräben

Museum

Gäubodenmuseum Straubing

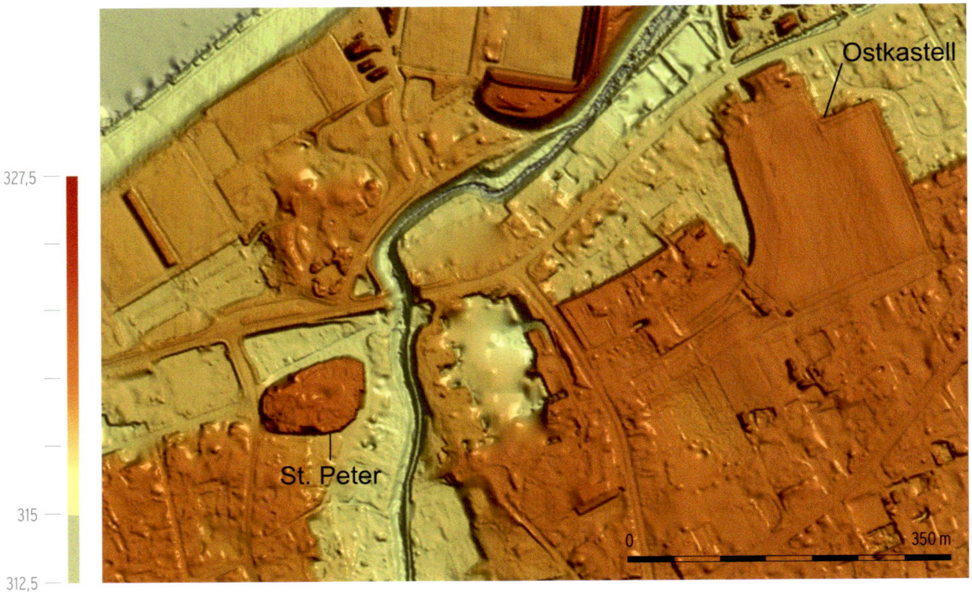

Laserscan des römischen Siedlungskerns von Straubing. Westlich der Kirchhügel von St. Peter, der Standort des spätantiken Kastells. Östlich das Ostenfeld. Das Areal des Ostkastells ist weitgehend frei von moderner Bebauung.

der südlichen und die Unterkünfte der Infanterie in der nördlichen Hälfte verorten. Das Ostkastell III fand sein Ende durch Brandzerstörung möglicherweise erst wenige Jahrzehnte nach der Mitte des 3. Jhs. n. Chr.

Bis zu den Markomannenkriegen wies *Sorviodurum* mit ca. 1.500 Soldaten von West- und Ostkastell die größte Militärpräsenz am Raetischen Donaulimes auf. In einem damaligen Seitenarm der Donau westlich von Westkastell IV befand sich zeitgleich mit diesem außerdem ein Hafen.

West- und Ostkastell hatten jeweils ihren eigenen *vicus*, wobei der Bereich zwischen den Kastellen nahezu unbebaut war. Zahlreiches Kultgeschirr eines orientalischen Mysterienkultes im Keller eines Streifenhauses weist auf ein Heiligtum für die Gottheit Sabazios im *vicus* des Ostkastells hin. Die Markomannenkriege stellten einen Einschnitt durch massive Kriegsschäden an der Zivilsiedlung selbst, aber auch durch die Zerstörung des Westkastells dar. Es folgte der Wiederaufbau des *vicus* des Ostkastells III mit Ausweitung auf das ehemalige Areal des Westkastells. Diese jüngere Siedlungsphase ist durch landwirtschaftliche Eingriffe größtenteils schlecht erhalten. Generell gab es mehr Steinbauten, die größten im neuen Westvicus, der nun vielleicht den bedeutsamsten Siedlungsbereich darstellte.

Sechs Übungslager im Stadtteil Hofstetten (ca. 1,5 km östlich des Siedlungskerns) sind anhand von Luftbildern und Grabungen lokalisiert, jedoch nicht genauer datierbar.

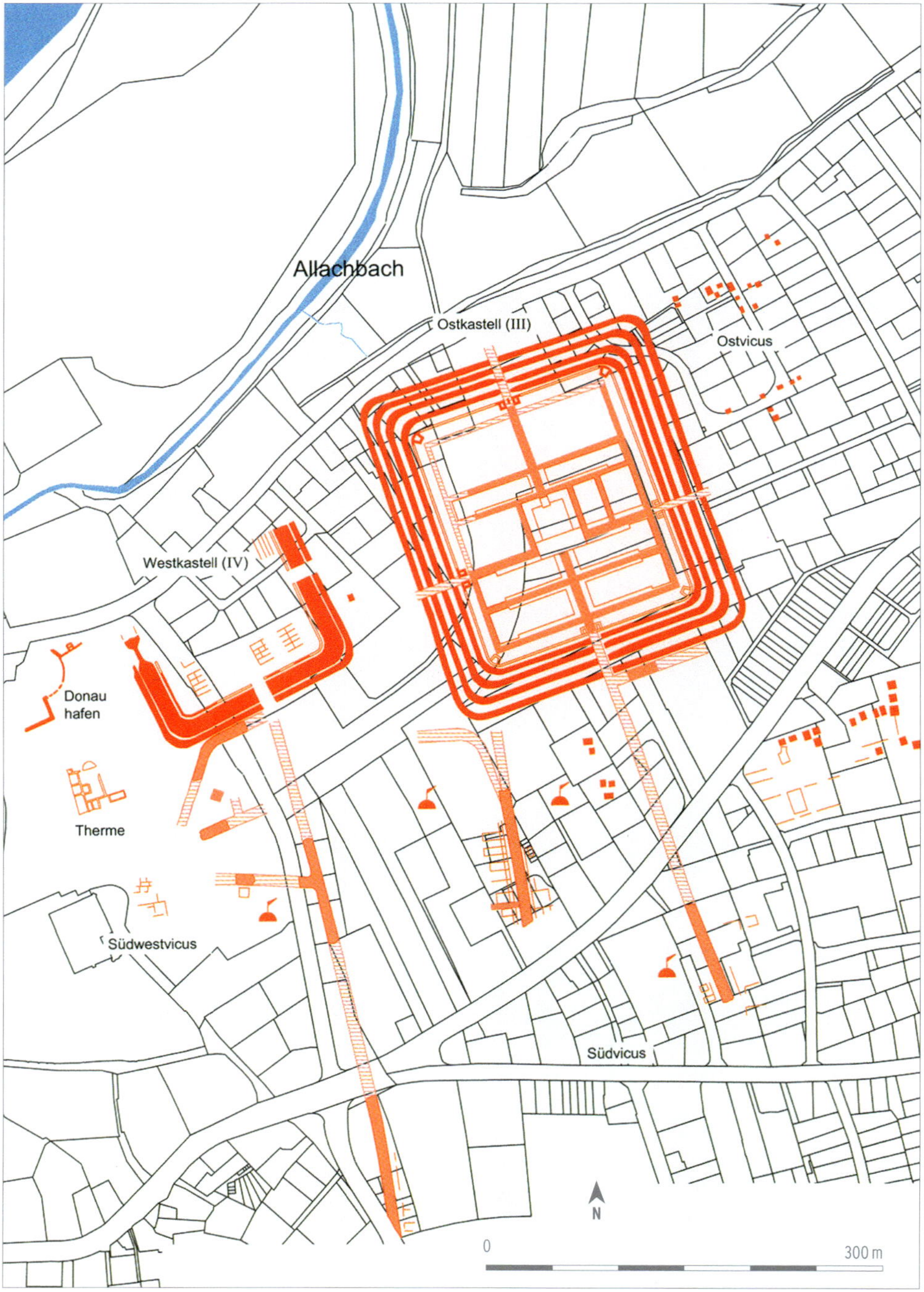

Überblick über das römische Straubing.

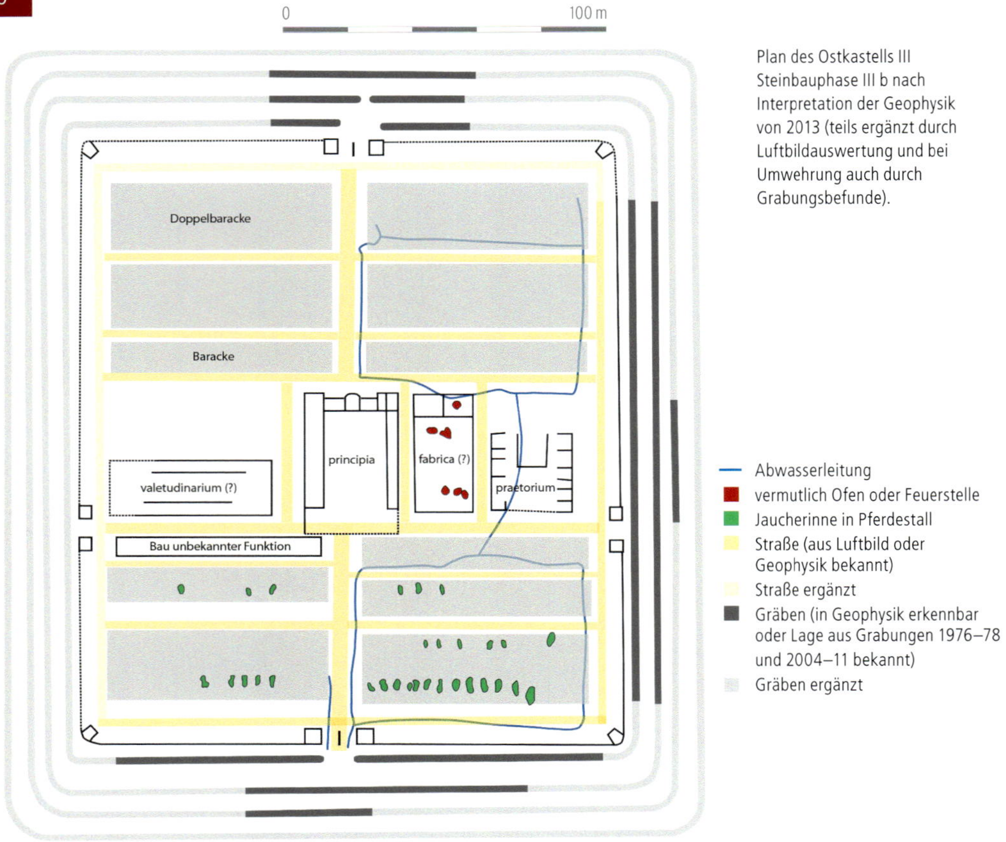

Plan des Ostkastells III Steinbauphase III b nach Interpretation der Geophysik von 2013 (teils ergänzt durch Luftbildauswertung und bei Umwehrung auch durch Grabungsbefunde).

Zwiebelknopffibeln der römischen Militär- und Amtstracht aus den spätantiken Körpergräbern von Straubing.

Teilrekonstruiertes Steingebäude (mit unbekannter öffentlicher Funktion) des *vicus* im sog. Römerpark.

Mittelkaiserzeitliche Gräberfelder sind an den Ausfallstraßen nach Westen, Süden und Osten nachgewiesen; das größte dehnte sich im Osten über eine Länge von 750 m aus.

Ein prominenter Fund, der das gewaltsame Ende des Kastells und der Zivilsiedlung bezeugt, ist der 1950 entdeckte Schatzfund von Straubing. In einem großen umgedrehten Kessel fanden sich unter anderem zahlreiche Teile von Paraderüstungen und mehrere Statuetten.

In der Spätantike verlagerte sich die militärische Präsenz auf den heutigen Kirchhügel St. Peter. Befunde der Nordbefestigung und spätantike Kleinfunde geben hier den Standort eines Kastells zu erkennen. In der heutigen Altstadt konnten spätantike Bestattungen erfasst werden, die ab Ende des 3. bis in die erste Hälfte des 4. Jhs. n. Chr. datiert werden. Zwei weitere Gräberfelder dieser Epoche fanden sich beim Kloster Azlburg (Azlburg I und II genannt). Aufgrund mancher Beigaben nimmt man als Besatzung für das spätantike Kastell elbgermanische *foederati* an.

Die spätantike Besiedlung endete wohl spätestens Mitte des 5. Jhs. n. Chr. Die ältesten Beigaben des frühmittelalterlichen Gräberfeldes an der Bajuwarenstraße lassen eine kontinuierliche Besiedlung von Straubing vermuten. *V. Fischer*

39 Steinkirchen (Stephansposching)

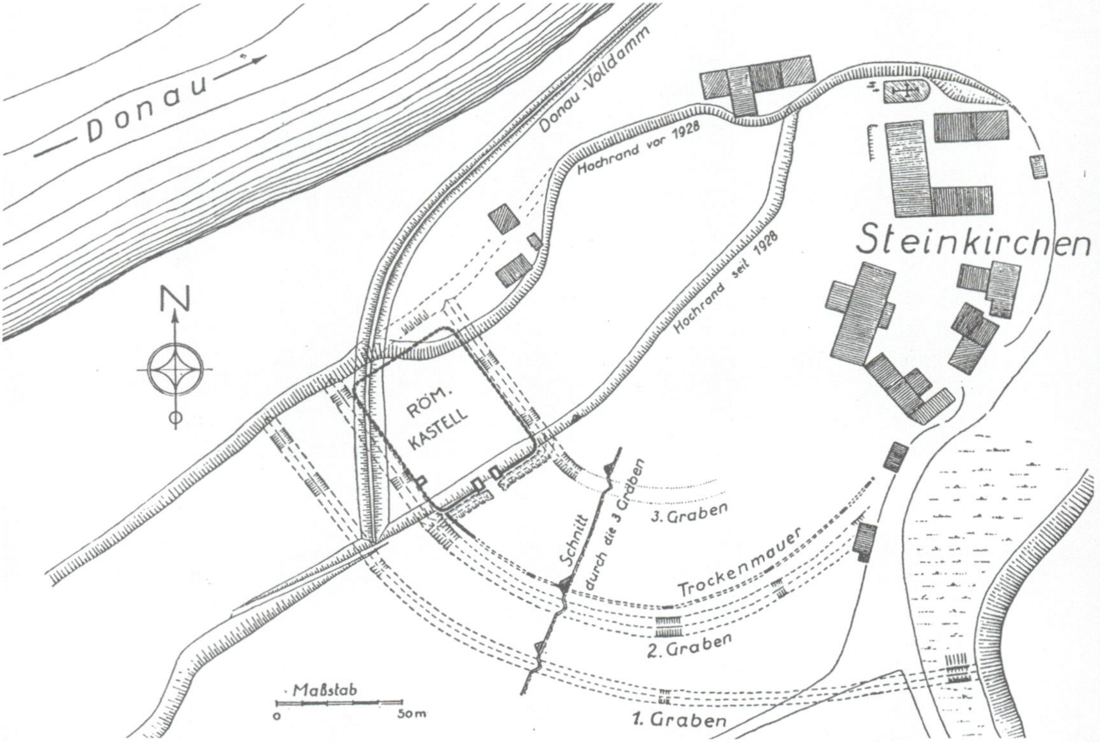

Die Lage des römischen Kastells in Steinkirchen und der Abschnittsbefestigung des älteren Mittelalters (drei Gräben und eine Trockenmauer).

Über das Kleinkastell und den Kastellvicus von Steinkirchen, etwa mittig zwischen Straubing* und Passau* gelegen, ist wenig bekannt, da sie von 1874 bis 1968 fast vollständig Geländeabtrag und Bauarbeiten zum Opfer fielen. Unser heutiges Wissen beruht primär auf Beobachtungen durch den Bauingenieur H. Neubauer. Er bemühte sich um die Bergung von Funden und kartierte 1928, soweit möglich, die Kastellbefunde. Das wohl zweiphasige Kastell maß ca. 75 m × 48 m. Das Südtor, ein Turm der Südwestumwehrung und ein Wehrgraben wurden ebenso dokumentiert wie drei Gräben einer spätmittelalterlichen Abschnittsbefestigung, von denen einer den römischen Kastellgraben mit einbezog. Neubauer barg auch Teile der südwestlich und südöstlich des Kastells liegenden Brandgräberfelder. Im Südwesten wurde das Teilstück einer Straße Richtung Straubing* erkannt. Teils stark verbrannte Fragmente einer Kalkschieferplatte mit Löchern zur Anbringung von Bronzebuchstaben, die beim Südtor gefunden wurden, stammen wohl von einer Inschrift, wie sie 213 n. Chr. über den Toren von diversen Kastellen anlässlich Caracallas Besuch in Raetien montiert wurden. Eine Zerstörung des Kastells und des *vicus* ist wohl nicht vor Mitte des 3. Jhs. n. Chr. anzunehmen. In diesem Zusammenhang wird ein Hort mit über 700 Eisenobjekten, vor allem Baubeschlägen, aber auch Waffen und Geräten, gesehen, den Neubauer 1970 am Rande einer Kiesgrube im nahe gelegenen Michaelsbuch-Uttenkofen fand. Zumindest ein Teil davon könnte aus dem Schutt des Kastells in Steinkirchen aufgelesen worden sein, der Großteil dürfte direkt aus der *villa rustica* vor Ort stammen. *V. Fischer*

Forschungsgeschichte

1874	erste Zerstörung durch Kiesgrube am Hochterrassenrand
1913	Pfarrer Marktstaller meldete P. Reinecke mittelkaiserzeitliche Funde
1928	Entdeckung des Kleinkastells und des südwestlichen Gräberfeldes durch Abgraben für Donau-Hochwasserdämme mit Notbergung und Befundkartierung durch H. Neubauer
späte 1960er-Jahre	Entdeckung mittelkaiserzeitlicher Brandgräber in Kiesgrube südöstlich des Kastells durch H. Neubauer
1978	Einrichtung der Kreisarchäologie Deggendorf
1980er-Jahre	Rettungsgrabungen mit Befunden der römischen und ältermittelalterlichen Zeit

Kleinkastell

Erbauung analog zu Kleinkastell Pfatter* wohl ab um 100 n. Chr.

Größe ca. 75 m × 58 m (ca. 0,44 ha), ca. 3,5 km nördlich der römischen Donausüdstraße, Straße nach Südwesten nachgewiesen

Ende vermutlich nicht vor Mitte 3. Jh. n. Chr.

***vicus* und Gräberfelder**

in großen Teilen ohne Dokumentation zerstört, teils Funde von mittelkaiserzeitlichen Brandgräberfeldern südwestlich und südöstlich des Kastellareals notgeborgen

Keine sichtbaren Überreste

40 Künzing

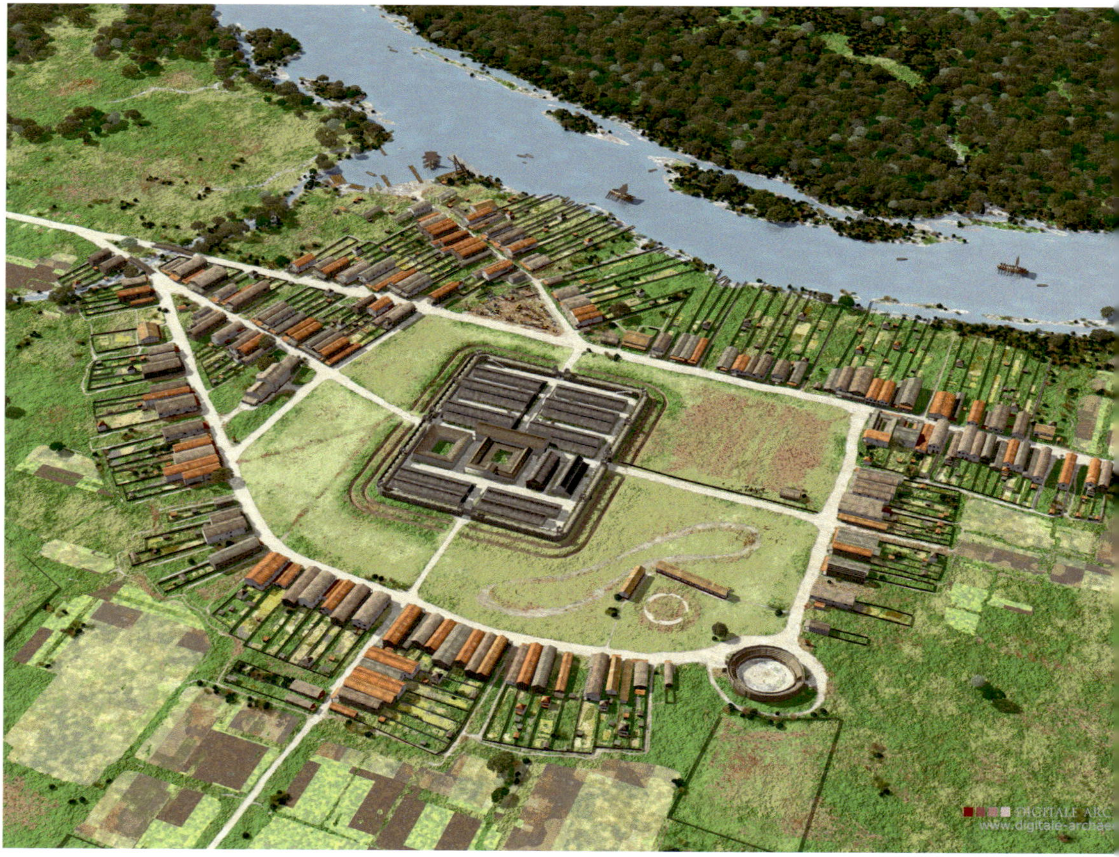

Impression des Truppenstandorts Künzing mit Kastell, Truppenübungsplatz, Kastellvicus, Amphitheater.

Das mittelkaiserzeitliche Kastell *Quintana* und sein *vicus* liegen im Ortskern von Künzing in ca. 260 m Entfernung zu einem alten Donauverlauf in Terrassenlage.

H. Schönberger konnte anhand der Ergebnisse seiner Ausgrabungen für die Römisch-Germanische Kommission (1958–66) vier Bauphasen des Kastells herausarbeiten, wobei sich die Größe von 2,2 ha erhalten hat. Die Gründung ist nach neuesten Forschungen G. Moosbauers in das erste Viertel des 2. Jhs. zu datieren. Wahrscheinlich ersetzte Künzing das frühflavische Kastell von Moos-Burgstall. In dieser ersten Phase war es durch eine Holzmauer mit angeschüttetem Wall und einem Spitzgraben umwehrt. Im

Innenraum wurden Baracken, mögliche Ställe sowie ein weiteres Gebäude teilweise erfasst. Für die zweite Phase (früh- bis mitteltrajanisch bis in die 50er-Jahre des 2. Jhs. n. Chr.) gelten eine Holz-Erde-Mauer und zwei Gräben als gesichert. Veränderungen an der Innenbebauung wurden nicht festgestellt. Der ersten Steinumwehrung, die wohl spätantoninisch erbaut wurde, wies Schönberger fünf Gräben zu. Die Innenbebauung wurde wohl in Holz ausgeführt, allerdings waren durch die Befunderhaltung nur die großen Pfostenstellungen der *principia* noch greifbar. Diese dritte Phase endete mit einer Zerstörung etwa im ersten Drittel des 3. Jhs. n. Chr. Es folgte ein neues Steinkastell mit einem Graben, welches in der zweiten Hälfte des 3. Jhs. n. Chr., möglicherweise durch Germanen, zerstört wurde. Von der letzten Phase ist im Innenraum lediglich der Umbau des rückwärtigen Teils der *principia* in Stein nachweisbar.

Antiker Name

Quintana (Itinerarium Antonini), Quintanis (Notitia Dignitatum, Tabula Peutingeriana, Vita Severini)

Forschungsgeschichte

1829–31	Kartierung der Lage des Kastells durch Freiherr von Mülzer (königlicher Regierungspräsident)
1870er-Jahre	Festlegung des Verlaufs der Umwehrung mittels kleiner Grabungsschnitte durch Kooperator J. M. Schmid
1897/98	Grabungen an Umwehrung und im Fahnenheiligtum durch Dr. F. Pichlmayer
1914	Entdeckung spätantiker Gräber westlich des Kastells
ab 1928	Beobachtung von Baumaßnahmen durch Bauingenieur H. Neubauer
1958–66	Ausgrabung großer Teile des Kastells durch H. Schönberger und F.-R. Herrmann (RGK)
1978	Ausgrabung der Thermen, Notgrabungen im Neubaugebiet Girching (Siedlung und Brandgräber der mittleren Kaiserzeit beim Südvicus) und Auffindung indirekter Hinweise auf spätantikes Kastell durch Th. Fischer
ab 1980	zahlreiche Rettungsgrabungen im *vicus*
1998	Auffindung des Mithräums
2001	Eröffnung des Archäologischen Museums Quintana in Künzing
2003/04	Entdeckung und Ausgrabung des Amphitheaters

Mittelkaiserzeitliches Kastell

Größe 132,5 m × 165,6 m (ca. 2,2 ha)

1. Phase: erbaut 1. Viertel 2. Jh.
Holzpalisade mit angeschüttetem Wall, 1 Spitzgraben
Innenraum: Baracken, Ställe, Magazinbau o. ä.; Holzbebauung

2. Phase: Erbauung früh- bis mitteltrajanisch, bis in 50er-Jahre des 2. Jhs. n. Chr.; Holz-Erde-Mauer, 2 Gräben; Innenraum: keine Änderungen

3. Phase: spätantoninisch bis 1. Drittel 3. Jh. n. Chr.
Steinumwehrung, 5 Gräben; Innenraum: schlechte Erhaltung, *principia* (Holzbau) dokumentiert

4. Phase: Zerstörung in der 2. Hälfte des 3. Jhs. n. Chr. (70er/80er-Jahre?); Steinumwehrung, 1 Graben
Innenraum: schlechte Erhaltung, *principia* teils in Stein umgebaut

3. Phase im 1. Drittel 3. Jh. n. Chr. durch Zerstörung beendet; Kastellende durch Zerstörung in 2. Hälfte 3. Jh. n. Chr. vielleicht durch Germaneneinfall

Besatzung

Phase 1 und 2: *cohors III Thracum civium Romanorum*
Phase 2, 3 und 4: *cohors V Bracaraugustanorum equitata*

Sichtbare Überreste

versetzte und neu aufgemauerte Apsis des Fahnenheiligtums des Kastells bei Schule; *caldarium* und *tepidarium* der Thermen durch Platten hinter der Sparkasse markiert

Museum

Archäologisches Museum Quintana

Übersichtsplan des mittelkaiserzeitlichen Künzing (A Amphitheater; G Gräberfeld; M Mithräum; S Speicherbauten).

Für die ersten beiden Phasen gilt die *cohors III Thracum civium Romanorum* als wahrscheinliche Besatzung. Sie wurde zwischen 132 und 136 n. Chr. unter Hadrian zum jüdischen Feldzug abkommandiert und fand danach ihren neuen Standort in Gnotzheim*. Unter der nachfolgenden *cohors V Bracaraugustanorum equitata* entstand das Steinkastell. Nach der V *(quinta)* in ihrem Namen ist der Kastellstandort Quintana wohl benannt. Der Name wandelte sich über „Quintzen" zum heutigen „Künzing".

Der *vicus* dehnte sich vom Kastell nach Süden, Osten und Westen aus. Es ist von einem „Ringvicus" auszugehen, d.h. eine Straße führte um das Kastell und wurde von Stichstraßen von den Kastelltoren aus gekreuzt. Die Besiedlung konzentrierte sich vor allem auf die Ringstraße, wobei der Bereich zwischen Kastell und Straße weitgehend unbebaut war. Lediglich vor der Südostecke des Lagers befanden sich drei große *horrea* in der Freifläche zwischen den Kastellgräben und der Straße. Auch entlang der teils schräg verlaufenden Stichstraßen konnte partiell Vicusbebauung ausgemacht wer-

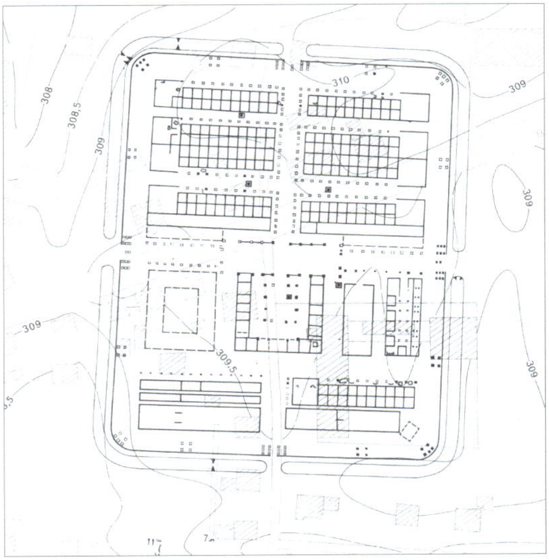

Das Kastell in Bauphase 1.

Das Mithräum des Künzinger Ostvicus in Planum 2.

den. Die Straße, die von der *porta praetoria* nach Norden verlief, bog außerhalb des Tores nach Nordwesten zur Donau ab. Vielleicht führte sie zu einem Hafen, der aber mittlerweile der Erosion zum Opfer gefallen ist. Die Besiedlung des *vicus* nahm zeitgleich mit dem Kastell ihren Anfang. Unter anderem anhand der Ausrichtung der dokumentierten Befunde kann man

vicus
Ausdehnung im Süden, Osten und Westen des Kastells, nach Norden wird Straße zu einem Hafen vermutet
Gründung zeitgleich mit Kastell, Ende des *vicus* wie Kastell (in Kastell und *vicus* 8 Metallhortfunde); als sog. Ringvicus an um Kastell laufender Straße orientiert, teils auch an Ausfallstraßen; v. a. mit Streifenhäusern, Holz- und Steinbauten bebaut, Orientierungswechsel in Bebauung teilweise feststellbar; häufig nur sehr tiefe Befunde wie Keller und Brunnen erhalten; Kastellthermen im Westvicus; zwischen Kastell und Ringstraße weitgehend Leerfläche außer *horrea* bei Südostecke des Kastells
Mithräum
neben Königsbrunn bei Augsburg einziges nachgewiesenes Mithräum in Raetien
ca. 190 m östlich vom Kastell mit bis zu 50 m Abstand von Vicusbebauung, wohl ausgehendes 2. bis in das 3. Jh. n. Chr.
1. Phase: Pfostenbau, inkl. *exedra* (8,9 m × 6–6,2 m), Datierung unsicher, zerstört durch Brand
2. Phase: Pfostenbau (11,8 m × 6,4 m), bemalte Verputzstücke wohl vom Kultbild, mehrere Weihealtäre, Zerstörung nach Mitte 3. Jh. n. Chr.
Amphitheater: in Holzbaubauweise, einphasig; in Verlängerung des Nord-Süd verlaufenden Ostvicus, ca. 120 m entfernt von Südostecke des äußeren Kastellgrabens; Ellipse (ca. 31 m × 36 m) mit zwei Reihen von Pfostengruben, für ca. 500 Zuschauer; Arena (34,6 m × 29,6 m; ca. 720 m²)
vermutlich zeitgleich mit Kastell Periode 3, noch in mittlerer Kaiserzeit mit Müll aus *vicus* verfüllt, Nutzungsdauer von wenigen Jahrzehnten anzunehmen
Gräberfelder: östlich des Mithräums: ca. 30 Brandschüttungs- und Urnengräber ausgegraben
südlich des Südvicus: zerstörte Brandgräber lokalisiert und Reste von 5 Brandgräbern notgeborgen

Installation des Amphitheaters
am originalen Standort.

Deutlich zeichneten sich in der Grabung
die Pfostengruben der hölzernen
Konstruktion des Amphitheaters ab.

mehrere Phasen der Bebauung der Zivilsiedlung mit Holz- und Steinbauten feststellen. Häufig sind nur stark eingetiefte Befunde wie z. B. Keller erhalten. Besondere Bedeutung kommt dem hölzernen Mithräum im Ostvicus und dem hölzernen Amphitheater im Südosten zu. Westlich des Kastells wurden Teile des Kastellbades ausgegraben. Gräberfelder der mittleren Kaiserzeit sind am Südrand des südlichen *vicus* und östlich des Mithräums lokalisiert. Vom Ende des mittelkaiserzeitlichen Lagers – und auch des *vicus* – künden acht Metallhorte, die aus verbrannten Waffen, Werkzeug und Geräten zusammengestellt und verborgen wurden. Sie befanden sich neben den *armamentaria* im Kastell und in verschiedenen Vicusbereichen.

Die *Notitia Dignitatum* und die Vita Severini überliefern für die Spätantike in Künzing ein Kastell *Quintanis.* Möglicherweise befand es sich bei dem vermuteten Hafen im Norden des mittelkaiserzeitlichen Lagers. Eine Häufung von Kleinfunden des 4.–5. Jhs. n. Chr. lässt auf diese geschützte Lage schließen, die sich dort durch die Mündung der Ohe in die Donau ergab. Eine alte Donauschlinge sorgte hier für erhebliche Erosion, die alle Bebauung beseitigt haben kann. Das spätantike Gräberfeld, welches in Teilen bekannt ist, erstreckt sich südlich des zeitgleichen Kastells in Ost-West-Richtung und wurde wohl auch im 6./7. Jh. n. Chr. weiter belegt. *Quintanis* ist der westlichste Ort für den das Wirken des Hl. Severin überliefert ist. Von der in der Vita Severini erwähnten frühchristlichen Kirche außerhalb der Kastellmauern gibt es keine archäologischen Belege, sie wird den Hochwassern zum Opfer gefallen sein. *V. Fischer*

Statuette mit Weiheinschrift auf dem Sockel.

Impression von Streifenhäusern des Künzinger *vicus*.

41 Passau

Luftbild der Passauer Altstadt zwischen Inn und Donau und dem Zufluss der Ilz in die Donau.

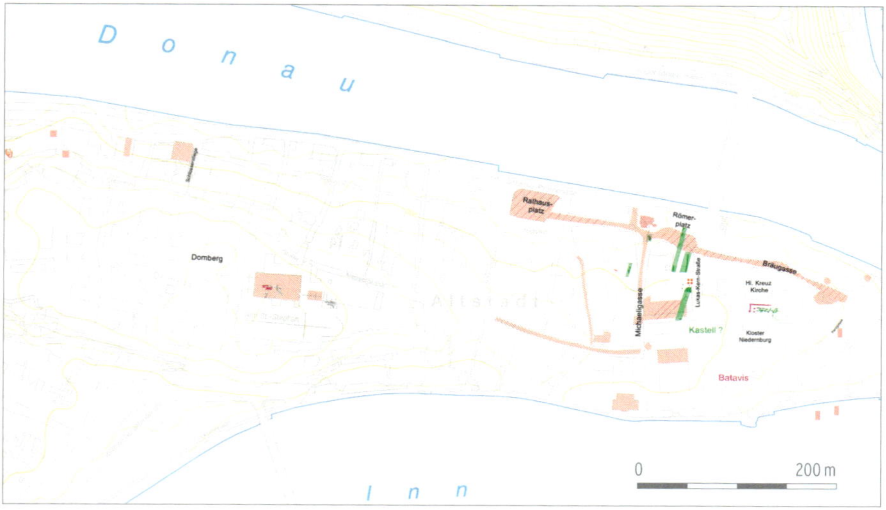

Überblick über die Altstadthalbinsel mit den römischen Befunden.

In Passau bildete der Inn die Grenze zwischen den Provinzen Raetien und Noricum. Gleichzeitig war der Inn in diesem Bereich, zumindest ab dem 3. Jh. n. Chr., auch Grenze zwischen dem gallischen und dem illyrischen Zollbezirk.

Raetien

Die ältesten römischen Funde im Osten der Altstadthalbinsel stammen aus claudisch-neronischer Zeit. Sie könnten auf ein Kleinkastell hinweisen. Auf dieses folgte ein Auxiliarkastell mit zeitweise bis zu fünf Wehrgräben. Der Grabenkopf mit den zugehörigen Pfostensetzungen legt nahe, dass die Innenbebauung östlich hiervon lag (östlichster Graben). Befunde der Innenbebauung kamen lediglich bei der Grabung in der Heiligkreuzkirche des Klosters Niedernburg zutage. Um 250 n. Chr. zerstörte ein Feuer die Innenbebauung, wie umgestürzte und verziegelte Fachwerkwände belegen. Die Gräben wurden gegen Ende des 2. Jhs. nicht mehr gewartet und verfüllten sich nach und nach, was als eine Aufgabe des Kastells mit anschließender Überbauung des Kastellareals durch einen *vicus* gedeutet wird. Andererseits könnte die Anzahl der Gräben, wie beim Kastell Künzing*, verringert und das östlich der Gräben gelegene Areal weiterhin militärisch genutzt worden sein, sodass nur der aufgelassene Grabenbereich zivil bebaut wurde. Ob am Ende des zweiten Drittels des 2. Jhs. ein Kastell auf dem Domberg

---

Mittelkaiserzeitliches Kastell an der Ostspitze (Raetien)
Forschungsgeschichte

1978–80	Grabung in Heiligkreuzkirche Kloster Niedernburg (Innenbebaung des Kastells) durch R. Christlein (BLfD)
1980	Auffindung Kopf des östlichsten Grabens mit dazugehöriger Pfostensetzung (BLfD)
1987	Fortsetzung des Grabens (H. Bender, BLfD)
1985/86	Entdeckung 2. Graben (Verfüllung 3. Viertel des 2. Jhs.) durch S. Arnold (BLfD)
1989, 1994	Lokalisierung des 3., 4. bzw. 5. Grabens, Verfüllung Ende des 2. Jhs. (Graben 3) bzw. 2. Hälfte des 2. Jhs. (Graben 4 und 5)

Mittelkaiserzeitliches Kastell (?) auf dem Domberg (Raetien)
Forschungsgeschichte

1977	Grabung im Domsakristeihof durch W. Sage (BLfD)
1987–89	Grabung im Domhof durch I. Mittermeier (BLfD)

Besatzung
unbekannt (vorgeschlagen: *cohors IX Batavorum*)

Spätantike Festungsstadt *Batavis* (*Raetia Secunda*)
Antiker Name
Batavis (*Notitia Dignitatum;* Vita Severini)
Forschungsgeschichte

1978–80	Innenbebauung der Festungsstadt R. Christlein (BLfD)

Kastell / Festungsstadt
enstand im 3./4. Jh. auf den verbrannten Resten des mittelkaiserzeitlichen Kastells
Besatzung
Bataverkohorte und Zivilbevölkerung

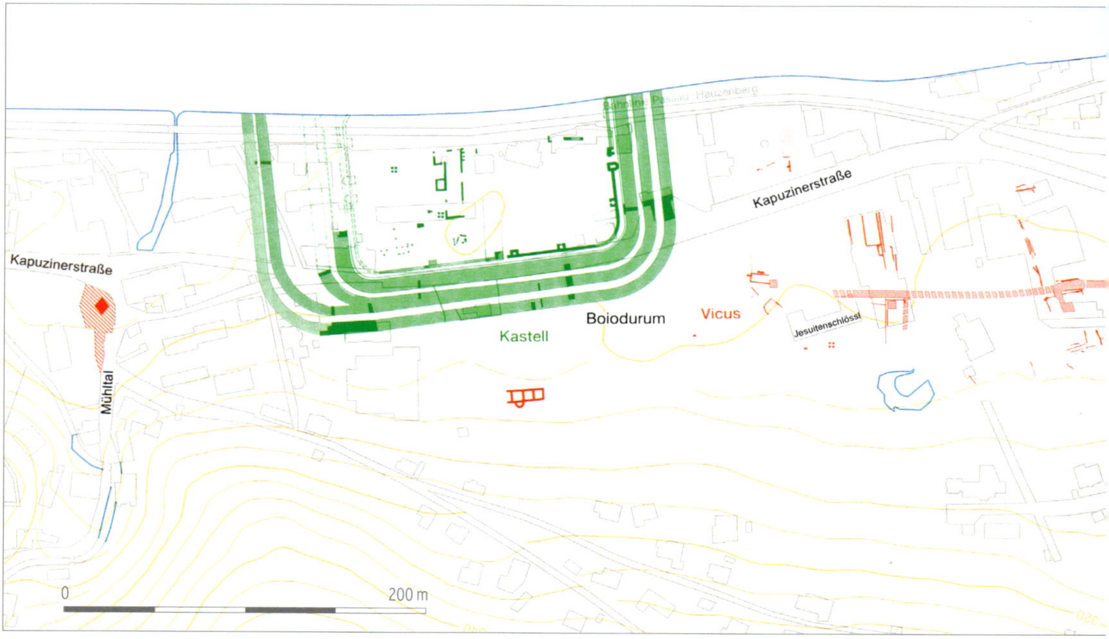

Das mittelkaiserzeitliche Kastell *Boiodurum* (Noricum).

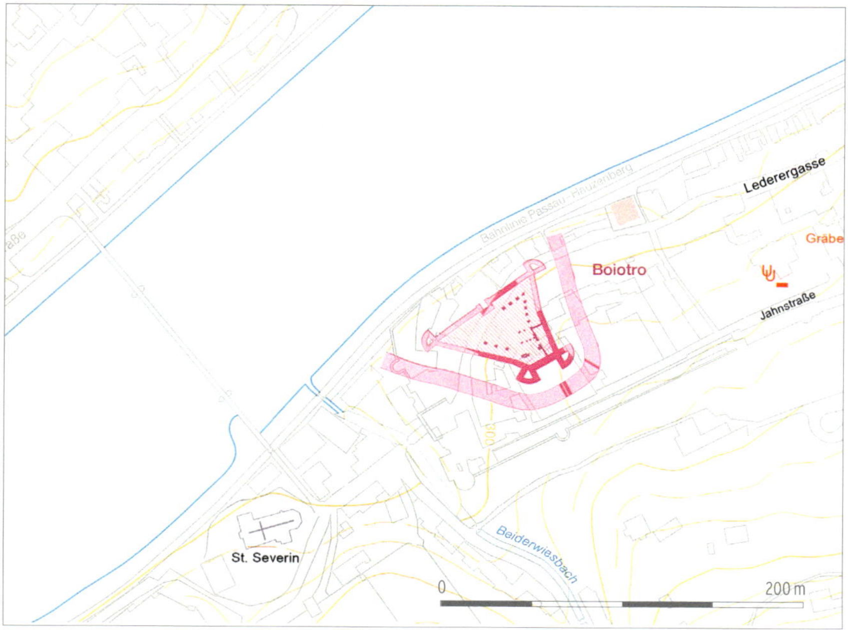

Das spätantike Kastell *Boiotro* (Noricum).

errichtet wurde, ist im Moment nicht sicher. Schwellbalkengräbchen, die bei Grabungen über eine Entfernung von ca. 60 m zutage kamen, verlaufen parallel oder im rechten Winkel. Sie wurden als Teile von Mannschaftsbaracken interpretiert. Militariafunde könnten diese Folgerung unterstützen. Das mögliche Kastell existierte dann zeitweise gleichzeitig mit dem Kastell an der Ortsspitze.

Nach der Gebietsreform und der Reorganisation der Grenzverteidigung in der zweiten Hälfte des 3. Jhs. trafen im heutigen Stadtgebiet von Passau nun die Provinzen *Raetia Secunda* und *Noricum Ripense* aufeinander.

Hier konzentrierte sich nach den Zerstörungen der mittelkaiserzeitlichen Strukturen die spätantike Besiedlung auf den Bereich an der Ortsspitze. Im ausgehenden 3. Jh. entstand eine Festungsstadt (*Batavis*) mit einer Ost-West-Ausdehnung von mehr als 200 m in der Länge und höchstens 180 m in der Breite. Die Funde belegen eine gleichzeitige militärische wie zivile Nutzung. Von den Umfassungsmauern fehlt jedoch jede Spur. In der Heiligkreuzkirche des Klosters Niedernburg konnte lediglich ein kleiner Bereich der spätantiken Festungsstadt ausgegraben werden. Dabei trat eine massive Steinmauer der zweiten Hälfte des 4. Jhs. mit vorgestellten Pfeilern zutage, die eine Größe von 26 m × 15,9 m besitzt. Zahlreiche Keramikfunde des 4. und 5. Jhs. belegen, dass *Batavis* bis in diese Zeit in erster Linie von einer romanischen Bevölkerung bewohnt war.

Noricum

An der Mündung des Inns in die Donau wurde um 90 n. Chr. im norischen Teil des heutigen Passau ein Kastell, dessen Namen als *Boiodurum* überliefert ist, mit einer Größe von 1,3–1,4 ha erbaut. Die zunächst in Holz-Erde-Bauweise errichtete Anlage wurde im 2. Jh. mit einer Steinumwehrung

---

Mittelkaiserzeitliches Kastell *Boiodurum* und *vicus* (Noricum)

Antiker Name

Boiodurum (Claudios Ptolemaios; *Itinerarium Antonini;* Tabula Peutingeriana; Inschriften)

Forschungsgeschichte Kastell

1860er-Jahre	Standort des Kastells an der Innmündung nach Kleinfunden vermutet
1904–11, 1913	Grabungen durch F. J. Engel
1955	Grabungen durch H. Schönberger (RGK)
1986, 1988	Grabungen durch W. Wandling (BLfD)
1992/93, 1997/98, 2001, 2014	Grabungen durch J.-P. Niemeier (Stadtarchäologie Passau)
1993	Einrichtung eines archäologischen Reservats („Archäotop") von ca. 3.000 m², damit bleibt ein Viertel des Kastells dauerhaft erhalten

Forschungsgeschichte *vicus*

1986–88	Grabungen durch W. Wandling (BLfD)
1988–95, 2003, 2007/08, 2010	Grabungen durch J.-P. Niemeier (Stadtarchäologie Passau)

Kastell

um 90 n. Chr. zunächst als Holz-Erde-Kastell erbaut, im 2. Jh. Ausbau in Stein

Besatzung

numerus; Stempel: NVMB Lesung: *Num(erus) B(oiodurensium)*

weitere Ziegelstempel: aus *vicus* Stempel: [C]OH V BR, der *cohors V Breucorum equitata civium Romanorum;* diese Kohorte ist im 3. Jh. in Noricum stationiert gewesen, aber nicht zwingend im Kastell *Boiodurum*

aus Kastell Stempel: ALAE

Luftbild des RömerMuseum Kastell Boiotro mit den konservierten Überresten des Kastells.

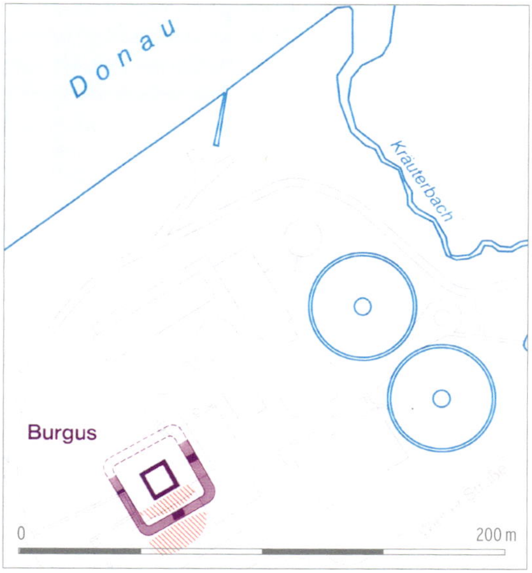

Der spätrömische *burgus* bei Passau-Haibach.

versehen. Drei Wehrgräben schützten das Kastell zusätzlich. Von der Innenbebauung ist wenig ergraben. Es gibt zwei Bauphasen im Übergang vom 2. zum 3. Jh. Nach den Germaneneinfällen um die Mitte des 3. Jhs. gab man das Kastell vollständig auf. Auch zwei Bauphasen des *vicus* aus der ersten und zweiten Hälfte des 2. Jhs. ließen sich bei den Grabungen feststellen. Die Untersuchungen fanden vor allem in einem südöstlich des Kastells gelegenen Bereich statt. Hier orientierten sich an einer Straße die üblichen Streifenhäuser. Als Handwerkszweige ließen sich eine Töpferei und eine Glasbläserei nachweisen. Ca. 75 m südlich der *porta principalis dextra* lag das Kastellbad. Befunde des *vicus* westlich des Kastells wurden bisher nicht ergraben. Das Lagerdorf wurde zeitgleich zum Kastell zerstört.

Anschließend wurde um 280 das kleinere Kastell *Boiotro* (0,14 ha) im hochwasserfreien Bereich am Südufer des Inns als Nachfolgebau errichtet. Vielleicht befand sich im Bereich des Kastells auch die bisher archäologisch nicht nachgewiesene Zollstation des illyrischen Zollbezirks. Nach Aussage der Münzreihe stellte man 375 die Soldzahlungen an die Soldaten ein. Das langsam verfallende ehemalige Kastell wurde allerdings weiterhin genutzt. So wurden in der Südostecke Mauern eingezogen. Keramik und eine Fibel datieren die Nutzung des Einbaus bis in die zweite Hälfte des 5. Jhs., in die Zeit des später heilig gesprochenen Severin. In der Denkschrift über das Leben Severins erwähnt Eugippius, dass er ein kleines Kloster an einem Ort namens *Boiotro* errichten ließ.

Am Südufer der Donau etwa 3 km vom spätantiken Kastell *Boiotro* entfernt lag ein spätantiker *burgus* mit einem quadratischen Grundriss von 12,2 m mit umlaufendem Wehrgraben. Als Datum der Errichtung gilt die Regierungszeit Kaiser Valentinians (364–375), als in einem großen Bauprogramm die Nordgrenze des Römischen Reiches verstärkt wurde. Mit dem Wachtturm in Passau-Haibach konnten die Römer nicht nur die Donau, sondern auch die Fernstraße nach *Ioviacum* (Salzburg) und *Lauriacum* (Enns) überwachen. Ob einige mittelkaiserzeitliche Scherben zu einem Vorgängerbau gehören, kann mangels Befund nicht entschieden werden. Etwas Keramik des 5. Jhs. legt eine weitere Nutzung in dieser Zeit nahe. *J.-P. Niemeier*

Spätantikes Kastell *Boiotro* (*Noricum Ripense*)

Antiker Name

Boiotro (Vita Severini)

Forschungsgeschichte

1974	Grabung durch R. Christlein (BLfD)
1977	Grabung durch BLfD
1993/94, 1996, 2002	Grabungen durch J.-P. Niemeier (Stadtarchäologie Passau)

Sichtbare Überreste

Außenmauern und Pfeiler der Innenbebauung im RömerMuseum Kastell Boiotro und im Freigelände

Spätantiker *burgus* (*Noricum Ripense*)

Forschungsgeschichte

1906/07	entdeckt von F. J. Engel
1978/79	Grabungen durch H. Bender (Bayerische Akademie der Wissenschaften)

burgus

Errichtung 2. Hälfte 4. Jh.

Sichtbare Überreste

Grundmauern des Wachtturms mit Einbau eines Ziegelofens des 12./13. Jhs.

Museum

RömerMuseum Kastell Boiotro

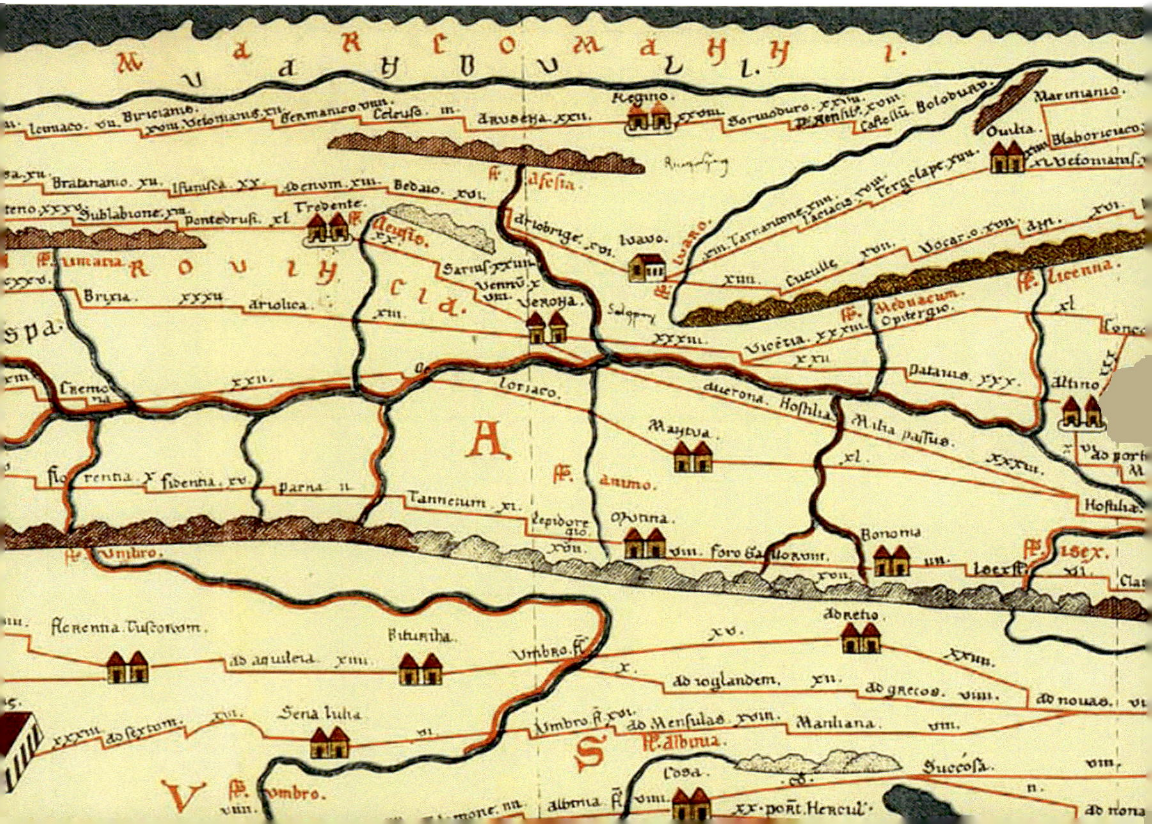

Ausschnitt der Tabula Peutingeriana mit der Donau am oberen Bildrand und von links *Iciniaco* (Theilenhofen*) über *Biricianae* (Weißenburg*), *Regino* (Regensburg*), *Castellu Boloduro*, ein Schreibfehler, *Boiodurum* (Passau*) ist gemeint, bis *Vindobona* (Wien) rechts im Bild.

Anhang

Vindobona
Viruno
Tergeste
Parentio
Bola
Ravenna
Volsinis

IX VERZEICHNIS DER MUSEEN*

Stadt- und Wallfahrtsmuseum
Hauptstraße 39
74731 Walldürn
0049 (0) 6282 67107
www.wallduern.de

Bezirksmuseum Buchen
Kellereistraße 25–29
74722 Buchen
0049 (0) 6281 8898
www.bezirksmuseum.de

1 **Römermuseum Osterburken**
Römerstraße 4
74706 Osterburken
0049 (0) 6291 415266
www.roemermuseum-osterburken.de
www.limespark-osterburken.de

Friedrich-Krapf-Museum
Altes Rathaus
74249 Jagsthausen
0049 (0) 7943 9101-0
www.jagsthausen.de

Schlossmuseum Jagsthausen
Schlossstraße 20
74249 Jagsthausen
0049 (0) 7943 2245
www.jagsthausen.de

Weygang-Museum
Karlvorstadt 38
74613 Öhringen
0049 (0) 7941 35394
www.weygang-museum.de

3 **Römermuseum Mainhardt**
Hauptstraße 4
74535 Mainhardt
0049 (0) 7903 91500
www.mainhardt.de

Carl-Schweizer-Museum
Seegasse 36
71540 Murrhardt
0049 (0) 7192 5402
www.carl-schweizer-museum.de

5 **Museum Welzheim**
Pfarrstraße 8
73642 Welzheim
0049 (0) 7182 2660
www.museumwelzheim.de

6 **Museum im Prediger**
Johannisplatz 3
73525 Schwäbisch Gmünd
0049 (0) 7171 603-4129
www.schwaebisch-gmuend.de

Limesmuseum Aalen **
St.-Johann-Straße 5
73430 Aalen
0049 (0) 7361 5282870
www.museen-aalen.de

9 **Schutzhaus Limestor Dalkingen**
www.limestor-dalkingen.de

Alamannenmuseum Ellwangen
Haller Straße 9
73479 Ellwangen
0049 (0) 7961 969747
alamannenmuseum-ellwangen.de

Stiftsmuseum der Stadt Aschaffenburg
Stiftsplatz 1a
63739 Aschaffenburg
0049 (0) 6021 330463
www.museen-aschaffenburg.de

Heimatmuseum
Maingasse 1
63811 Stockstadt
0049 (0) 06027 200050
www.stockstadt-am-main.de

Römermuseum
Untere Wallstraße 29a
63785 Obernburg a. M.
0049 (0) 6022 6191-36

Schifffahrtsmuseum, Römische Abteilung
Bürgerhaus (Altes Rathaus)
63939 Wörth a. M.
0049 (0) 9372 9893-0

Museum der Stadt Miltenberg, Römische Abteilung
Hauptstraße 169–175
63897 Miltenberg
0049 (0) 9371 404153
www.museum-miltenberg.de

Römischer Töpferofen im Caritasheim Maria Regina
Caritas-Altenpflegeheim
Maria Regina, Foyer
(frei zugänglich)
Hauptstraße 8 und 10
63897 Miltenberg
0049 (0) 9371 950-0

Museum Bürgstadt, Römische Abteilung
Am Mühlgraben 1
63927 Bürgstadt
0049 (0) 9371 973829
www.hgv-buergstadt.de

11 **Limeseum Ruffenhofen**
Römerpark Ruffenhofen 1
91749 Wittelshofen
0049 (0) 9854 9799242
www.limeseum.de

14 **Archäologisches Museum Gunzenhausen**
Brunnenstraße 1
91710 Gunzenhausen
0049 (0) 9831 508306
www.gunzenhausen.info/museen

* Reihenfolge: Erst Museen in Baden-Württemberg, dann Museen in Bayern

** bis voraussichtlich Frühjahr 2018 wegen Sanierung geschlossen

17 Römermuseum Weißenburg *
Martin-Luther-Platz 3
91781 Weißenburg i. Bay.
0049 (0) 9141 907124
www.museen-weissenburg.de

17 Römische Thermen Weißenburg
Am Römerbad 17 a
91781 Weißenburg i. Bay.
0049 (0) 9141 907124
www.museen-weissenburg.de

23 Römer- und Bajuwarenmuseum Burg Kipfenberg
85110 Kipfenberg
0049 (0) 8465 905707
bajuwarenmuseum@altmuehlnet.de

Museum für Ur- und Frühgeschichte Willibaldsburg
Burgstraße 19
85072 Eichstätt
0049 (0) 8421 89450

Museum für Archäologie und Volkskunde
Klosterstraße 3
85092 Kösching
0049 (0) 8456 963009
www.markt-koesching.de/Bildung/Museum.aspx

27 kelten römer museum manching
Im Erlet 2
85077 Manching
0049 (0) 8459 323730
www.museum-manching.de

Marktmuseum Altmannstein
Mühlgasse 3
93336 Altmannstein
0049 (0) 9446 9021-0
www.altmannstein.de

30 Römisches Museum für Kur- und Badewesen
Trajansstraße 8
93333 Bad Gögging
0049 (0) 9445 95750
www.bad-goegging.de

31 Kohortenkastell Abusina
Abusinastraße 16
93333 Neustadt an der Donau
www.bad-goegging.de

Archäologisches Museum der Stadt Kelheim
Lederergasse 11
93309 Kelheim
0049 (0) 9441 10409
www.archaeologisches-museum-kelheim.de

35 Historisches Museum
Dachauplatz 2–4
93047 Regensburg
0049 (0) 9415 072448
http://www.regensburg.de/kultur/museen-in-regensburg/staedtische-museen/historisches-museum

38 Gäubodenmuseum Straubing
Fraunhoferstraße 23
94315 Straubing
0049 (0) 9421 974110
www.gaeubodenmuseum.de

40 Museum Quintana
Osterhofener Straße 2
94550 Künzing
0049 (0) 8549 973112
www.museum-quintana.de

41 RömerMuseum Kastell Boiotro
Lederergasse 43–45
94032 Passau
0049 (0) 851 34769
www.stadtarchaeologie.de

Archäologische Staatssammlung München **
Lerchenfeldstraße 2
80335 München
0049 (0) 089 21124 468
www.archaeologie-bayern.de

GENERELLE LINKS

Archäologisches Landesmuseum Baden-Württemberg
www.konstanz.alm-bw.de

Landesmuseum Württemberg
www.landesmuseum-stuttgart.de

Landesstelle für die nichtstaatlichen Museen in Bayern
www.museen-in-bayern.de

Museen am Mainlimes
www.museen-mainlimes.de

Limesinformationszentren
Baden-Württemberg:
www.liz-bw.de
Bayern:
www.weissenburg.info/limesinfozentrum

APPS

http://www.museen-in-bayern.de/die-landesstelle/veroeffentlichungen/multimedia-welterbe-limes.html

* bis voraussichtlich Frühjahr 2017 wegen Sanierung geschlossen

** bis voraussichtlich Frühjahr 2018 wegen Sanierung geschlossen

X ABKÜRZUNGEN, QUELLEN, GLOSSAR

ABKÜRZUNGEN

ALM BW	Archäologisches Landesmuseum Baden-Württemberg
ALS	Airborne Laserscanning (auch LiDaR genannt: Light Detection and Ranging)
ASM	Archäologische Staatssammlung München
BLfD	Bayerisches Landesamt für Denkmalpflege
CAU	Christian-Albrechts-Universität zu Kiel
DFG	Deutsche Forschungsgemeinschaft
DLK	Deutsche Limeskommission
FAU	Friedrich-Alexander-Universität Erlangen-Nürnberg
GNMN	Germanisches Nationalmuseum Nürnberg
LAD BW	Landesamt für Denkmalpflege im Regierungspräsidium Stuttgart (ab 2005)
LDA BW	Landesdenkmalamt Baden-Württemberg (bis 2004)
LGL BW	Landesamt für Geoinformation und Landentwicklung Baden-Württemberg
ORL	Obergermanisch-Raetischer Limes
RGK	Römisch-Germanische Kommission
RGZM	Römisch-Germanisches Zentralmuseum
RLK	Reichs-Limeskommission
WP	Wachtposten

HÄUFIG GENANNTE SCHRIFTQUELLEN

Itinerarium Antonini: Verzeichnis der wichtigsten Straßen und Orte im Römischen Reich. Das Straßenverzeichnis stammt ursprünglich aus der Regierungszeit des Kaisers Caracalla (Marcus Aurelius Severus Antoninus, 211–217). Die heute überlieferte Version gehört aber ans Ende des 3. Jhs. und geht auf eine unter Kaiser Diocletian (284–305) überarbeitete Fassung zurück.

Notitia Dignitatum: Spätrömisches Staatshandbuch („Aufzeichnung der Würdenträger"). Neben einem Verzeichnis der zivilen und militärischen Ämter des gesamten west- und oströmischen Reiches wurden in der Notitia die Standorte der militärischen Einheiten festgehalten. Zusammen mit Angabe ihres Stationierungsortes wurden die dem jeweiligen militärischen Oberbefehlshaber (*dux*) unterstellten Einheiten aufgelistet. Die ursprüngliche Fassung datiert vermutlich in das späte 4. Jh. Die letzte Edition, auf die die heute überlieferten Abschriften zurückgehen, erfolgte wohl in den Jahren um 425/429 n. Chr.

Tabula Peutingeriana: Spätrömische Straßenkarte. Sie entstand im späten 4. Jh. und umfasst das gesamte Imperium. Heute ist die Karte in Form einer mittelalterlichen Kopie erhalten, die aus einer Rolle aus insgesamt 6,7 m × 0,3 m großen Pergamentblättern besteht. Ihr ursprünglicher Verfasser ist unbekannt, daher geht ihr Name auf den Humanisten Konrad Peutinger (1465–1547) zurück, der eine Veröffentlichung der Karte vorbereitete.

Vita Severini: *Vita Sancti Severini*. Heiligenvita des Severinus von Noricum (ca. 410–482 n. Chr.), verfasst von Eugippius (ca. 465–533 n. Chr.) im Jahr 511 n. Chr. In ihr werden Leben und Wirken des Hl. Severin beschrieben, der von 453 n. Chr. bis zu seinem Tod im östlichen Teil der *Raetia Secunda* und in der Provinz *Noricum Ripense* (östliche Nachbarprovinz der *Raetia Secunda*) tätig war. Erwähnte Plätze in Bayern sind *Quintanis* – Künzing* und *Batavis / Boiotro* – Passau*.

GLOSSAR

aedes Lagerheiligtum/Fahnenheiligtum in den *principia*, in dem Standarten und Truppenkasse aufbewahrt wurden.

armamentarium Waffenmagazin

Barbaricum moderne Bezeichnung für das Gebiet außerhalb des Römischen Reiches, etwa östlich des Rheins und nördlich des ORL bzw. des Donaulimes (auch: Germania Magna)

Beneficiarier Unteroffiziere, die vom militärischen Dienst für Sonderaufgaben freigestellt waren, die sie jeweils für ein halbes Jahr übernahmen. Sie waren in dieser Zeit dem Statthalter der jeweiligen Provinz unterstellt und werden meist als eine Art „Straßenpolizei" angesehen. Am Limes könnten sie auch für Grenzkontrollen von Personen und Waren zuständig gewesen sein.

burgus „Burg"; Bezeichnung für kleinere, meist spätrömische turmartige Befestigungen in Steinbauweise

canabae legionis zivile Siedlung um ein Legionslager

cursus publicus staatliches Kurier- und Transportwesen

contubernium kleinste Organisationseinheit einer Truppe bestehend aus 8 Soldaten und auch Teileinheit einer Mannschaftsbaracke (bestehend aus einem vorderen und einem hinteren Raum) zur Unterbringung von 8 Mann

Doppelturmstelle erhaltene Befunde des Steinturms und des hölzernen Vorgängers am ORL

fabrica Werkstätten (verschiedener Art) in einem Militärlager

Fahnenheiligtum siehe *aedes*

foederati nichtrömische Gruppen, mit denen die Römer einen Vertrag abgeschlossen hatten. In der Spätantike übernahmen die *foederati* als Verbündete oftmals die Grenzsicherung.
horreum Speicherbau v. a. zur Lagerung von Getreide
hypocaustum Heizungssystem, das warme Luft unter den Fußboden und durch die Wände leitet
in situ „am Ort", z. B. ein Fund in seiner ursprünglichen Lage im ungestörten archäologischen Kontext
Kopfbau Unterkunft des Offiziers (*centurio* oder *decurio*) am Ende einer Baracke. Den Offizieren stand ein größerer Wohnbereich, der oft etwas besser ausgestattet war, zur Verfügung. Die Kopfbauten lagen meistens nach außen zur *via sagularis* ausgerichtet
mansio Gasthaus zur Unterkunft von Reisenden.
Militärdiplom Bürgerrechtsurkunden für ehrenhaft entlassene Soldaten aus den Hilfstruppen
Numeruseinheit/*numerus* kleine Wach- und Aufklärungseinheiten von ca. 100–200 Mann
porta decumana rückwärtiges Tor eines Militärlagers
porta praetoria Haupttor eines Militärlagers
porta principalis dextra rechtes Seitentor eines Militärlagers (von den *principia* zur *porta praetoria* aus betrachtet)
porta principalis sinistra linkes Seitentor eines Militärlagers (von den *principia* zur *porta praetoria* aus betrachtet)
Peristyl rechteckiger Innenhof mit umgebenden Säulenhallen
porticus Säulenhalle, auch einseitig offener Säulengang
praetentura vorderer Teil eines Militärlagers
praetorium Wohnhaus des Kommandeurs. Zumeist vierflügeliges Gebäude mit Innenhof, womit die mediterrane, zivile Architektur der Peristylhäuser aufgegriffen wurde. Gehobene Ausstattung wie private Bäder, Fußbodenheizungen (*hypocaustum*), Wandmalereien u. ä.
***principia* (Mehrzahlwort)** Kommandantur und religiöser Mittelpunkt eines Militärlagers, stets im Zentrum gelegen. Die Front wurde durch eine *porticus* oder eine Vorhalle (*basilica*) gebildet, gefolgt von einem Innenhof mit offenem Umgang. In den Seitenflügeln befanden sich die *armamentaria* und Schreibstuben. Der rückwärtige Teil bestand aus einer Raumflucht mit meist fünf Räumen, deren mittlerer das Fahnenheiligtum war. Diente der Verwaltung und enthielt das Fahnenheiligtum als religiöses Zentrum.
Rasensodenmauer Umwehrung bestehend aus abgestochenen Grassoden, meist in oder um eine Holzkonstruktion
retentura rückwärtiger Teil eines Militärlagers
spina Mittelpfeiler einer doppelten Tordurchfahrt, der diese unterteilt und die als mittiges Lager für die Torbögen dient
Stabsgebäude siehe *principia*
Stratigraphie vertikale Abfolge von Schichten im Boden, durch natürliche und anthropogene Ablagerungen entstanden
Streifenhaus langrechteckiger Gebäudetyp, häufig anzutreffen in *vici* und anderen zivilen Siedlungen; Gliederung in Wohn- und Arbeitsbereich, vordere Schmalseite in der Regel zur Straße hin orientiert
Temenos umgrenzter Bezirk eines Heiligtums
***terminus post quem* (*t.p.q.*)** Zeitpunkt, nach dem frühestens etwas (die Bildung einer Schicht, der Bau einer Mauer) geschehen sein kann
titulus (tituli)/titulum (titula) kurze vorgelagerte Gräben zur Sicherung von Toren
valetudinarium Lazarett/Krankenstation in einem Militärlager
via decumana Straße in der *retentura* eines Militärlagers zwischen *principia* und *porta decumana*
via praetoria Straße in der *praetentura* eines Militärlagers zwischen der *porta praetoria* und dem Haupteingang der *principia*
via principalis Straße innerhalb eines Militärlagers, die die *praetentura* vom Mittelstreifen abtrennt und die *porta principalis dextra* und die *porta principalis sinistra* verbindet
via quintana Straße innerhalb eines Militärlagers, die den Mittelstreifen und die *retentura* voneinander trennt (nicht zwingend vorhanden)
via sagularis Straße, die innerhalb eines Militärlagers ringsum entlang des Walls hinter der Kastellmauer/ des Wehrganges verlief
vicus kleinere bis mittelgroße Zivilsiedlung im Umfeld von Kastellen, aber auch an verkehrsgeographisch günstigen Punkten wie Straßenkreuzungen oder Flussübergängen
villa rustica ländliche Siedlung / Gutshof

XI LITERATURVERZEICHNIS

DER OBERGERMANISCH-RAETISCHE LIMES DES RÖMERREICHES

E. Fabricius/F. Hettner/O. von Sarwey (Hrsg.), Der Obergermanisch-Rätische Limes des Römerreiches. Abteilung A Strecken, Abteilung B Kastelle (Heidelberg, Berlin, Leipzig 1894–1937).

Die Publikationsreihe ist in zwei Abteilungen erschienen: Abt. A behandelt die Streckenabschnitte, Wachtposten und Kleinkastelle, während in Abt. B ausführlichere Berichte zu größeren Kastellen vorgelegt wurden.

Abteilung A

Band 1. Strecke 1, Der Limes vom Rhein bis zur Lahn (1915). Strecke 2, Der Limes von der Lahn bis zur Aar (1916).

Band 2. Strecke 3, Die Limesanlagen im Taunus von der Aar bis zum Köpperner Tal bei der Saalburg (1935). Strecken 4 und 5, Die Wetteraulinie vom Köpperner Tal bei der Saalburg bis zum Main bei Gross-Krotzenburg (1936).

Band 3. Strecke 6, Die Mainlinie von Seligenstadt bis Miltenberg mit einem Nachtrage zur Abt. B Nr. 33 Kastell Stockstadt (1933).

Band 4. Strecken 7 bis 9, Der obergermanische Limes von Miltenberg am Main bis zum Haghof bei Welzheim (1931, 1933).

Band 5. Strecke 10, Der Odenwaldlimes von Wörth am Main bis Wimpfen am Neckar (1926, 1935). Strecke 11, Die Neckarlinie von Wimpfen bis Rottweil und Hüfingen (1935).

Band 6. Strecke 12, Der raetische Limes von Haghof bei Welzheim bis zur württembergisch-bayerischen Grenze (1935). Strecke 13, Der raetische Limes von der württembergisch-bayerischen Grenze bis Gunzenhausen und das kleine Kastell Unter-Schwaningen (1930).

Band 7. Strecke 14, Der raetische Limes von Gunzenhausen bis Kipfenberg (1927). Strecke 15, Der rätische Limes von Kipfenberg bis zur Donau (1932).

Abteilung B

Band 1. Kastelle 1 (R. Bodewig, Das Kastell Heddesdorf, 1903), 1a (E. Ritterling, Das Kastell Niederbieber, 1936), 2 (E. Ritterling, E. Fabricius, Das Kastell Bendorf, 1937), 2a (O. Dahm, Das Kastell Niederberg bei Ehrenbreitstein, 1900), 3 (O. Dahm, Das Kastell Arzbach, 1900), 4 (R. Bodewig, Das Kastell Ems, 1911), 5 (R. Bodewig, Das Kastell Hunzel, 1897), 5a (R. Bodewig, Das Erdkastell Marienfels, 1903), 6 (L. Pallat, Das Kastell Holzhausen, 1904), 7 (H. Lehner, Das Kastell Kemel, 1901).

Band 2a. Kastelle 8 (L. Jacobi, Das Kastell Zugmantel, 1909), 9 (L. Jacobi, Das Kastell Alteburg-Heftrich, 1904), 10 (L. Jacobi, Das Kastell Feldberg, 1905), 11 (H. Jacobi, Das Kastell Saalburg, 1937), 12 (L. Jacobi, Das Kastell Kapersburg, 1906), 13 (F. Kofler, Das Kastell Langenhain, 1897), 14 (F. Kofler, Das Kastell Butzbach, 1894), 15 (E. Fabricius, Grüningen, 1913), 16 (F. Kofler, Das Kastell Arnsburg, 1902), 17 (E. Anthes, Das Kastell Inheiden, 1911), 18 (F. Kofler, Das Kastell Echzell, 1903), 19 (F. Kofler, Das Kastell Ober-Florstadt, 1903), 20 (E. Anthes, Das Kastell Altenstadt, 1912), 21 (G. Wolff, Das Kastell Marköbel, 1896), 22 (G. Wolff, Das Kastell Rueckingen, 1913), 23 (G. Wolff, Das Kastell Gross-Krotzenburg, 1933).

Band 2b. Kastelle 24 (G. Wolff, Das Kastell Kesselstadt, 1898), 25 (G. Wolff, Die Erdbefestigungen von Heldenbergen, 1900), 25a (G. Wolff, Das Kastell Okarben, 1902), 26 (E. Schmidt, Das Kastell Friedberg, 1913), 27 (G. Wolff, Das Kastell und die Erdlager von Heddernheim, 1915), 27a (G. Wolff, Das Kastell Frankfurt am Main, 1915), 28 (E. Schmidt, Das Kastell Hoechst am Main, 1912), 29 (G. Wolff, Das Kastell Hofheim und andere Befestigungen daselbst, 1897), 30 (E. Schmidt, Das Kastell bei Mainz, 1912), 31 (E. Ritterling, Das Kastell Wiesbaden, 1909).

Band 3. Kastelle 32 (E. Fabricius, Das Kastell Seligenstadt, 1914), 33 (F. Drexel, Das Kastell Stockstadt, 1914), 34 (W. Conrady, Das Kastell Niedernberg, 1896), 35 (W. Conrady, Das Kastell Obernburg, 1903), 36 (W. Conrady, Das Kastell Wörth, 1900), 37 (W. Conrady, Das Kastell Trennfurt, 1900), 38 (F. Leonhard, Das Kastell Altstadt bei Miltenberg, 1910).

Band 4. Kastelle 38a (O. Winterhelt, Das Kastell Miltenberg-Ost, 1929), 39 (W. Conrady, Das Kastell Alteburg bei Walldürn, 1904), 40 (K. Schumacher, Das Kastell Osterburken, 1895), 41 (A. Mettler, Das Kastell Jagsthausen, 1909),

41a (F. Leonhard, Das Kastell Westernbach, 1929), 42/42.1 (E. von Herzog, Die Kastelle bei Oehringen, 1897), 43 (A. Mettler, Das Kastell Mainhardt, 1909), 44 (C. Hämmerle, Das Kastell Murrhardt, 1894), 45/45a (A. Mettler, P. Schultz, Die Kastelle bei Welzheim, 1904).

Band 5. Kastelle 46 (F. Kofler, Das Kastell Lützelbach, 1904), 46a (E. Fabricius, Das Kastell Arnheiter Hof, 1915), 46b (E. Anthes, Das Kastell Seckmauern, 1914), 47 (F. Kofler, Das Kastell Hainhaus bei Vielbrunn, 1897), 48 (F. Kofler, Das Kastell Eulbach, 1896), 49 (F. Kofler, Das Kastell Wuerzberg, 1896), 50 (F. Kofler, Das Kastell Hesselbach, 1896), 51 (K. Schumacher, Das Kastell bei Schlossau, 1900), 52 (K. Schumacher, Das Kastell Oberscheidenthal, 1897), 53/53.1 (K. Schumacher, Die Kastelle bei Neckarburken, 1898), 54/55 (K. Schumacher, Kastell und Vicus bei Wimpfen, 1900), 56 (H. Steimle, Das Kastell Böckingen, 1898), 57 (A. Mettler, Kastell Walheim, 1897), 58 (A. Mettler, Das Kastell Benningen, 1902), 59 (E. Kapff, Walter Barthel, Das Kastell Cannstatt, 1907), 60 (A. Mettler, Das Kastell Köngen, 1907), 61 (O. Paret, Das Kastell Rottenburg, 1936), 61a (R. Herzog, Das Kastell Sulz, 1897), 61b (E. Nägele, Das Kastell Waldmoessingen, 1897), 62 (W. Schleiermacher, Das große Lager und die Kastelle von Rottweil, 1936), 62a (P. Revellio, Das Kastell Hüfingen, 1937).

Band 6. Kastelle 63 (H. Steimle, Das Kastell Lorch, 1897), 64 (H. Steimle, Das Kastell Schierenhof bei Schwäbisch Gmünd, 1897), 65 (H. Steimle, Kastell Unterböbingen, 1894), 66 (H. Steimle, Kastell Aalen, 1904), 66a (E. Fabricius u. a., Das Kastell Urspring, 1904), 66b (Prescher, Das Kastell Heidenheim, 1900), 66c (F. Drexel, Das Kastell Faimingen, 1911), 67 (R. Herzog, Das Kastell Buch, 1896), 67a (H. Steimle, Das Kastell Halheim, 1901), 67b (F. Hertlein, Das Kastell Oberdorf am Ipf, 1915), 68 (W. Kohl, Das Kastell Ruffenhofen, 1896), 68a (H. Eidam, Das Kastell Munningen, 1929), 69 (W. Kohl, K. von Popp, Das Kastell Dambach, 1901), 70 (H. Eidam, Das Kastell Gnotzheim, 1907).

Band 7. Kastelle 71 (H. Eidam, Das Kastell Gunzenhausen, 1907), 71a (H. Eidam, Das Kastell Theilenhofen, 1905), 72 (E. Fabricius, W. Kohl, J. Tröltsch, Das Kastell Weissenburg, 1906), 73 (F. Winkelmann, Das Kastell Pfuenz, 1901), 73a (F. Winkelmann, Das Kastell Boehming, 1907), 74 (J. Fink, Das Kastell Kösching, 1913), 75 (J. Fink, Das Kastell Pfoerring, 1902).

ALLGEMEINE LITERATUR ZUM LIMES

D. Baatz, Die Wachttürme am Limes. Kleine Schriften zur Kenntnis der römischen Besetzungsgeschichte Südwestdeutschlands 15 (Stuttgart 1976).

D. Baatz, Der römische Limes. Archäologische Ausflüge zwischen Rhein und Donau[4] (Berlin 2000).

Th. Becker, Archäozoologische Untersuchungen an Tierknochenfunden von Wachttürmen und Kleinkastellen am Limes. In: P. Henrich (Hrsg.), Der Limes vom Niederrhein bis an die Donau. Beiträge zum Welterbe Limes 6 (Stuttgart 2012) 157–175.

St. Bender, Architektonische Betrachtung eines Bauwerks. Hatte der Limes eine Fassade? Der Limes 8/1, 2014, 12–15.

St. Bender, Tertullian, Adversus Iudaeos 7, 8. Zur Bedeutung des Obergermanisch-Raetischen Limes. In: F. Kemmers/Th. Maurer/B. Rabe (Hrsg.), Lege Artis. Festschrift H.-M. von Kaenel. Frankfurter Archäologische Schriften 25 (Bonn 2014) 9–20.

H. Castritius/E. Schallmayer, Kaiser Julian am obergermanischen Limes in den Jahren 357 bis 359 n. Chr. Beiträge zur Erforschung des Odenwaldes und seiner Randlandschaften VI (Breuberg-Neustadt 1997) 1–16.

W. Czysz/K. H. Dietz/Th. Fischer/H.-J. Kellner (Hrsg.), Die Römer in Bayern (Stuttgart 1995).

Th. Fischer, Die Armee der Caesaren. Archäologie und Geschichte[2] (Regensburg 2014).

Th. Fischer/E. Riedmeier-Fischer, Der römische Limes in Bayern (Regensburg 2008).

F. B. Florescu, Die Trajanssäule. Grundfragen und Tafeln (Bonn 1969).

M. Kemkes, Vom Rhein an den Limes und wieder zurück. Die Besetzungsgeschichte Südwestdeutschlands. In: Archäologisches Landesmuseum Baden-Württemberg (Hrsg.), Imperium Romanum. Roms Provinzen an Neckar, Rhein und Donau (Stuttgart 2005) 44–53.

M. Kemkes, Grenzen sind menschlich. Der römische Limes im historischen Vergleich. In: E. Weinlich (Hrsg.), Der Limes als antike Grenze des Imperium Romanum. Grenzen im Laufe der Jahrhunderte. Geschichte und Kultur in Mittelfranken 3 (Würzburg 2014) 33–47.

K. Kortüm, Zur Datierung der römischen Militäranlagen im obergermanisch-rätischen Limesgebiet. Saalburg-Jahrbuch 49, 1998, 5–65.

M. Mackensen, Late Roman fortifications and building programmes in the province of Raetia: the evidence of recent excavations and some new reflections. In: J. D. Creighton/R. J. A. Wilson (Hrsg.), Roman Germany. Studies in Cultural Interaction. Journal of Roman Archaeology Supplement Series 32 (Portsmouth, Rhode Island 1999) 199–244.

W. Moschek, Der Römische Limes. Eine Kultur- und Mentalitätsgeschichte (Speyer 2011).

D. Planck, Ein bisher unbekannter römischer Limes im Lautertal bei Dettingen unter Teck, Kreis Esslingen. Fundberichte aus Baden-Württemberg 12, 1987, 405–429.

D. Planck (Hrsg.), Die Römer in Baden-Württemberg[4] (Stuttgart 2005).

D. Planck/A. Thiel (Hrsg.), Das Limes-Lexikon. Roms Grenzen von A bis Z (München 2009).

M. Reuter, Das Ende des raetischen Limes im Jahr 254 n. Chr. Bayerische Vorgeschichtsblätter 72, 2007, 77–149.

E. Schallmayer, Der Limes. Geschichte einer Grenze (München 2006).

E. Schallmayer, Der Odenwald-Limes. Entlang der römischen Grenze zwischen Main und Neckar (Stuttgart 2010).

C. S. Sommer, Trajan, Hadrian, Antoninus Pius, Marc Aurel …? – Zur Datierung der Anlagen des Raetischen Limes. Bericht der Bayerischen Bodendenkmalpflege 52, 2011, 137–180.

C. S. Sommer, „… a barbaris occupatae …" – Bezahlte Freunde? Zur Rolle der Germanen in den Auseinandersetzungen zwischen Gallischem Sonderreich und Rom in Süddeutschland. In: P. Henrich (Hrsg.), Der Limes in Raetien, Ober- und Niedergermanien vom 1. bis 4. Jahrhundert. Beiträge zum Welterbe Limes 8 (Darmstadt 2014) 35–54.

C. S. Sommer, Trajan, Hadrian, Antoninus Pius, Marc Aurel …? – Ein Nachtrag zur Datierung der Anlagen des Raetischen Limes. Bericht der Bayerischen Bodendenkmalpflege 56, 2015, 321–327.

B. Steidl, Welterbe Limes – Roms Grenze am Main. Ausstellungskataloge der Archäologischen Staatssammlung 36 (München/Obernburg am Main 2008).

K. Strobel, Raetia amissa? Raetien unter Gallienus: Provinz und Herr im Licht der neuen Augsburger Siegesinschrift. In: C. Bridger/H.-J. Gilles (Hrsg.), Spätrömische Befestigungen in den Rhein- und Donauprovinzen. British Archaeological Reports International Series 704 (Oxford 1998) 83–93.

G. Wesch-Klein, Der obergermanische Limes und seine Entwicklung. Studia Universitatis Babe-Bolyai. Historia 57, 2012, 116–136.

LITERATUR ZU DEN EINZELNEN FUNDPLÄTZEN

1 Osterburken

A. Gaubatz-Sattler/W. Seidenspinner, Osterburken. Archäologischer Stadtkataster Baden-Württemberg Band 16 (Stuttgart 2001).

S. Huther, Der römische Weihebezirk von Osterburken III, Bd. 1 – Die Holzbauwerke. Forschungen und Berichte zur Vor- und Frühgeschichte in Baden-Württemberg 127 (Stuttgart 2014).

K. Kortüm, Vom römischen Kastellbad zur mittelalterlichen Stadt: Grabungen im Zentrum von Osterburken, Neckar-Odenwald-Kreis. Archäologische Ausgrabungen in Baden-Württemberg 2005, 135–139.

Landesdenkmalamt Baden-Württemberg (Hrsg.), Der römische Weihebezirk von Osterburken II: Kolloquium 1990 und paläobotanische-osteologische Untersuchungen. Forschungen und Berichte zur Vor- und Frühgeschichte in Baden-Württemberg 49 (Stuttgart 1994).

F. Reutti, Zum Stand der Kenntnis des römischen Osterburken. Fundberichte aus Baden-Württemberg 4, 1979, 230–250.

E. Schallmayer, Neue Beobachtungen im Kohorten- und Annexkastell Osterburken, Neckar-Odenwaldkreis. Archäologische Ausgrabungen in Baden-Württemberg 1991, 120–123.

E. Schallmayer, Ein römischer Münzschatzfund aus Osterburken, Neckar-Odenwald-Kreis. Archäologische Ausgrabungen in Baden-Württemberg 1992, 125–129.

K. Schumacher, 161. Osterburken. Limesblatt 1897, 667–668.

2 Limes bei Zweiflingen – Der Pfahldöbel

J. Biel, Der Limeswachtturm 9/23 am Pfahldöbel bei Zweiflingen. Archäologische Ausgrabungen in Baden-Württemberg 1983, 176–177.

Fr. Hertlein/O. Paret/P. Goeßler, Die Römer in Württemberg II (Stuttgart 1930) 157–158.

Fr. Leonhard, Limesblatt Sp. 910, 17.

3 Mainhardt

P. Lahr, Grabungen im Stabsgebäude des römischen Kastells Mainhardt, Kreis Schwäbisch Hall. Archäologische Ausgrabungen in Baden-Württemberg 2001, 93–94.

L. Stoffel, Der dreihörnige Stier aus Mainhardt. Ein Einzelstück? In: P. Henrich (Hrsg.), Der Limes in Raetien, Ober- und Niedergermanien vom 1. bis 4. Jahrhundert. Beiträge zum Welterbe Limes 8 (Darmstadt 2014) 125–148.

L. Stoffel, The fort, fortlet and civil settlement in Mainhardt. In: L. Vagalinski (Hrsg.), Proceedings of the XXII. International Limes Congress, 6.–11. September 2012, Ruse, Bulgaria 2012 (im Druck).

I. Stork, Neues zum Kastell Mainhardt, Kreis Schwäbisch Hall. Archäologische Ausgrabungen in Baden-Württemberg 2000, 84–87.

A. Thiel, Kohortenkastell, Zivilsiedlung und Kleinkastell. In: D. Planck (Hrsg.), Die Römer in Baden-Württemberg[4] (Stuttgart 2005) 202–204.

4 Limes bei Großerlach-Grab

O. Paret, Fundberichte aus Schwaben, Neue Folge 13, 1952–54, 57.

G. Sixt, Limesblatt Sp. 672 und 742 XVI.

5 Welzheim

K. Kortüm, Anmerkungen zur Baugeschichte des Ostkastells von Welzheim (Rems-Murr-Kreis). In: G. Seitz (Hrsg.), Im Dienste Roms. Festschrift H. U. Nuber (Remshalden 2006) 257–266.

K. Kortüm, Das Westkastell von Welzheim – ein beinahe unbekanntes Schwergewicht am Obergermanischen Limes. Jahreshefte des Historischen Vereins Welzheimer Wald 14, 2010, 5–60.

M. Meyer/H. von der Osten-Woldenburg/K. Kortüm, Mit Bodenradar zu neuen Erkenntnissen über die Innenbebauung des Welzheimer Ostkastells. Archäologische Ausgrabungen Baden-Württemberg 2012, 170–173.

D. Planck, Welzheim. Fundberichte aus Baden-Württemberg 8, 1983, 367–368.

D. Planck, Welzheim. In: Ders. (Hrsg.), Die Römer in Baden-Württemberg[4] (Stuttgart 2005) 364–370.

6 Provinzgrenze bei Schwäbisch Gmünd

St. Bender/A. Thiel, Der Götzenbach als Ende des Pfahlgrabens? Das südliche Ende des Obergermanischen Limes im Licht des Airborne Laserscanning. In: P. Henrich (Hrsg.), Perspektiven der Limesforschung. Beiträge zum Welterbe Limes 5 (Stuttgart 2010), 122–130.

C. Herb, Die Römer in Schwäbisch Gmünd. Ein forschungsgeschichtlicher Überblick. In: G. Seitz (Hrsg.), Im Dienste Roms. Festschrift H. U. Nuber (Remshalden 2006) 129–132.

H. U. Nuber, Schwäbisch Gmünd. In: D. Planck (Hrsg.), Die Römer in Baden-Württemberg[4] (Stuttgart 2005) 313–317.

H. von der Osten-Woldenburg, Geophysikalische Prospektion der Kastelle Freimühle und Schirenhof in Schwäbisch Gmünd, Ostalbkreis. Archäologische Ausgrabungen in Baden-Württemberg 2005, 117–120.

D. Planck, Der römische Brandgräberfriedhof von Schwäbisch Gmünd/Schirenhof, Ostalbkreis. Archäologische Ausgrabungen in Baden-Württemberg 1977, 67–75.

I. Stork, Notgrabungen im Vicus des Kastells Schirenhof, Stadt Schwäbisch Gmünd, Ostalbkreis. Archäologische Ausgrabungen in Baden-Württemberg 1980, 95–97.

7 Limes bei Mögglingen / Heuchlingen

St. Bender, Grenze als Ort der Begegnung – Der Limes bei Heuchlingen während der Holzbauphase. In: M. Baumgärtner (Hrsg.), Der Limes im Ostalbkreis (Schwäbisch Gmünd 2013) 37–42.

8 Aalen

G. Alföldy, Die Inschriften aus den Principia des Alenkastells Aalen. Fundberichte aus Baden-Württemberg 14, 1989, 293–338.

M. Kemkes/M. Scholz, Das Römerkastell Aalen, UNESCO-Welterbe. Schriften des Limesmuseums Aalen 58 (Stuttgart 2012).

M. Luik, Der Kastellvicus von Aalen. Fundberichte aus Baden-Württemberg 19/1, 1994, 265–355.

D. Planck, Untersuchungen im Alenkastell Aalen, Ostalbkreis. In: D. Planck (Hrsg.), Studien zu den Militärgrenzen Roms III. 13. Internationaler Limeskongress, Aalen 1983. Forschungen und Berichte zur Vor- und Frühgeschichte in Baden-Württemberg 20 (Stuttgart 1986) 247–255.

D. Planck, Das Kastell der Ala II Flavia in Aalen. Aalener Jahrbuch 1988, 66–83.

M. Scholz, Zwei Wirtschaftsbauten im Limeskastell Aalen. In: A. Thiel (Hrsg.), Forschungen zur Funktion des Limes. Beiträge zum Welterbe Limes 2 (Stuttgart 2007) 107–119.

M. Scholz, Das Reiterkastell Aquileia/Heidenheim. Forschungen und Berichte zur Vor- und Frühgeschichte in Baden-Württemberg 110 (Stuttgart 2009).

9 Limes bei Rainau

St. Bender, Neue Forschungen im Umfeld des Limestors bei Dalkingen (Wp. 12/81). Bericht der Bayerischen Bodendenkmalpflege 56, 2015, 81–89.

B. A. Greiner, Rainau-Buch. Kohortenkastell, Bad und Kastellvicus bei Buch. In: D. Planck, (Hrsg.), Die Römer in Baden-Württemberg[4] (Stuttgart 2005) 260–265.

B. A. Greiner, Rainau-Buch II. Der römische Kastellvicus von Rainau-Buch (Ostalbkreis). Die archäologischen Ausgrabungen von 1976 bis 1979. Forschungen und Berichte zur Vor- und Frühgeschichte in Baden-Württemberg 106 (Stuttgart 2008/2010).

D. Planck, Das Freilichtmuseum am rätischen Limes im Ostalbkreis. Führer zu archäologischen Denkmälern in Baden-Württemberg 9 (Stuttgart 1983).

D. Planck, Das Limestor bei Dalkingen, Gemeinde Rainau, Ostalbkreis. Forschungen und Berichte zur Vor- und Frühgeschichte in Baden-Württemberg 129 (Stuttgart 2014).

G. Seitz, Rainau-Buch I. Steinbauten im römischen Kastellvicus von Rainau-Buch (Ostalbkreis). Forschungen und Berichte zur Vor- und Frühgeschichte in Baden-Württemberg 57 (Stuttgart 1999).

10 Halheim (Ellwangen)

D. Planck, Ellwangen-Pfahlheim. Numeruskastell Halheim. In: D. Planck (Hrsg.), Die Römer in Baden-Württemberg[4] (Stuttgart 2005) 71–72.

11 Ruffenhofen

M. Pausch (Hrsg.), Römisches Ruffenhofen. Entdeckungen am Welterbe Limes (Augsburg 2009).

M. Pausch (Hrsg.), LIMESEUM Ruffenhofen. An den Grenzen des Römischen Reiches. Ein Museumsführer. Schriften aus dem LIMESEUM Ruffenhofen Band 1 (Rednitzhembach 2013).

M. Pausch, Visualisierung von Kastell und vicus Ruffenhofen: Abwechselnde Eindrücke einer Welterbestätte – Beispiele aus der Praxis. In: P. Henrich (Hrsg.), Visualisierung von Bodendenkmälern. Beiträge zum Welterbe Limes 7 (Stuttgart 2013) 41–50.

12 Dambach (Ehingen/Unterschwaningen)

W. Czysz/F. Herzig, Der Pfahlrost im Kreutweiher beim Limeskastell Dambach. Erste dendrochronologische Ergebnisse. Bericht der Bayerischen Bodendenkmalpflege 49, 2008, 221–226.

W. Czysz, Archäologie im Karpfenteich. Neues aus dem römischen Vicus von Dambach. In: A. Thiel (Hrsg.), Neue Forschungen am Limes. Beiträge zum Welterbe Limes 3 (Stuttgart 2008) 172–181.

H. Kerscher, Was für ein Theater! Über das römische Amphitheater im Hammerschmiedschlag bei Dambach. Denkmalpflege Informationen 155, 2013, 42–43.

V. Selke, Römische Funde aus Dambach am Limes (1892–2007). Materialhefte zur Bayerischen Archäologie A 100 (Kallmünz/Opf. 2014).

V. Selke, Zum Kastell und vicus von Dambach – der Beitrag der Funde. In: P. Henrich (Hrsg.), Der Limes in Raetien, Ober- und Niedergermanien vom 1. bis 4. Jahrhundert. Beiträge zum Welterbe Limes 8 (Darmstadt 2014), 99–112.

13 Gnotzheim

J. Faßbinder, Magnetometerprospektion des römischen Kastells Mediana bei Gnotzheim. Das archäologische Jahr in Bayern 2008 (Stuttgart 2009) 73–76.

R. Frank, Notgrabung im Vicus Gnotzheim-Mediana. Das archäologische Jahr in Bayern 1999 (Stuttgart 2000) 47–50.

C. Mischka/C. Moneta, Neue geomagnetische Prospektionen in den Kastellvici des Raetischen Limes. In: P. Henrich (Hrsg.), Der Limes vom Niederrhein bis an die Donau. Beiträge zum Welterbe Limes 6 (Stuttgart 2012) 123–135.

14 Gunzenhausen

D. Baatz, Zur Funktion der Kleinkastelle am obergermanisch-raetischen Limes. In: A. Thiel (Hrsg.), Forschungen zur Funktion des Limes. Beiträge zum Welterbe Limes 2 (Stuttgart 2007) 9–25.

J. Faßbinder, Von Eining bis Ruffenhofen: Auf dem Weg zu einem Magnetogramm-Atlas der raetischen Limeskastelle. In: P. Henrich (Hrsg.), Perspektiven der Limesforschung. Beiträge zum Welterbe Limes 5 (Stuttgart 2010) 96.

Th. Fischer/E. Riedmeier-Fischer, Der römische Limes in Bayern (Regensburg 2008) 100–101.

Ch. Fleer, Typisierung und Funktion der Kleinbauten am Limes. In: E. Schallmayer (Hrsg.), Limes Imperii Romani. Beiträge zum Fachkolloquium „Weltkulturerbe Limes", November 2001 in Lich-Arnburg. Saalburg-Schriften 6 (Bad Homburg v. d. H. 2004) 75–92.

E. Grönke, Die Strecke 14 des obergermanischen-raetischen Limes von Gunzenhausen. Ergebnisse und Probleme der Forschung seit W. Kohl. In: H. H. Häffner/C.-M. Hüssen (Hrsg.), „In Plurimis Locis...". Wilhelm Kohl (1848–1898) Apotheker und Forscher am raetischen Limes. Gedenkschrift zum 100. Todestag. Internationale Archäologie. Studia honoraria 5 (Rahden/Westf. 1998) 69–74.

E. Grönke, Zum Forschungsstand am Raetischen Limes in Mittelfranken. Beiträge zur Archäologie in Mittelfranken 8, 2008, 173–190.

M. Reuter, Das Ende des raetischen Limes im Jahr 254 n. Chr. Bayerische Vorgeschichtsblätter 72, 2007, 92.

15 Theilenhofen

J. Faßbinder, Von Eining bis Ruffenhofen: Auf dem Weg zu einem Magnetogramm-Atlas der raetischen Limeskastelle – Ergebnisse der geophysikalischen Prospektion in Bayern. In: P. Henrich (Hrsg.), Perspektiven der Limesforschung. Beiträge zum Welterbe Limes 5 (Stuttgart 2010) 89–103.

Th. Fischer, Kastelle Ruffenhofen, Dambach, Unterschwaningen, Gnotzheim, Gunzenhausen, Theilenhofen, Böhming, Pfünz, Eining. In: J. Garbsch (Hrsg.), Der römische Limes in Bayern. 100 Jahre Limesforschung. Ausstellungskataloge der Prähistorischen Staatssammlung 22 (München 1992) 37–54.

P. Henrich, Bayerns ältestes Theater in Theilenhofen? Hinweise auf das erste Theater am Limes entdeckt. Denkmalpflege Informationen 155, 2013, 44–47.

C. Mischka/P. Henrich, Forum oder Campus? Theater und Platzanlage in Theilenhofen. Der Limes 6, 2012/2, 4–7.

C. Mischka/C. Moneta, Neue geomagnetische Prospektionen in den Kastellvici des Raetischen Limes. In: P. Henrich (Hrsg.), Der Limes vom Niederrhein bis an die Donau. Beiträge zum Welterbe Limes 6 (Stuttgart 2012) 123–135.

H.-G. Simon, Römische Funde aus Theilenhofen. Bayerische Vorgeschichtsblätter 43, 1978, 25–56.

16 Ellingen

K. Dietz, Kastellum Sablonetum und der Ausbau des rätischen Limes unter Kaiser Commodus. Chiron 13, 1983, 497–536, bes. 523–525.

C. Mischka/J. Obmann/J. Faßbinder, Gradiometerprospektion der Zivilsiedlungen am Obergermanisch-Raetischen Limes in Bayern – Ergebnisse 2010–2014. Bericht der Bayerischen Bodendenkmalpflege 56, 2015, 329–375.

W. Zanier, Das römische Kastell Ellingen. Limesforschungen 23 (München 1992).

17 Weißenburg

S. Burmeister, Studien zum Weißenburger Bäderviertel. Bayerische Vorgeschichtsblätter 55, 1990, 107–189.

M. Dinkelmeyer/M. Erdrich/M. Klein, Neue Ausgrabungen im römischen Kastellvicus von Weißenburg i. Bay. Villa Nostra Weißenburger Blätter 1989/1, 237–242.

E. Grönke, Das römische Alenkastell Biricianae in Weißenburg i. Bay. Die Grabungen von 1890 bis 1990. Limesforschungen 25 (Mainz 1997).

C.-M. Hüssen, Römische Okkupation und Besiedlung des mittelraetischen Limesgebietes. Berichte der Römisch-Germanischen Kommission 71, 1990, 5–22.

H.-J. Kellner/G. Zahlhaas, Der römische Tempelschatz von Weißenburg i. Bay. (Mainz 1993).

H. Koschik/Zs. Visy, Die Großen Thermen von Weißenburg i. Bay. (Mainz 1992).

M. Pietsch/J. Faßbinder/L. Fuchs, Mehr Tiefenschärfe durch Magnetik: Der neue Plan des Kastells Weißenburg. Das archäologische Jahr in Bayern 2006 (Stuttgart 2007) 98–101.

C. S. Sommer, Kastell Weißenburg-Biricianae – Das verschonte Denkmal: Investition für die Zukunft. Villa nostra Weißenburger Blätter 2008/2, 5–23.

C. S. Sommer, Wer wusch die Socken der römischen Soldaten? Der Kastellvicus von Weißenburg – Aufbau und Funktion. Villa nostra Weißenburger Blätter 2014/1, 5–35.

18 Weißenburg – Auf der Breitung

C.-M. Hüssen, Neue Ergebnisse der Grabungen im Holzkastell von Weißenburg i. Bay. Landkreis Weißenburg-Gunzenhausen, Mittelfranken. Das archäologische Jahr in Bayern 1985 (Stuttgart 1986) 108–109.

C.-M. Hüssen, Das Holz-Erde-Kastell auf der „Breitung" in Weißenburg i. Bay. Villa nostra Weißenburger Blätter 1990/2, 10–13.

C.-M. Hüssen, Das Holzkastell auf der „Breitung" in Weißenburg in Bayern. In: V. A. Maxfield/M. J. Dobson (Hrsg.), Roman Frontier Studies 1989. Proceedings of the XVth International Congress of Roman Frontier Studies, Canterbury 2–10 September 1989 (Exeter 1991) 191–195.

H. Koschik, Das römische Feldlager von Weißenburg i. Bay. Jahresberichte der Bayerischen Bodendenkmalpflege 21, 1980, 138–154.

19 Oberhochstatt

J. Faßbinder, Von Eining bis Ruffenhofen: Auf dem Weg zu einem Magnetogramm-Atlas der raetischen Limeskastelle – Ergebnisse der geophysikalischen Prospektion in Bayern. In: P. Henrich (Hrsg.), Perspektiven der Limesforschung. Beiträge zum Welterbe Limes 5 (Stuttgart 2010) 89–103, bes. 98–99.

J. Faßbinder/R. Linck/L. Kühne, Neben der Spur – Das Numeruskastell Oberhochstatt. Das archäologische Jahr in Bayern 2009 (Stuttgart 2010) 90–92.

E. Grönke, Neues vom römischen Numeruskastell in Oberhochstatt, Stadt Weißenburg, Lkr. Weißenburg-Gunzenhausen. Beiträge zur Archäologie in Mittelfranken 5, 1999, 181–186.

C. Mischka, Ein unbekanntes Kastell und ein ungewöhnlicher Vicus in Oberhochstatt. Der Limes 1, 2012/1, 4–7.

C. Mischka/C. Moneta, Neue geomagnetische Prospektionen in den Kastellvici des Raetischen Limes. In: P. Henrich (Hrsg.), Der Limes vom Niederrhein bis an die Donau. Beiträge zum Welterbe Limes 6 (Stuttgart 2012) 122–135.

20 Burgsalach

J. Faßbinder/T. Gorka, Vermessen? Das Römerkastell Burgsalach. Das archäologische Jahr in Bayern 2008 (Stuttgart 2009) 76–79.

C.-M. Hüssen, Kleinkastell und Kastell Burgsalach. In: J. Garbsch (Hrsg.), Der römische Limes in Bayern – 100 Jahre Limesforschung. Ausstellungskataloge der Prähistorischen Staatssammlung München 22 (München 1992) 44–45.

J. Peuser, Das römische Gebäude in der Harlach bei Burgsalach, Landkreis Weißenburg-Gunzenhausen [unpublizierte Dissertation Universität Köln 2014].

A. A. Schaflitzl, Burgus oder Mansio? Neue Erkenntnisse und Überlegungen zum Gebäude in der Harlach. Villa nostra Weißenburger Blätter 2011/3, 5–19.
R. Schiwall, „Von allem Gestrüpp und Gesträuch gesäubert" – Die Erforschungs- und Konservierungsgeschichte des Burgus bei Burgsalach. Bericht der Bayerischen Bodendenkmalpflege 49, 2008, 199–219.
W. Schleiermacher, Centenaria am Rätischen Limes. In: Aus Bayerns Frühzeit. Festschrift F. Wagner. Schriftenreihe zur bayerischen Landesgeschichte 62 (München 1962) 195–204.
C. S. Sommer, Out of Africa ? – A New Line of the Eastern Raetian Limes in the Middle of the 3rd Century and legio III augusta (…e Raetia…regressi). In: Proceedings of the 22nd International Congress of Roman Frontiers Studies, Ruse, Bulgaria, September 2012 (im Druck).
C. S. Sommer, Zur Datierung des Raetischen Limes. In: P. Henrich (Hrsg.), Der Limes vom Niederrhein bis an die Donau. Beiträge zum Welterbe Limes 6 (Stuttgart 2012) 136–147.
F. Winkelmann, Die römischen burgi in der Harlach bei Weißenburg i. B., bei Heglohe und Steinsdorf. Germania 2, 1918, 54–59.

21 Limes bei Biebig (Titting)

Th. Fischer/E. Riedmeier-Fischer, Der Römische Limes in Bayern (Regensburg 2008) 130–133.
H. Kerscher, Digitale Modelle des raetischen Limes in Bayern. Der Limes 3, 2009/2, 12–16.

22 Pfünz (Walting)

J. Faßbinder, Neue Ergebnisse der geophysikalischen Prospektion am Obergermanischen-Raetischen Limes. In: A. Thiel (Hrsg.), Neue Forschungen am Limes. Beiträge zum Welterbe Limes 3 (Stuttgart 2008) 154–171.
Th. Fischer, Kastelle Ruffenhofen, Dambach, Unterschwaningen, Gnotzheim, Gunzenhausen, Theilenhofen, Böhming, Pfünz, Eining. In: J. Garbsch (Hrsg.), Der römische Limes in Bayern. 100 Jahre Limesforschung. Ausstellungskataloge der Prähistorischen Staatssammlung München 22 (München 1992) 37–54.
C. Mischka, Die neu entdeckte mansio in der Außensiedlung des Kastells Pfünz. Der Limes 5/1, 2011, 8–13.
C. Mischka/C. Moneta, Neue geomagnetische Prospektionen in den Kastellvici des Raetischen Limes. In: P. Henrich (Hrsg.), Der Limes vom Niederrhein bis an die Donau. Beiträge zum Welterbe Limes 6 (Stuttgart 2012) 122–135.
M. Reuter, Das Ende des raetischen Limes im Jahr 254 n. Chr. Bayerische Vorgeschichtsblätter 72, 2007, bes. 100–103.

23/24 Böhming (Kipfenberg) / Limes bei Kipfenberg – Auf dem Pfahlbuck

K. Dietz, Kastellum Sablonetum und der Ausbau des rätischen Limes unter Kaiser Commodus. Chiron 13, 1983, 497–536, bes. 523–525.
J. Faßbinder, Neue Ergebnisse der geophysikalischen Prospektion am obergermanisch-raetischen Limes. In: A. Thiel (Hrsg.), Neue Forschungen am Limes. Beiträge zum Welterbe Limes 3 (Stuttgart 2008) 154–171, bes. 161–163.
B. Gnade, Das römische Kastell Böhming am Raetischen Limes. Bericht der Bayerischen Bodendenkmalpflege 51, 2010, 199–285.
B. Gnade, Das Kastell Böhming. Historischer Verein Eichstätt, Sammelblatt 102, 2010, 81–85.

25 Limes bei Zandt (Denkendorf)

S. Hüdepohl, Archäologische Untersuchungen entlang der Limespalisade in Denkendorf-Zandt, Lkr. Eichstätt. Bericht der Bayerischen Bodendenkmalpflege 56, 2015, 227–234.
C. S. Sommer, Trajan, Hadrian, Antoninus Pius, Marc Aurel …? Zur Datierung der Anlagen des Raetischen Limes. Bericht der Bayerischen Bodendenkmalpflege 52, 2011, 137–180, bes. 162–163.

26 Wachtposten bei Zandt (Denkendorf)

C. S. Sommer, Quarries on the Raetian Limes, the height and construction of the wall. Proceedings of the XXIth International Congress of Roman Frontier Studies, Newcastle (im Druck).

27 Oppidum Manching

W. David, „Gunst" und „Fluch" einer vorzüglichen verkehrs- und wirtschaftsgeographischen Lage: Das keltische Oppidum von Manching und seine Erhaltung als einzigartiges Bodendenkmal. In: I. Benková/V. Guichard (Hrsg.), Gestion et présentation des oppida. Un panorama européen – Management and presentation of oppida. An European overview. Collection Bibracte 15 (Glux-en-Glenne/Prag/Bibracte 2008) 85–110.

P. Reinecke, Zur Geschichte und Topographie von Vallatum. Sammelblatt des Historischen Vereins Ingolstadt 59, 1950, 3–39.

S. Sievers, Manching – Die Keltenstadt. Führer zu archäologischen Denkmälern in Bayern. Oberbayern 3 (Stuttgart, 2., aktualisierte Auflage 2007).

S. Sievers/M. Leicht/B. Ziegaus, Ergebnisse der Ausgrabungen in Manching-Altenfeld 1996–1999. Die Ausgrabungen in Manching, 18 (Wiesbaden 2013).

S. Sievers, Manching und der Süden. Frühe Verbindungen. In: M. Guštin/W. David (Hrsg.), The Clash of Cultures? – The Celts and the Macedonian World. Proceedings of the conferences „Going south" in Piran 2013 and „Going north" in Manching 2014. Schriften des kelten römer museums manching 9 (Manching 2015) 289–298 (im Druck)

H. Wendling, Manching Reconsidered: New Perspectives on Settlement Dynamics and Urbanization in Iron Age Central Europe. European Journal of Archaeology 16 (3) 2013, 459–490.

28 Oberstimm

R. Bockius, Die römerzeitlichen Schiffsfunde von Oberstimm in Bayern. RGZM Monographien 50 (Mainz 2002).

C.-M. Hüssen, Römische Lager an der Donau in Ingolstadt-Zuchering. In: W. Czysz u. a. (Hrsg.), Provinzialrömische Forschungen. Festschrift G. Ulbert (Espelkamp 1995) 95–110.

C.-M. Hüssen/K. H. Rieder/H. Schaaf, Die Römerschiffe in Oberstimm – Ausgrabung und Bergung. Das archäologische Jahr in Bayern 1994 (Stuttgart 1995) 112–116.

K. H. Rieder, Römische Hallenbauten bei Oberstimm. Das archäologische Jahr in Bayern 1982 (Stuttgart 1983) 101–103.

H. Schönberger, Kastell Oberstimm. Die Grabungen von 1968–1971. Limesforschungen 18 (Berlin 1978).

H. Schönberger/H.-J. Köhler/H.-G. Simon, Neue Ergebnisse zur Geschichte des Kastells Oberstimm. Berichte der Römisch-Germanischen-Kommission 70, 1989, 243–319.

29 Pförring

H. Becker/O. Braasch, Die Biburg bei Pförring – Kastell Celeusum, Vicus und Gräberfeld im Luftbild. Arbeitshefte des Bayerischen Landesamts für Denkmalpflege 59 (München 1996) 216–220.

I. L. M. Böck, Der Kastellvicus von Pförring (Lkr. Eichstätt) (unpublizierte Dissertation Universität Bamberg 2013).

J. Faßbinder/C. S. Sommer/K. Berghausen, Magnetometerprospektion des Reiterkastells Celeusum bei Pförring, Lkr. Eichstätt, Oberbayern. Das archäologische Jahr in Bayern 2006 (Stuttgart 2007) 94–97.

Ch. Flügel/J. Obmann, Visualisierung römischer Kastelltore: Das Beispiel der porta principalis dextra des Alenkastells Celeusum/Pförring. In: Ch. Flügel/J. Obmann (Bearb.), Römische Wehrbauten. Befund und Rekonstruktion. Inhalte – Projekte – Dokumentationen. Schriftenreihe des Bayerischen Landesamtes für Denkmalpflege 7 (München 2013) 12–27.

A. A. Schaflitzl, Die archäologische Nachuntersuchung der porta principalis dextra im Alenkastell Celeusum/Pförring. In: Ch. Flügel/J. Obmann (Bearb.), Römische Wehrbauten. Befund und Rekonstruktion. Inhalte – Projekte – Dokumentationen. Schriftenreihe des Bayerischen Landesamtes für Denkmalpflege 7 (München 2013) 28–57.

Th. Stöckl/S. Bittner, Materialkundliche Untersuchungen an römischen Putzproben des Alenkastells Celeusum/Pförring. In: Ch. Flügel/J. Obmann (Bearb.), Römische Wehrbauten. Befund und Rekonstruktion. Inhalte – Projekte – Dokumentationen. Schriftenreihe des Bayerischen Landesamtes für Denkmalpflege 7 (München 2013) 58–69.

30 Heilbad Bad Gögging

H. U. Nuber, Ausgrabungen in Bad Gögging, Stadt Neustadt an der Donau, Ldkr. Kelheim. Römisches Staatsheilbad und frühmittelalterliche Kirchen (Landshut 1995).

H. U. Nuber, Bad Gögging 2006 – der Gesamtplan des römischen Heilbades. Das archäologische Jahr in Bayern 2006 (Stuttgart 2007) 81–83.

31 Eining

Th. Fischer, Kastell Eining/Abusina. In: J. Garbsch (Hrsg.), Der römische Limes in Bayern. 100 Jahre Limesforschung. Ausstellungskataloge der Prähistorischen Staatssammlung 22 (München 1992) 52–54.

Th. Fischer/K. Spindler, Das römische Grenzkastell Abusina-Eining. Führer zu den archäologischen Denkmälern in Bayern. Niederbayern 1 (Stuttgart 1984).

M. Gschwind, Abusina. Das römische Auxiliarkastell Eining an der Donau vom 1. bis 5. Jahrhundert n. Chr. Münchner Beiträge zur Vor- und Frühgeschichte 53 (München 2004).

M. Mackensen, Die Innenbebauung und der Nordvorbau des spätrömischen Kastells Abusina/Eining. Germania 72, 1994 (2), 479–513.

M. Reuter, Das Ende des raetischen Limes im Jahr 254 n. Chr. Bayerische Vorgeschichtsblätter 72, 2007, 77–149, bes. 109–111.

R. Schiwall, Konservierungsgeschichte und denkmalpflegerische Maßnahmen im Kastell Eining seit dem 19. Jahrhundert. Bericht der Bayerischen Bodendenkmalpflege 49, 2008, 131–197.

R. Schiwall/K. W. Höllerer, Sondierungsgrabungen 2008 im Kastell Abusina/Eining. Bericht der Bayerischen Bodendenkmalpflege 51, 2010, 293–319.

32 Eining-Unterfeld

R. Christlein/Th. Fischer, Neues zum Lager Eining-Unterfeld. Archäologisches Korrespondenzblatt 9, 1979, 423–428.

Th. Fischer/K. Spindler, Das römische Grenzkastell Abusina-Eining. Führer zu den archäologischen Denkmälern in Bayern. Niederbayern 1 (Stuttgart 1984) 55–58.

I. Jütting, Die Kleinfunde aus dem römischen Lager Eining-Unterfeld. Bayerische Vorgeschichtsblätter 60, 1995, 143–230.

H. Schönberger, Das Römerlager im Unterfeld bei Eining. Grabungsbericht für das Jahr 1968. Germania 48, 1970, 66–84.

33 Heiligtum Eining-Weinberg

Th. Fischer/K. Spindler, Das römische Grenzkastell Abusina-Eining. Führer zu archäologischen Denkmälern in Bayern. Niederbayern 1 (Stuttgart 1984) 58–62.

P. Reinecke, Römische und frühmittelalterliche Denkmäler vom Weinberg bei Eining a. d. Donau. In: Festschrift zur Feier des fünfundsiebzigjährigen Bestehens des Römisch-Germanischen Central-Museums zu Mainz (Mainz 1927) 157–170.

34 Limes bei Hienheim

K. Berghausen/J. Faßbinder/T. Gorka, Geophysikalische Prospektion am raetischen Limes: Grenzbefestigung, Wachttürme und Feldwache. Das archäologische Jahr in Bayern 2007 (Stuttgart 2008) 81.

J. Faßbinder, Neue Ergebnisse der geophysikalischen Prospektion am obergermanisch-raetischen Limes. In: A. Thiel (Hrsg.), Neue Forschungen am Limes. Beiträge zum Welterbe Limes 3 (Stuttgart 2008) 169–170.

J. Faßbinder/R. Linck, Radarprospektion, ALS und Leitfähigkeitsmessung: Neues zur römischen Feldwache bei Hienheim. Das archäologische Jahr in Bayern 2012 (Stuttgart 2013) 83–85.

J. Faßbinder/R. Linck, Determination of the influence of soil parameters and sample density on ground-penetrating radar: a case study of a Roman picket in Lower Bavaria. Archaeological and Anthropological Sciences 2014, 93–106.

H. Ziechaus, Hienheim, Lkr. Kelheim. Verhandlungen des Historischen Vereins Niederbayern 101, 1975, 60.

35 Regensburg-Großprüfening

K. Dietz/Th. Fischer, Die Römer in Regensburg (Regensburg 1996) bes. 155–161.

J. Faßbinder/D. Narr/R. Linck/T. Deller/F. Becker, Prospektion am römischen Kastell Großprüfening. Das archäologische Jahr in Bayern 2010 (Stuttgart 2011) 92–95.

Th. Fischer, Das Umland des römischen Regensburg. Münchner Beiträge zur Vor- und Frühgeschichte 42 (München 1990).

D. Narr, Das mittelkaiserzeitliche Kleinkastell von Regensburg-Großprüfening. Bericht der Bayerischen Bodendenkmalpflege 56, 2015, 251–320.

36 Regensburg

T. Aumüller, Die Höhenentwicklung der Befestigung des Legionslagers Regensburg von 179 n. Chr. In: Ch. Flügel/J. Obmann (Bearb.), Römische Wehrbauten. Befund und Rekonstruktion. Schriftenreihe des Bayerischen Landesamtes für Denkmalpflege 7 (München 2013) 108–111.

A. Boos/L.-M. Dallmeier/B. Overbeck, Der römische Schatz von Regensburg-Kumpfmühl (Regensburg 2000).

S. Codreanu-Windauer/S. Reuter, Römer vor der Haustür. Die römische Zivilsiedlung im Osten Regensburgs (Oberpfalz). Das archäologische Jahr in Bayern 2007 (Stuttgart 2008) 69–70.

K. Dietz/Th. Fischer, Die Römer in Regensburg (Regensburg 1996).

A. Faber, Das römische Auxiliarkastell und der Vicus von Regensburg-Kumpfmühl. Münchner Beiträge zur Vor- und Frühgeschichte 49 (München 1994).

Th. Fischer, Das Umland des römischen Regensburg. Münchner Beiträge zur Vor- und Frühgeschichte 42 (München 1990).

Th. Fischer/E. Riedmeier-Fischer, Der römische Limes in Bayern (Regensburg 2008), 198–205.

F. Herzig/A. Rauh/C. Theurer, Eine Villa rustica mit Brunnen in Burgweinting, Stadt Regensburg, Oberpfalz. Das archäologische Jahr in Bayern 2012 (Stuttgart 2013) 89–91.

M. Konrad, Die Ausgrabungen unter dem Niedermünster zu Regensburg II. Bauten und Funde der römischen Zeit. Münchner Beiträge zur Vor- und Frühgeschichte 57 (München 2005).

R. Linck/S. Reuter, Reginum geht baden – Geophysikalische Prospektion in den Canabae von Regensburg. Das archäologische Jahr in Bayern 2010 (Stuttgart 2011) 90–92.

S. Reuter, Ein Zerstörungshorizont der Jahre um 280 n. Chr. in Reginum/Regensburg. Die Ausgrabungen in der Grasgasse-Maximilianstraße 26 in den Jahren 1979/80. Bayerische Vorgeschichtsblätter 70, 2005, 183–281.

S. Sandbichler, Neue Untersuchungen im mittelkaiserzeitlichen Auxiliarkastell Regensburg-Kumpfmühl. Bayerische Vorgeschichtsblätter 74, 2009, 39–130.

J. Scherbaum/S. Reuter, Römische Wohnkultur zwischen mittelalterlichen Latrinen: Neue Untersuchungen in den Canabae von Regensburg. Das archäologische Jahr in Bayern 2005 (Stuttgart 2006) 88–90.

M. Schnetz, Die Villa rustica von Regensburg-Harting. Bericht der Bayerischen Bodendenkmalpflege 54, 2013, 45–143.

S. v. Schnurbein, Das römische Gräberfeld von Regensburg. Materialhefte zur Bayerischen Vorgeschichte A 31 (Kallmünz 1977).

G. H. Waldherr, Auf den Spuren der Römer. Ein Stadtführer durch Regensburg (Regensburg 2001).

37 Pfatter

J. Faßbinder/M. Pietsch, Lücken schließen am Donaulimes – Das Kleinkastell von Pfatter-Gmünd. Das archäologische Jahr in Bayern 2005 (Stuttgart 2006) 73–76.

Th. Fischer/E. Riedmeier-Fischer, Der römische Limes in Bayern (Regensburg 2008), 198.

Th. Schmidts, Ein römischer Münzfund des 3. Jahrhunderts aus Pfatter-Seppenhausen, Lkr. Regensburg. Bayerische Vorgeschichtsblätter 67 (2002) 43–77.

B. Steidl, Funde aus einem neuen Donaukastell, Münchner Jahrbuch der bildenden Kunst F3, LI, 2000, 260–261.

B. Steidl, Militärdiplome aus dem neuen raetischen Donaukastell von Pfatter. Bayerische Vorgeschichtsblätter 70, 2005, 133–152.

B. Steidl, ...civitatem dedit et conubium... Acht neue Militärdiplomfragmente aus Raetien. Bayerische Vorgeschichtsblätter 79, 2014, 61–86.

38 Straubing

J. W. E. Faßbinder/V. Fischer/R. Linck/L. Kühne/F. Becke, Straubing/Sorviodurum: Magnetometerprospektion und Luftbildauswertung des mittelkaiserzeitlichen Kastells III. Das archäologische Jahr in Bayern 2013 (Stuttgart 2014) 109–112.

V. Fischer, Das Straubinger Ostkastell III b und sein Vorfeld. In: P. Henrich (Hrsg.), Der Limes in Raetien, Ober- und Niedergermanien vom 1. bis 4. Jahrhundert. Beiträge zum Welterbe Limes 8 (Darmstadt 2014) 90–97.

J. Keim/H. Klumbach, Der römische Schatzfund von Straubing. Münchner Beiträge zur Vor- und Frühgeschichte 3 (München 1976).

G. Moosbauer, Kastell und Friedhöfe der Spätantike in Straubing. Römer und Germanen auf dem Weg zu den ersten Bajuwaren. Passauer Universitätsschriften zur Archäologie 10 (Rahden/Westf. 2005).

J. Prammer, Neue Forschungen zum römischen Straubing. Die Kastelle I–II. Jahresbericht des historischen Vereins für Straubing und Umgebung 85, 1983, 35–123.

J. Prammer, Der römische Donauhafen von Straubing-Sorviodurum. In: K. Schmotz (Hrsg.), Vorträge des 6. Niederbayerischen Archäologentages (Deggendorf 1988) 149–160.

J. Prammer, Der Kastellvicus von Sorviodurum-Straubing. Ein Zwischenbericht. In: K. Schmotz (Hrsg.), Vorträge des 16. Niederbayerischen Archäologentages (Rahden/Westf. 1998) 193–207.

J. Prammer, Gäubodenmuseum Straubing. Museumsführer[4] (Straubing 2012).

N. Walke, Das römische Donaukastell Straubing-Sorviodurum. Limesforschungen 3 (Berlin 1965).

39 Steinkirchen (Stephansposching)

P. Reinecke, Ein neues Kastell an der raetischen Donaugrenze (Steinkirchen, Bez. A. Deggendorf), Germania 14, 1930, 197–205.

M. Reuter, Das Ende des raetischen Limes im Jahr 254 n. Chr. Bayerische Vorgeschichtsblätter 72, 2007, 117.

K. Schmotz, Die archäologische Untersuchung in der Kirche von Steinkirchen und ihre Folgen für die ältermittelalterliche Geschichte des Ortes. Deggendorfer Geschichtsblätter 19, 1998, 35–62.

K. Schmotz, Zwischen 1928 und 2006: Die Bodendenkmäler von Steinkirchen und ihr Schicksal. Das archäologische Jahr in Bayern 2006 (Stuttgart 2007) 179–182.

K. Schwarz, Die Bodendenkmalpflege in Bayern in den Jahren 1970 bis 1972. Jahresbericht der Bayerischen Bodendenkmalpflege 11/12, 1970/71, 195 mit Abb. 21 (Hortfund).

40 Künzing

Th. Fischer, Das römische Kastellbad von Künzing, Landkreis Deggendorf, Niederbayern. Bayerische Vorgeschichtsblätter 50, 1985, 247–286.

Th. Fischer, Spätrömische Siedlungsfunde aus Künzing/Quintanis. Bayerische Vorgeschichtsblätter 54, 1989, 153–187.

R. Ganslmeier, Die Zivilsiedlung des römischen Truppenstandortes Quintanis. Erste Ergebnisse der Inventarisation von Grabungen der Kreisarchäologie Deggendorf im Vicus von Künzing. In: K. Schmotz (Hrsg.), Vorträge des 13. Niederbayerischen Archäologentages (Deggendorf 1995), 115–149.

R. Ganslmeier/K. Schmotz, Das mittelkaiserzeitliche Kastell Künzing. Archäologische Denkmäler im Landkreis Deggendorf 8[3] (Deggendorf 2003).

G. Moosbauer, Beobachtungen zur Provinzialrömischen Archäologie im Landkreis Deggendorf. In: L. Husty/K. Schmotz (Hrsg.), Vorträge des 33. Niederbayerischen Archäologentages (Rahden/Westf. 2015) 171–184.

K. Schmotz, Der Mithrastempel von Künzing, Lkr. Deggendorf – Ein Vorbericht. In: K. Schmotz (Hrsg.),Vorträge des 18. Niederbayerischen Archäologentages (Rahden/Westf.) 2000) 111–143.

K. Schmotz, Das hölzerne Amphitheater von Künzing, Lkr. Deggendorf. Kenntnisstand und erste Rekonstruktionsansätze nach Abschluss der Geländearbeiten im Jahre 2004. In: K. Schmotz (Hrsg.), Vorträge des 24. Niederbayerischen Archäologentages (Rahden/Westf. 2006) 95–118.

K. Schmotz, Der Ostvicus von Künzing: Lage, Ausdehnung und „Sondereinrichtungen". In: A. Thiel (Hrsg.), Forschungen zur Funktion des Limes. Beiträge zum Welterbe Limes 2 (Stuttgart 2007) 132–149.

H. Schönberger, Kastell Künzing-Quintana. Die Grabungen von 1958 bis 1966. Limesforschungen 13 (1975).

C. S. Sommer, Die Römer in Künzing – Wege zu einer virtuellen Rekonstruktion des Kastellvicus oder: Versuch der Annäherung an ein Lebensbild. Bericht der Bayerischen Bodendenkmalpflege 49, 2008, 107–129.

41 Passau

M. Altjohann, Das spätrömische Kastell Boiotro zu Passau-Innstadt. Materialhefte zur Bayerischen Archäologie 96, 2012.

H. Bender, Ein spätrömischer Wachtturm bei Passau-Haibach. Ostbairische Grenzmarken 24, 1982, 55–77.

H. Bender, Befunde und Funde der römischen Zeit aus Passau. Passauer Universitätsschriften zur Archäologie 13 (Passau 2008).

M. Bloier, Boiodurum. Forschungsgeschichte – Befunde – Rekonstruktion. Passauer Jahrbuch 55, 2013, 25–63.

J. van Brackel/V. Hautmann/ A. Lechermayer, Das Lager der cohors VIIII Batavorum in Passau entdeckt? Die Auswertung der Grabung im Hof der Domsakristei im Jahre 1977. Ostbairische Grenzmarken 39, 1997, 21–25.

Th. S. Burns, The Watchtower at Passau-Haibach: A Historical Perspective. Ostbairische Grenzmarken 24, 1982, 78–81.

R. Christlein, Das spätrömische Kastell Boiotro zu Passau-Innstadt, Formen der Kontinuität am Donaulimes im raetisch-norischen Grenzbereich. In: J. Werner/E. Ewig (Hrsg.), Von der Spätantike zum frühen Mittelalter: aktuelle Probleme in historischer und archäologischer Sicht, Vorträge und Forschungen (Konstanzer Arbeitskreis für mittelalterliche Geschichte) 25, 1979, 91–123.

R. Christlein, Ausgrabungen im römischen BATAVIS unter der Klosterkirche Niedernburg zu Passau, Niederbayern. Das archäologische Jahr in Bayern 1980 (Stuttgart 1981) 126–127.

O. Höckmann, Untersuchungen zum Hafen des römischen Kastells Boiotro. Ostbairische Grenzmarken 40, 1998, 9–16.

I. Mittermeier, Archäologische Ausgrabungen im Domhof zu Passau (Passau 1993).

J.-P. Niemeier, Das Mittelkaiserzeitliche Kastell von Passau? Ausgrabungen beim Bau einer Tiefgarage in der Altstadt. In: K. Schmotz (Hrsg.), Vorträge des 9. Niederbayerischen Archäologentages (Rahden/Westf. 1991) 177–190.

J.-P. Niemeier, Boiodurum – Neue Ausgrabungen in Kastell und Zivilsiedlung. In: K. Schmotz (Hrsg.), Vorträge des 18. Niederbayerischen Archäologentages (Rahden/Westf. 2000) 59–73.

J.-P. Niemeier, Passau in Vorgeschichte und Römerzeit. In: P. Morsbach/I. Heckmann/Ch. Later/J.-P. Niemeier (Hrsg.), Denkmäler in Bayern, Die Kreisfreie Stadt Passau, Teilband 1. Denkmaltopographie Bundesrepublik Deutschland, II.25 (Regensburg 2014), XXXIV–XLVI.

W. Wandling, Die Ausgrabungen im mittelkaiserzeitlichen Kastellvicus Boiodurum 1987/1988. Ostbairische Grenzmarken 31, 1989, 232–245.

W. Wandling, Eine Notgrabung im mittelkaiserzeitlichen Kastell Boiodurum. Ostbairische Grenzmarken 31, 1989, 245–252.

KARTEN

Deutsche Limeskommission/Verein Deutsche Limes-Straße/Landesvermessungsamt Baden-Württemberg (Hrsg.), Offizielle Karte UNESCO-Weltkulturerbe Obergermanisch-Raetischer Limes in Baden-Württemberg (Stuttgart 2005).

Deutsche Limeskommission/Verein Deutsche Limes-Straße/Bayerisches Landesamt für Denkmalpflege/ Landesvermessungsamt Baden-Württemberg (Hrsg.), Offizielle Karte UNESCO-Weltkulturerbe Obergermanisch-Raetischer Limes in Bayern von Mönchsroth bis Eining (Donau) (München/Stuttgart 2008).

XII AUTORENVERZEICHNIS

Dr. Stephan Bender
Limes-Informationszentrum Baden-Württemberg
St.-Johann-Straße 5
D-73430 Aalen
stephan.bender@liz-bw.de

Daniel Burger M.A.
Römisch-Germanische Kommission des
Deutschen Archäologischen Instituts
Palmengartenstraße 10–12
D-60325 Frankfurt a. M.
burger@dainst.de

Dr. Wolfgang David
kelten römer museum manching
Zweigmuseum der
Archäologischen Staatssammlung München
Im Erlet 2
D-85077 Manching
wolfgang.david@museum-manching.de

Veronika Fischer M.A.
Bayerisches Landesamt für Denkmalpflege
Abt. B Praktische Denkmalpflege Bodendenkmäler
Ref. B VI – Lineare Projekte und Archäologische Welterbestätten
Hofgraben 4
D-80539 München
veronika.fischer@blfd.bayern.de

Dr. Peter Henrich
Generaldirektion kulturelles Erbe Rheinland-Pfalz
Landesarchäologie
Außenstelle Koblenz
Niederberger Höhe 1
D-56077 Koblenz
peter.henrich@gdke.rlp.de

Sophie Hüdepohl M.A.
Bayerisches Landesamt für Denkmalpflege
Abt. B Praktische Denkmalpflege Bodendenkmäler
Ref. B VI – Lineare Projekte und Archäologische Welterbestätten
Hofgraben 4
D-80539 München
sophie.huedepohl@blfd.bayern.de

Dr. Claus-Michael Hüssen
Römisch-Germanische Kommission des
Deutschen Archäologischen Instituts
Forschungsstelle
Auf der Schanz 45
D-85049 Ingolstadt
rgk-ingolstadt@t-online.de

Dr. Martin Kemkes
Archäologisches Landesmuseum Baden-Württemberg
Referat Römische Zeit und Zweigmuseen
Dienststelle Rastatt
Lützowerstraße 10
D-76437 Rastatt
kemkes@rastatt.alm-bw.de

Dipl-Ing. Hermann Kerscher
Bayerisches Landesamt für Denkmalpflege
Abt. Z Denkmalerfassung und Denkmalforschung
Dienststelle Regensburg
Adolf-Schmetzer-Straße 1
93055 Regensburg
hermann.kerscher@blfd.bayern.de

Elisabeth Krieger M.A.
Universität zu Köln
Archäologisches Institut
Albertus-Magnus-Platz
D-50923 Köln
e.krieger1@gmx.de

Dr. Suzana Matešić
Geschäftsstelle der Deutschen Limeskommission
Römerkastell Saalburg
Am Römerkastell 1
D-61350 Bad Homburg v. d. H.
suzana.matesic@deutsche-limeskommission.de

Dr. Marcus G. Meyer
Landesamt für Denkmalpflege im
Regierungspräsidium Stuttgart
Berliner Straße 12
D-73728 Esslingen a. N.
marcus.meyer@rps.bwl.de

Dr. Carsten Mischka
Institut für Ur- und Frühgeschichte
Kochstr. 4/18
91054 Erlangen
carsten_mischka@gmx.de

Dr. Jörg-Peter Niemeier
Stadt Passau – Stadtarchäologie und
Römermuseum
Rathausplatz 2
D-94032 Passau
joerg-peter.niemeier@passau.de

Dr. Matthias Pausch
LIMESEUM
Römerpark Ruffenhofen 1
D-91749 Wittelshofen
matthias.pausch@roemerpark-ruffenhofen.de

Katharina Ramstetter M.A.
Bayerisches Landesamt für Denkmalpflege
Abt. B Praktische Denkmalpflege Bodendenkmäler
Ref. B VI – Lineare Projekte und Archäologische
Welterbestätten
Hofgraben 4
D-80539 München
katharina.ramstetter@blfd.bayern.de

Dr. Jörg Scheuerbrandt
Römermuseum Osterburken
Zweigmuseum des
Archäologischen Landesmuseums Baden-Württemberg
Römerstraße 4
D-74706 Osterburken
joerg.scheuerbrandt@roemermuseum-osterburken.de

Lynn Stoffel M.A.
CNRA Centre national de recherche archéologique
241, route de Luxembourg
L-8077 Bertrange
Luxembourg
lynn.stoffel@cnra.etat.lu

Prof. Dr. C. Sebastian Sommer
Bayerisches Landesamt für Denkmalpflege
Abt. B Praktische Denkmalpflege Bodendenkmäler
Hofgraben 4
D-80539 München
sebastian.sommer@blfd.bayern.de

Simon Sulk M.A.
Geschäftsstelle der Deutschen Limeskommission
Römerkastell Saalburg
Am Römerkastell 1
D-61350 Bad Homburg v. d. H.
sulk.s@saalburgmuseum.de

Dr. Andreas Thiel
Regierungspräsidium Stuttgart
Landesamt für Denkmalpflege, Ref. 84.2
Berliner Straße 12
D-73728 Esslingen/N.
andreas.thiel@rps.bwl.de

XIII ABBILDUNGSVERZEICHNIS

10 J. Scheuerbrandt. – 12–13 BLfD, C. S. Sommer. 14 BLfD, O. Braasch. – 16 ALM BW/D. Rothacher, archaeoskop, Freiburg; Änderung C. S. Sommer. – 18 Sommer 2011, Abb. 22. – 19 Sommer 2011, Abb. 13. – 20 BLfD, K. Leidorf. – 22 Sommer 2011, Abb. 9. – 23 BLfD, K. Leidorf. – 26 BLfD, K. Leidorf. – 27 LAD BW. – 28 W. Kohl / Einhorn Apotheke Weißenburg. – 29 G. Cupcea. – 31 ALS-Daten: BLfD; Bearbeitung: S. Hüdepohl. – 33 G. Cupcea. – 35 Zeichner: B. Burandt. Th. Fischer 2012, 344 Abb. 501. – 37 oben BLfD, S. Hüdepohl, nach A. Johnson, Römische Kastelle des 1. und 2. Jahrhunderts n. Chr. in Britannien und in den germanischen Provinzen des Römerreiches. Kulturgeschichte der antiken Welt 37 (Mainz 1990) Abb. 19. – 37 unten BLfD, J. W. E. Faßbinder. – 38 G. Cupcea. – 39 oben Baatz 1976, 38 Abb. 25. – 39 links unten ORL Strecke 15, Tafel 2 Holzturm von WP 15/7. – 39 rechts Mitte ORL Strecke 12, Tafel 8 Steinturm von WP 12/107. – 39 rechts unten ORL Strecke 14, Tafel 6 Blockhaus bei WP 14/15. – 40–41 Filmsequenz aus „Methoden der Archäologie – Geomagnetik", Fa. Archimedix im Auftrag des RLM Trier. – 42 Geodaten: BLfD; Bearbeitung: H. Kerscher. – 43 ArcTron 3D GmbH. – 44–45 BLfD, C. S. Sommer. – 46 oben D. Rothacher, archaeoskop, Freiburg. – 46 unten LDA BW – 48 oben LDA BW. – 48 unten LDA BW, O. Braasch. – 49 J. Scheuerbrandt. – 50 D. Rothacher, archaeoskop, Freiburg. – 51 J. Scheuerbrandt. – 52 oben E. Ayen. – 52 unten ArcTron GmbH. – 53 LAD BW. – 54 LAD BW, M. Vöhringer. – 56 Filtzinger et al. (Hrsg.), Die Römer in Baden-Württemberg (Stuttgart/Aalen 1976) 413. – 57 oben und Mitte M. Pantle. – 57 unten L. Stoffel. – 58 und 60 LAD BW, A. Thiel. – 62 LAD BW, O. Braasch. – 63 LAD BW, C. Nübold, K. Kortüm, M. Meyer. – 64 oben LAD BW, C. Nübold, K. Kortüm. – 64 unten LAD BW, K. Kortüm. – 66 LAD BW, H. von der Osten-Woldenburg; LGL BW – 67 LAD BW, O. Braasch. – 68 oben DLK, S. Sulk. – 68 unten Schober+Reinhardt, Agentur für Kommunikation. – 69 ALM BW, P. Schlemper. – 70 oben und unten LAD BW. – 72 Albert-Ludwigs-Universität Freiburg, S. Berg. – 73 und 74 oben U. Sauerborn, Limesmuseum Aalen. – 74 unten ArcTronGmbH. – 76, 78, 79 ALM BW, D. Rothacher, archaeoskop, Freiburg. – 80 oben U. Sauerborn, Limesmuseum Aalen. – 80 unten und 81 Landesmuseum Württemberg, P. Frankenstein, H. Zwietasch. – 82 oben und unten LAD BW. – 84 oben Schober+Reinhardt, Agentur für Kommunikation. – 84 unten U. Sauerborn, Limesmuseum Aalen. – 86 oben M. Schneidt. – 86 unten LAD BW. – 87 links M. Baumgärtner. – 87 rechts LAD BW. – 88 U. Sauerborn, Limesmuseum Aalen. – 90 oben G. Hagen. – 90 unten links G. Utz – 90 unten rechts K. Wasmuht. – 92 BLfD, J. W. E. Faßbinder, H. Becker; CAU/FAU, C. Mischka. – 93 Römerpark und LIMESEUM Ruffenhofen. – 94–95 O. Heinl. – 96 BLfD, C. S. Sommer. – 98 oben BLfD, W. Czysz, S. Köglmeier – 98 unten Geodaten BLfD; Bearbeiter H. Kerscher. – 99 BLfD, W. Czysz. – 100 oben BLfD, K. Leidorf. – 100 unten BLfD, C. S. Sommer. – 102 oben CAU, C. Mischka. – 102 unten CAU/FAU, C. Mischka; Magnetogramm des Kastellbereichs BLfD, J. W. E. Faßbinder. – 103 oben ORL B 7 Nr. 70 Gnotzheim (1907) Taf. 2,1. – 103 unten Mischka/Moneta 2012, 127 Abb. 5. – 104 ORL B 7 Nr. 71 (1907) Taf. 1. – 106 oben ALS-Daten: BLfD; Bearbeitung: K. Ramstetter. – 106 unten Faßbinder 2010, 96 Abb. 7. – 107 BLfD, C. S. Sommer. – 108 BLfD, C. S. Sommer. – 110 oben Magnetogramm Kastellbereich: BLfD, J. W. E. Faßbinder; vicus und Außenbereich: CAU/FAU, C. Mischka. – 110 unten CAU, C. Mischka. – 111 Germanisches Nationalmuseum Nürnberg, S. Tolle. – 112 BLfD, C. S. Sommer. – 114 links oben Zanier 1992, 159 Abb. 68. – 114 links Mitte Zanier 1992, 160 Abb. 69. – 114 links unten Zanier 1992, 161 Abb. 70. – 114 rechts BLfD, O. Braasch. – 115 CAU/FAU, C. Mischka. – 116 oben ArcTron 3D GmbH, Altenthann im Auftrag der Stadt Weißenburg in Bayern. – 116 ArcTron 3D GmbH / ASM / Stadt Weißenburg. – 118 BLfD, J. Obmann. – 119 Sommer 2014, Abb. 4. – 120 BLfD, C. S. Sommer. – 121 oben BLfD, K. Leidorf. – 121 unten BLfD, O. Braasch. – 122 C.-M. Hüssen, RGK. – 124 BLfD, K. Leidorf. – 126 CAU, C. Mischka. – 127 Messungen durch BLfD, J. W. E. Faßbinder, R. Linck und CAU/FAU, C. Mischka; Bearbeitung J. W. E. Faßbinder, R. Linck. – 128 BLfD, K. Leidorf. – 130 oben links ALS-Daten: BLfD; Bearbeitung: K. Ramstetter. – 130 oben rechts Holger Jürgenliemk/Wikimedia Commons, nach Schiwall 2008, 200 Abb. 2. – 130 unten Römermuseum Weißenburg. –131 ALS-Daten: BLfD; Bearbeitung: K. Ramstetter. – 132 ALS-Daten: BLfD; Bearbeitung: S. Hüdepohl, K. Ramstetter. – 134 ORL A 7, Strecke 14 (1927) Taf. 11,4. – 135 oben ORL A 7, Strecke 14 (1927) Taf. 11,5. – 135 unten ORL A 7, Strecke 14 (1927) Taf. 11,8. – 136 oben BLfD, K. Leidorf. – 136 unten ORL B 7, Nr. 73 (1901) Taf. 11. – 138 CAU/FAU, C. Mischka; Kastellbereich: BLfD, J. W. E. Faßbinder. – 139 CAU/FAU, C. Mischka. – 140 oben BLfD, C. S. Sommer. – 140 unten ORL B 7, Nr. 73, Taf. 2. – 141 links ORL B 7, Nr. 73 (1901) Taf. 4 Abb. 7. – 141 rechts ORL B 7, Nr. 73 (1901) Taf. 9 Abb. 5. – 142 oben BLfD, O. Braasch. – 142 unten F. Vollmer, Inscriptiones Bavariae Romane (München 1915) Taf. 39 unten. – 144 oben Magnetogramm Kastellbereich: BLfD, J. W. E. Faßbinder; vicus und Außenbereich: CAU/FAU, C. Mischka. – 144 unten Gnade 2010, 213 Abb. 11. – 145 ORL B 7, Nr. 73a (1907) Taf. 1,2. – 146 BLfD, C. S. Sommer. – 147 BLfD, K. Leidorf. –

148 BLfD, K. Leidorf. – 149 oben ORL A 7, Strecke 14 (1927) Taf. 12,7b. – 149 unten ALS-Daten: BLfD; Bearbeitung: K. Ramstetter. – 150 oben ArcTron 3D GmbH. – 150 unten BLfD, S. Hüdepohl. – 152 oben BLfD, J. Obmann. – 152 unten ORL A 7, Strecke 15 (1932) 33, Taf. 2. – 154 W. Krämer/F. Schubert, Die Ausgrabungen in Manching 1955–1961. Die Ausgrabungen in Manching, 1 (Wiesbaden 1970) Beilage 6 – 156 Entwurf W. David, kelten römer museum manching; Ausführung Büro für Gestaltung Wangler & Abele 2008. – 157 links W. David. – 157 rechts ASM, M. Eberlein. – 158 Umzeichnung RGK, D. Burger, nach H. Schönberger 1978. – 160 RGK, M.-A. Wiedamann. – 161 RGZM, V. Iserhardt. – 162 oben BLfD, K. Leidorf. – 162 unten BLfD, J. W. E. Faßbinder, K. Leidorf. – 164 oben BLfD, C. S. Sommer. – 164 unten Pro Arch GmbH, Ingolstadt. – 166 BLfD, G. Loesti. – 168 Nuber 2007, Abb. 100. – 169 BLfD, C. S. Sommer. – 170 oben BLfD, O. Braasch. – 170 unten J. Garbsch (Hrsg.), Der römische Limes in Bayern. 100 Jahre Limesforschung. Ausstellungskataloge der Prähistorischen Staatssammlung 22 (München 1992) 54. – 172 oben Gschwind 2004, 272 Abb. 52. – 172 unten D. Mycielski / nowakteufelknyrim GmbH. – 173 BLfD, C. S. Sommer. – 174 oben Gschwind 2004, 67 Abb. 24. – 174 unten Mackensen 1994, 491 Abb. 9. – 175 BLfD, J. Obmann. – 176 BLfD, K. Leidorf. – 177 BLfD, L. Kühne. – 178 oben BLfD, J. Obmann. – 178 unten DLK, S. Sulk, nach Reinecke 1927. – 180 BLfD, J. Obmann. – 181 BLfD, J. W. E. Faßbinder, R. Linck 2014 Abb. 9. – 182 oben BLfD, O. Braasch. – 182 unten ORL A 7, Strecke 15 (1932) Taf. 5,3. – 183 BLfD, J. Obmann. – 184 oben BLfD, K. Leidorf. – 184 unten Narr 2015, Abb. 15. – 186 BLfD, O. Braasch. – 188 DLK, S. Sulk, nach G. Waldherr 2001. – 189 Sandbichler 2009, Abb. 3. – 190 und 191 Museen der Stadt Regensburg. – 192 BLfD, V. Fischer. – 193 links und rechts BLfD, C. S. Sommer. – 194 oben BLfD, K. Leidorf. – 194 unten ASM, M. Eberlein. – 196 Gäubodenmuseum Straubing. – 198 ALS-Daten: BLfD; Bearbeitung: V. Fischer, S. Hüdepohl. – 199 Prammer 2012, 12. – 200 oben BLfD, V. Fischer, nach J. W. E. Faßbinder/V. Fischer/R. Linck 2014, 111 Abb. 155. – 200 unten Gäubodenmuseum Straubing, Fotowerbung Bernhard. – 201 BLfD, C. S. Sommer. – 202 Schmotz 1998, 36, Abb. 1. – 204 BLfD, C. S. Sommer; Digitale Archäologie Freiburg. – 206 Schmotz 2007, 133, Abb. 1. – 207 links Schönberger 1975, Beil.1,1. – 207 rechts Kreisarchäologie Deggendorf. – 208 oben BLfD, C. S. Sommer. – 208 unten BLfD, K. Leidorf. – 209 links ASM. – 209 rechts Digitale Archäologie, Freiburg. – 210 oben BLfD, K. Leidorf. – 210 unten, 212 oben und unten, 214 unten Stadt Passau. Arch. Plan von 1991, Karte 3 mit Ergänzungen, fortgeführt von der Stadtarchäologie Passau, J. Schwan, 2012. Höhenlinien: Bayerische Vermessungsverwaltung. – 214 oben BLfD, K. Leidorf. – 216–217 Bibliotheca Augustana, U. Harsch, nach K. Miller, Die Peutingersche Tafel (Ravensburg 1887/1888). – Überblickskarte im Klappcover: BLfD, J. Valenta; Bearbeitung: HUND B. communication, Chr. Hölzl.